新时代高等教育创新型教材

外贸单证标准化实务教程

Practical Course on Standardization of Foreign Trade Documents

主　编　宋秀峰　邵李津　宋津睿

副主编　白玉生　高拴平　袁江波

图书在版编目（CIP）数据

外贸单证标准化实务教程 / 宋秀峰，邵李津，宋津睿主编. -- 北京：中国经济出版社，2024.3（2025.1重印）

中经金课国际商务专业精品课程

ISBN 978-7-5136-7346-4

Ⅰ.①外… Ⅱ.①宋…②邵…③宋… Ⅲ.①进出口贸易-原始凭证-高等学校-教材 Ⅳ.①F740.44

中国国家版本馆CIP数据核字（2023）第106075号

选题策划　雷　生
责任编辑　彭　欣
责任印制　李　伟
封面设计　牧野春晖

出版发行	中国经济出版社
印刷者	宝蕾元仁浩（天津）印刷有限公司
经销者	各地新华书店
开　本	889 mm × 1194 mm　　1/16
印　张	16.5
字　数	472 千字
版　次	2024 年 3 月第 1 版
印　次	2025 年 1 月第 2 次
定　价	59.00 元

广告经营许可证　京西工商广字第 8179 号

中国经济出版社 网址 www.economyph.com 社址 北京市东城区安定门外大街 58 号 邮编 100011
本版图书如存在印装质量问题，请与本社销售中心联系调换（联系电话：010-57512564）

版权所有　盗版必究（举报电话：010-57512600）
国家版权局反盗版举报中心（举报电话：12390）　　服务热线：010-57512564

前言 PREFACE

在加入世界贸易组织后,我国对外贸易持续以两位数速度增长。随着经济全球化的深入发展,可以预见我国对外贸易将迎来新的发展机遇,越来越多的企业将置身于外贸业务当中。在对外贸易业务中,外贸单证工作是对外贸易业务中的重要组成部分,它涉及外贸合同履行的全过程。正确、及时、完备地缮制各项单证是顺利结汇的重要前提条件。本书的目的在于培养懂得外贸单证基本知识、熟悉外贸单证工作操作与管理、熟练掌握外贸制单技能技巧的专门人才。旨在使读者认识、了解外贸单证,熟悉外贸单证处理的原则、方法和管理,掌握外贸单证操作的技巧。本书在编写时注重理论联系实际,重点培养实操能力,力求突出实用性;且详细阐述了外贸业务中各项外贸单证的种类、内容、缮制方法和常见的信用证条款。此外,本书还收集了常见的外贸单证样单。为方便教师教学、学生学习,每章均配备复习思考题,全书最后还附有模拟训练题和一些文化常识与常用英语句型。

本教材是编写组成员共同建设的以下项目的阶段性成果。

1.《外贸单证国际标准化实训教程》(南昌应用技术师范学院 2023 年教材建设项目);

2.《外贸单证国际标准化实训教程》(闽江学院 2018 年教材建设重点项目,项目编号:MJU2018B112);

3.《国际贸易实务(汉英对照)》(闽江学院 2021 年教材建设一般项目,项目编号:MJUJC2021B02);

4. 教育部高教司产学合作协同育人项目(南昌应用技术师范学院);

5. 福建省级一流专业国际经济与贸易建设项目(教高厅函〔2019〕46 号);

6. 福建省线下和社会实践一流课程(闽教高〔2019〕23 号、闽教高〔2020〕23 号);

7. 闽江学院校级教学团队(〔2019〕闽院教 166 号);

8. 闽江学院校级本科教学案例库(〔2019〕闽院教 160 号)。

本书的分工如下:宋秀峰、邵李津、宋津睿等共同起草写作大纲并负责对全书修纂定稿;宋秀峰撰写第一、二、三、八、十一章;邵李津撰写第四、五章;宋津睿撰写第

六、七章；王春舒撰写第十二章；袁江波撰写第九章；高拴平撰写第十章；白玉生进行第十一章复核整理，严珺、吴秋童共同进行了文字复核整理。

本书的顺利出版要感谢闽江学院、南昌应用技术师范学院、福建水利电力职业技术学院、陕西科技大学镐京学院、天津正雅商务服务有限公司、北京智欣联创科技有限公司等相关领导的大力支持，要感谢各位编写人员的辛勤劳动，还要感谢中国经济出版社领导和编辑老师对本系列教材的支持与编审工作。在此一并表示深深的谢意。

本书在编写的过程中广泛参考了多位专家、学者、同人的研究成果，借鉴了有关教材的部分内容，利用了各种媒体所提供的资料，书中未一一列出，在此一并向有关作者表示衷心的感谢。由于编者学识水平和能力有限，书中的谬误和疏忽在所难免，敬请广大读者批评指正。

编 者

2023 年 6 月

目录 CONTENTS

第一章 外贸单证概述 ········ 001
第一节 单证的含义与种类 ········ 001
第二节 单据的基本要求与流转 ········ 002

第二章 《UCP600》 ········ 011
第一节 《UCP600》概述 ········ 011
第二节 《UCP600》主要内容 ········ 012

第三章 交易合同的订立 ········ 026
第一节 合同 ········ 026
第二节 形式发票 ········ 031

第四章 信用证操作与处理 ········ 035
第一节 开 证 ········ 035
第二节 审 证 ········ 040
第三节 改 证 ········ 044

第五章 出口制单结汇 ········ 049
第一节 制单基本要求 ········ 049
第二节 汇票 ········ 050
第三节 商业发票 ········ 053
第四节 装箱单 ········ 055
第五节 海运提单 ········ 057
第六节 保险单 ········ 062
第七节 原产地证书 ········ 065
第八节 附属单据 ········ 069

第六章　报检与报关 ··· 077
　　第一节　报检单 ··· 077
　　第二节　报关单 ··· 080

第七章　出口收汇核销与退税 ······································· 085
　　第一节　出口收汇 ··· 085
　　第二节　出口核销 ··· 092
　　第三节　出口退税 ··· 094

第八章　进口单据 ··· 099
　　第一节　进口报检 ··· 099
　　第二节　进口报关 ··· 105
　　第三节　进口付汇核销 ··· 112
　　第四节　其他进口单据 ··· 116
　　第五节　进口审单 ··· 118

第九章　审单操作 ··· 126
　　第一节　审单的依据与原则 ······································· 126
　　第二节　单据的审核与处理 ······································· 127
　　第三节　主要单据的审核方法 ····································· 130

第十章　理论练习 ··· 136
　　第一套　基础理论题 ··· 136
　　第二套　基础理论题 ··· 145
　　第三套　基础理论题 ··· 154
　　第四套　基础理论题 ··· 163

第十一章　综合实训训练操作题 ····································· 173
　　第一节　实训题目 ··· 173
　　第二节　实训答案 ··· 213

第十二章　外贸单证实务课程思政 ··································· 248
　　第一节　外贸单证实务课程思政指标点 ····························· 248
　　第二节　外贸单证实务课程思政融入点 ····························· 255
　　第三节　外贸单证业务流程思政要素 ······························· 256

参考文献 ··· 258

第一章 外贸单证概述
Chapter One

单证是随着国际贸易的发展而发展的，与此同时"非现金结算"方式应运而生。首先是用于国际结算的各种票据的产生；其次，随着航海业和保险业的发展，海运提单从一般的货物收据演变成为能代表货物所有权的可转让的凭证，使得国际贸易单据化成为可能，即商品买卖可以通过单据交换来实现。尤其在象征性交货的前提下，卖方交单意味着交货，而买方也是凭单据付款。因此，外贸单据在国际贸易中的地位是举足轻重的，应引起重视。

第一节　单证的含义与种类

一、国际贸易单证的含义

单证（Documents）是指在国际结算中应用的单据、文件与证书的统称。可以凭借它来处理国际买卖货物的交付、运输、保险、商检、报关、结汇等。

狭义的单证是指单据和信用证；广义的单证是指各种文件和凭证。

就出口贸易而言，出口单证是出口货物推定交付的证明，是结汇工具。

单证作为一种贸易文件，它的流转环节构成了贸易程序。单证工作贯穿于企业的外销、进货、运输、收汇的全过程，工作量大，时间性强，涉及面广，除了外贸企业内部各部门之间的协调外，还必须和银行、海关、交通运输部门、保险公司、商检机构、有关行政管理机关发生多方面的联系。各环节环环相扣，相互影响，互为条件。

单据是办理货物的交付和货款支付的一种依据。单据可以表明出口商是否履约及履约的程度。进口商品以单据作为提取货物的货权凭证，有了单据，就表明有了货物。

二、国际贸易单证的种类

国际贸易中的交易主要是通过单证的出立和交换来完成的。无论采用何种支付方式，卖方都必须按合同或信用证的规定提供买方或银行所需要的单证。总的来说，单证可以划分为四大类：

第一类：资金单据（Financial Documents）。

主要用于货款的收取，具有货币的属性。

（1）汇票（Bill of Exchange/Draft）。
（2）本票（Promissory Note）。
（3）支票（Cheque/Check）。

第二类：商业单据（Commercial Documents）。

主要是指出口公司、保险公司、船公司等企业单位出具和签发的各种单据。

（1）商业发票（Commercial Invoice）。
（2）装箱单（Packing List）。
（3）保险单（Insurance Policy）。
（4）运输单据（Transport Documents）：海运提单、铁路运单、航空运单、多式联运单据等。

第三类：公务单据（Official Documents）。

主要是指政府机关、社会团体出具和签发的各种单据。

（1）商检证书（Inspection Certificate）。
（2）原产地证（Certificate of Origin）。
（3）海关发票（Customs Invoice）。
（4）领事发票（Consular Invoice）。

第四类：其他证书。

常见的有：

（1）受益人证明书（Beneficiary's Certificate）。
（2）船籍证明（Certificate of Vessel's Nationality）。
（3）电抄（Copy of Cable/Telex/Fax）。

第二节 单据的基本要求与流转

一、国际贸易单证的基本要求

在国际贸易中，制单水平的高低事关出口方能否安全迅速结汇收汇和进口方能否及时接货。所以，缮制单证必须符合国际贸易惯例和有关法律法规的规定以及进出口双方的实际需要。其基本要求是正确、完整、及时、简洁和严谨。

（一）正确

正确是一切单证的前提，要做到四个"一致"。

1. 证同一致

在以信用证为付款方式的交易中，买方开给卖方的信用证，其基本条款应该与合同内容保持一致，否则卖方应要求买方修改信用证，以维护合同的严肃性。

2. 单证一致

银行在处理信用证业务时应坚持严格相符的原则，卖方提供的单据，即使一字之讹，也可成为银行及其委托人拒绝付款的理由。

3. 单单一致

国际商会《跟单信用证统一惯例》（以下简称《UCP600》）规定："单据之间表面上互不一致者，将被认为表面上不符信用证条款。"例如，货运单据上的运输标志（Shipping Mark）如与装箱单上的运输标志存在差异，银行就可拒绝付款，尽管信用证上并没有规定具体的运输标志。

4. 单货一致

单据必须真实地反映货物，如果单据上的品质、规格、数量与合同、信用证完全相符，而实际发运的货物以次充好或以假乱真，这就有悖于"重合同、守信用"的基本商业准则。在信用证业务中，银行所处理的是单据而不是与单据有关的货物，只要单证相符，单单相符，银行就应付款。但如果所装货物不符合同条款要求，买方在收货检验后仍然有权根据合同向卖方索赔和追偿损失。

另外，值得注意的是处理的单据必须与有关惯例和法规规定相符合。例如，世界各国银行在信用证业务中，绝大多数都在证内注明按照国际商会的《UCP600》来解释。银行在审单时，除非信用证另有特殊规定，都是以《UCP600》作为审单的依据。因此，在缮制单据时，应注意不要与《UCP600》的规定相抵触。

（二）完整

单据的完整性是指信用证规定的各项单据必须齐全，不可缺少，单据的种类、每种单据的份数和单据本身的必要项目都必须完整。

有些单据必须按照有关的国际法规和惯例办理。例如，提单和汇票都有它的主要事项，如缺少"主要项目"，即属不完整的单据，因而也就失去了它的法律效力。再如，国际商会《UCP600》规定，凡信用证要求提供"已装船提单"（Shipped B/L），提单的承运人必须在该提单上作"装船批注"（On Board Notation），如果该提单未按规定加上"已装船"（On Board）字样和装船日期等必要批注，银行将拒绝接受，理由就在于"装船批注"的不完整。完整的另一含义是指单证群体的完整性，如果缺少一套单据中的某一种，就破坏了单证群体的完整性，不能被银行所接受。

（三）及时

即处理单证要在一定时间内完成。国际贸易单证的时间性表现如下：

（1）单证之间的时间差必须符合进出口的程序。例如，运输单据的签发日期不能早于装箱单、检验证书和保险单的签发日期，否则就不符合逻辑，将被银行拒绝接受。

（2）单证本身的时限不可逾越。信用证一般都有装运期和有效期的规定，前者是对运输单据装运日期有限制，后者是对卖方向银行交单时期的限制。一经逾越，就失去信用证保证履行付款责任的条件，银行可以拒绝接受。

（3）单证的处理，除合同、信用证有特殊规定外，原则上应力求赶先不拖后，须知早出运、早交货、早结算可以加速货物和资金的流通，这是符合买卖双方共同利益的。

（四）简洁

单证的内容应力求简洁，避免烦琐。具体要求有：单证的格式规范、美观，内容排列的行次整齐、字迹清晰，纸面洁净等。

（五）严谨

严谨是对单证工作的总体要求，主要应把握以下几点：

（1）单证中的各种条款必须订得严密。贸易合同和买方开出的信用证中的各种条款，是交易的基础条件，要力求订得具体明确、没有漏洞，条款之间不应自相矛盾，切忌使用笼统和含糊不清的文词，如习惯包装（Usual Packing）等，否则事后容易产生分歧，发生纠纷。

（2）单证必须经过严格的审核。单证的一字之差、一字之错往往会酿成重大经济损失。因此，各种单证缮制后须严加审核。单证转让时，受让的一方也必须经过严格的审核。信用证是买方付款的银行保证，但前提是卖方必须按信用证条款办事并提供规定的各种单证。卖方在收到信用证后要及时、严格地进行审核，如发现不合理的或不能接受的条款要很快做出反应，提请买方删除修改，否则在履约交货时不能照办，就会影响出口和收汇。

（3）单证的处理必须合理谨慎。国际商会《UCP600》要求银行在审核信用证规定的一切单据时必须合理谨慎，这里的合理谨慎对买卖双方以及单证的有关各方同样适用。例如，在信用证装运期内货物不能及时装运，在交单议付后单证遭到开证行或买方的拒收等，这些情况在实际业务中往往会出现，需要出口方合理谨慎地做出处理，以避免和减少经济损失。

二、国际贸易单证的流转程序

国际贸易单证的流转程序就是买卖双方履约的过程，因此进出口双方在此过程中必须注意加强合作，把各项工作做到精确细致，尽量避免工作脱节、单证不一致的情况发生。现从出、进口两个方面分别将单证的流转环节叙述如下：

（一）出口方面

目前，我国出口合同大多数为CIF合同或CFR合同，并且一般都采用信用证付款方式，故在履行这类合同时，必须切实做好货（备货、报检）、证（催证、审证、改证）、运（托运、报关、保险）、款（制单结汇）四个基本环节的工作。同时还应密切注意买方的履约情况，以保证合同最终得以圆满履行。

1. 签订合同

出口贸易合同通常由卖方根据与买方洽谈的条件，缮制售货确认书（Sales Confirmation），正本一式两份，经买卖双方签章后各执一份，作为合同成立的证据。在函电成交的情况下，则由卖方将缮制的售货确认书寄给买方，要求买方签退一份。

2. 组织货源

卖方根据合同或售货确认书规定，按时、按质、按量准备好应交的货物，如属现货，可以直接通知仓库或供货厂商办理打包、改装、发货等工作；如属期货，应该与供货单位签订购货协议或以要货单形式向生产部门落实生产，按规定交货。

3. 信用证与出口货源的衔接

我国对外贸易多数以信用证为支付方式。信用证开到后，必须经过审核，如内容与合同条款不符，卖方应尽早提请买方更改信用证条款，待信用证改妥后再安排运输工作，并在出运前办理商检报验手续。

4. 商品检验

凡商品的质量列入国家法定检验范围的和合同或信用证订明须由我出口单位提供中国海关或商品检验局品质检验证明的出口商品，在货物出运前必须向中国海关或商品检验局申报品质检验，报验的货物应处于打好包、刷好运输标志的状态。商检报验单的格式则由商品检验总局统一制定，申报单位按要求填制。如合同、信用证对检验内容有具体要求的，可附合同或信用证副本。检验合格后中国海关按合同或信用证中的具体要求在检验证书上做相应的表述，以符合单、证一致的要求。

5. 缮制商业发票和装箱单据

商业发票载有货物的品名、规格、数量、重量、价格、条款、单价和总价等项目，是出口方的销售凭证，也是买卖双方的结算凭证。它在出口单据中居于中心地位，其他单据中的有关项目多以它为依据，例如运输单据有关商品描述的内容就是根据商业发票和装箱单填写的，保险单据中的投保金额也是根据商业发票金额计算出来的。

装箱单是商业发票的补充单据，商业发票中的计价数量或重量，即是装箱单中数量或重量的汇总数。因此从工作程序上来说，应该是先缮制装箱单据，后缮制商业发票。

6. 缮制出口货物报关单和出口收汇核销单

申报出口货物时供海关查验货物放行使用的单据，货物出口后有一联（退税联）退回给出口单，作为出口退税的凭证。留在海关的报关单又是海关总署编制出口统计数字的基础资料。

出口收汇核销单是海关凭此受理报关、外汇管理部门凭此核销收汇的凭证，它的作用是加强出口收汇管理以防止国家出口外汇的流失。核销单的格式由国家外汇管理局统一制发，每份有一存根联。核销单及其存根联上都编有顺序号码、盖有外汇管理局监督收汇章。自 1991 年 1 月 1 日起，出口单位在出口报关时必须将此项单据填交海关，否则海关不受理报关。货物报关后，海关在核销单上加盖"放行"章退给出口单位，出口单位在报关后规定的时间内将核销单存根、出口报关单的副联以及其他需要的单据送外汇管理局存案。待银行收妥该笔外汇后，出口单位凭银行签章的核销单向外汇管理局销案。

7. 托运、订舱、报关

出口单位委托有权受理对外货运业务的单位办理海、陆、空等出口运输业务叫作托运。出口单位直接或通过货运代理公司向承运单位洽订运输工具叫作订舱。托运或订舱需要提供必要的资料，例如货物的名称、标志、件数、毛重、净重、体积、装运期和目的地、可否转运和分批等等。

运输工具订妥后在货物装运前须向海关申报出口，这就是报关。报关时须提供出口货物报关单、出口收汇核销单以及装货单等运输单据，有些商品还须提供出口许可证或商检合格单，来料加工、来件装配业务则须提供海关的"登记手册"。

8. 保险

出口贸易如使用 CIF 价格条款，则应由出口单位办理投保并承担保险费。投保时出口单位须向保险公司填送投保单，保险公司据以缮制和签发保险单。投保手续应在货物离仓向装运场所移动前办理，以避免运输途中货物处于"漏保"的状态。

9. 缮制运输单据

运输单据包括海运提单、陆运和空运运单、邮政运输的包裹收据和汽车运输的承运收据以及多式联运的"联合运输单据"等，这些单据应由承运人缮制，待货物装上运输工具或置于承运人的接管之下，由承运人签发给发货人。

10. 装船通知

按照国际惯例，货物装运后卖方须将装运情况及时通知买方。国际商会《国际贸易术语解释通则》在 FOB、CFR、CIF、FCA、CPT、CIP 等价格条件的卖方责任中都明确规定卖方在货物装运后应无延迟地通知买方。装船通知是卖方的基本义务，使买方及时掌握货运动态，以便对货物的转售、分配、调拨、加工事先做出适当的安排，对货款的支付及早做好准备。

装船通知一般应采取电讯方式，发出的时间应在货物全部装上运输工具以后。在实际工作中，宁早毋迟，过迟不仅影响买方接货、付款的准备工作，还有可能贻误买方的及时保险（CFR、FOB、CPT、FCA 等条件下）。如买方因卖方未能及时发出装运通知而蒙受损失，可以谴责卖方并提出索赔。

11. 审单

尽管各种单证在缮制、签发过程中都已经过复核，但在提交银行前仍须把信用证或合同规定的各种出口单证集中起来做一次全面审核。审核全套单据是否完备，单单之间、单证之间是否相符，单证份数是否满足信用证要求，单证上的签字盖章是否齐全等，以确保单证质量的绝对可靠。

12. 交单、议付、结汇、核销

出口单位将信用证规定的单证及需要的份数在规定的期限内提交议付银行叫作交单。议付银

行在保留追索权的条件下购买信用证受益人出具的汇票及其单据叫作议付。出口单位将所得的外汇按照外汇牌价卖给银行叫作结汇。交单、议付、结汇是出口单位通过银行办理国际结算的必要程序，远期汇票须在付款承兑到期后方可收汇，但如银行同意扣息贴现，也可在交单后由银行议付结汇。

图 1-1 为海运出口单证工作流程。

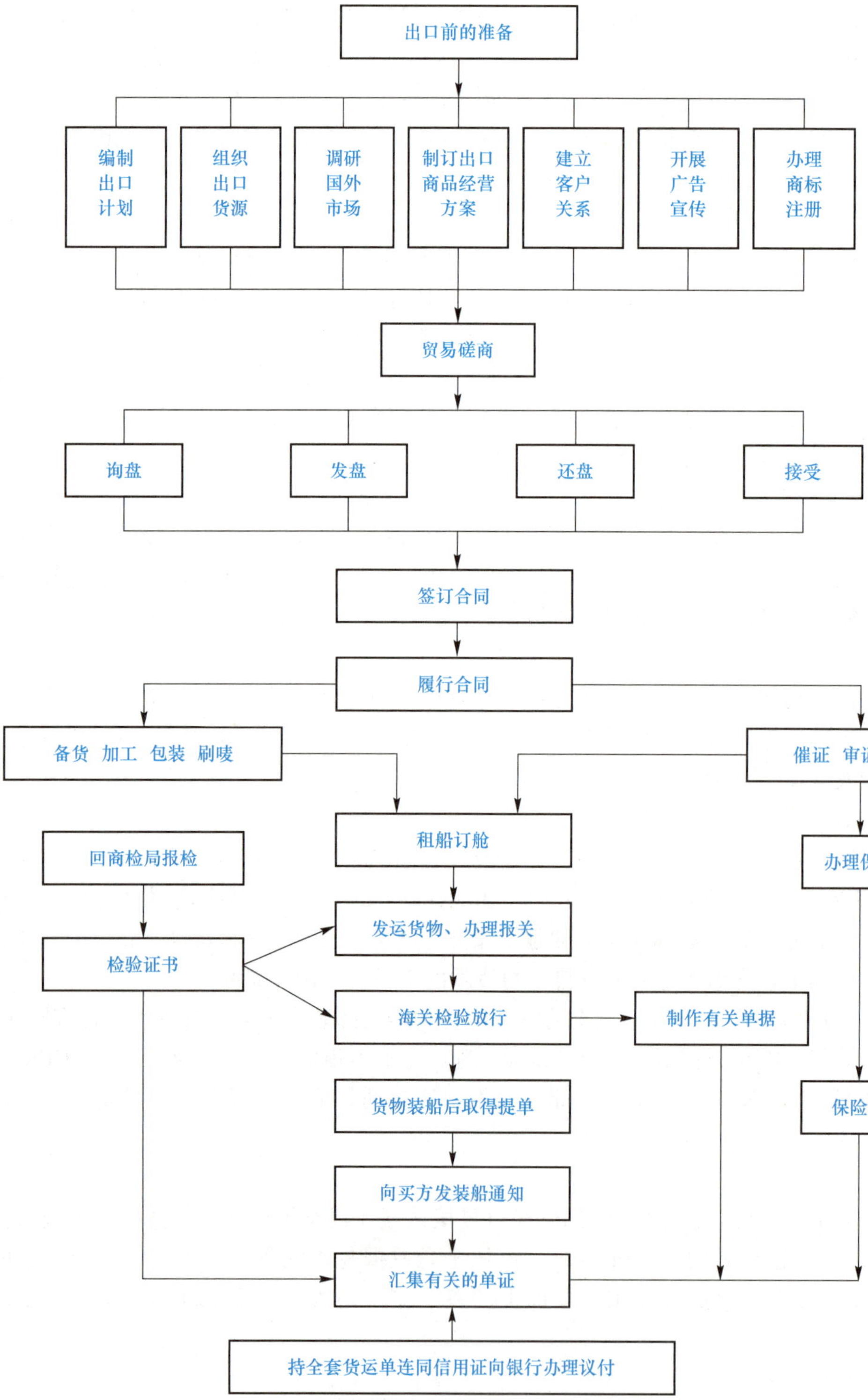

图 1-1　海运出口单证工作流程

(二）进口方面

目前我国进口合同大多以 FOB 条件成交，以信用证方式结算货款。履行这类进口合同的一般程序是：签订贸易合同、开立信用证、租船订舱、装运、办理保险、审单付款、接货报关、检验、索赔等，进口商应与各有关部门密切配合，逐项完成。

1. 签订贸易合同

进口贸易多数须先向有关机关申请进口许可证。取得许可证后才能对外正式签约。进料加工、来料加工及补偿贸易等的进口货物也须向有关管理机构提出申请，经批准后向海关备案，然后对外签订合同。

2. 开证

以信用证为付款方式的进口贸易，在合同规定的期限内进口单位须按合同条款向开证银行申请开立信用证，并将外汇或外汇额度移存开证银行，经银行审核后将信用证开给卖方。

3. 安排运输工具

大宗商品的进口多采用 FOB 价格条件，应由我进口单位负责安排运输工具。例如租用船只或飞机到对方港口或机场接运。租船、租机及订舱工作可委托货运代理公司办理，也可自行联系承运单位办理。运输工具落实后应及时发出到船通知，卖方据此做好发货前的准备工作，并与承运人的当地代理人安排装运事宜。

4. 投保

FOB、CFR、FCA、CPT 价格条件者需要我进口单位办理运输保险，卖方有义务在货物发运后将装船通知（Shipping Advice）以电讯方式发给我进口单位，进口单位据以缮制投保单向我方保险公司办理保险。

5. 付款赎单

信用证项下的货运单据经我方银行审核后送交进口单位，再经进口单位审核认可后，银行即对外付款或承兑。托收（例如 D/P）项下的货运单据也由银行转寄给我进口单位，但不管是对方的托收银行或是我方的代收银行均不负单据审核之责，进口单位更有必要加强审核。无论信用证或托收，就我国的情况来看，进口单位的审核往往是终局性的。经过审核，如发现单据不符或有异状，应通过银行及时提出拒付或拒绝承兑的理由。

6. 进口报关

货物运达我方指定目的地后，进口单位应迅即缮制"进口货物报关单"、贸易合同、进口发票、装箱单和运输单据等副本向进口地海关申报进口，经海关查验单据和货物相符，核定进口关税，进口单位付清关税及相关税费后即可凭正本运输单据或有关证明向承运单位或其代理提货。

7. 货物到达后的检验工作

货物到达后，进口单位应抓紧时间做好数量和质量的检验工作，属于国家法定的检验商品必须由中国海关检验。在合同索赔有效期内取得商检局检验证书，列入国家规定的动植物检疫范围的进口货物应申请动植物检疫所进行消毒和检疫。货物卸下后发现有残损的，须及时通知保险公司做残损检验并协商索赔和理赔事宜。

8. 索赔

进口货物经过检验后如发现卖方责任的数量短缺或质量不符等情况，须在合同索赔有效期内向卖方提出索赔，索赔时须提供检验证明书和发票、提单等货运单据的副本。

图 1-2 为海运进口单证工作流程。

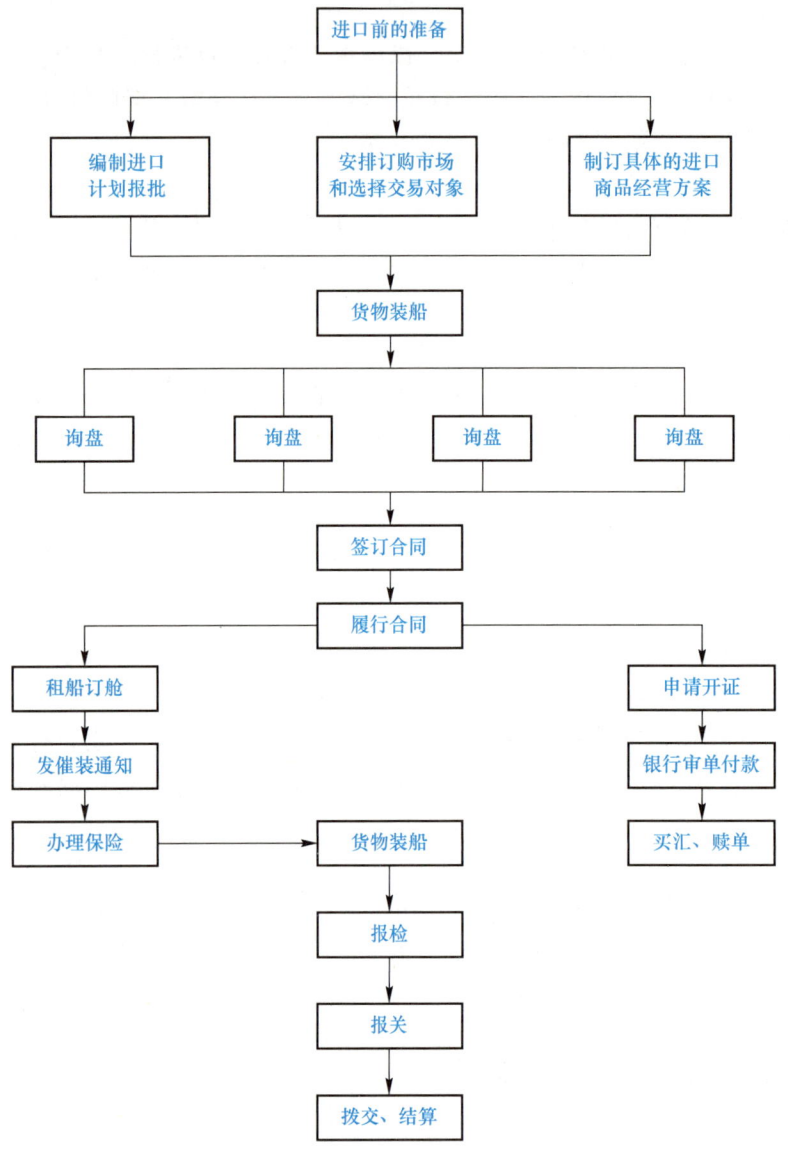

图 1-2　海运进口单证工作流程

三、实际公司的单证图解

出口业务履行工作首先要落实货、证（款）、船三者的衔接。先要按照合同规定对外催开信用证，对内抓紧备货，达到货、证（款）俱全的要求。请通过表 1-1 进行了解。

表 1-1　单证工作业务流程表

流程		步骤	办理时间	相关单据/表格
		T/T	L/C		
①	前期接触	询价		—	询价单
		报价		收到询价即时	报价单
		还盘		—	—
		再报价，如情况特殊，需向上级请示		收到还盘即时	报价单

续表

流程		步骤		办理时间	相关单据/表格
		T/T	L/C		
②	成交	做 P/I，需上级审核，交期需与生产部门沟通后确定		—	形式发票
		传至客户签字确认		—	形式发票
		确认后复印交财务及总经理留底		确认即时	形式发票
③	催订金	根据 P/I 的付款条件催订金			
		T/T：催客户汇出订金	L/C：催客户开具信用证	—	—
		收到客户银行水单	L/C 副本	—	—
		交财务/进出口公司查款并做合同	传真至进出口公司查 L/C	收到水单或 L/C 副本即时	查款单 & 水单或 L/C 副本
		收到财务收款确认函	进出口公司 L/C 复印件	—	收款确认函
④	下单生产	开具生产订单，交业务经理审核		收到收款确认函或 L/C 复印件即时	生产订单
		交财务签字确认		—	生产订单
		下单生产通知单		签字确认即时	生产订单
⑤	出货	质检部出验货报告	—	—	验货报告
		订舱	—	—	订舱确认书 S/O
		安排商检	—	—	通关单
		准备并填写出货单证一套	—	—	报关单证一套
		由财务签出单，出货	—	—	放行条
		向生产部发出出货通知书	—	—	出货通知书
		向仓库发出出货单	—	—	出货单
		送货/装柜	—	—	出货单
		安排报关	—	—	—
⑥	收尾款 & 放单	船务提交正本文件之复印件	由进出口公司提交正本文件至银行	—	全套正本文件（B/L，C/I，P/L 等）
		传真至客户催收尾款	船务需向进出口公司跟进收款状况	—	全套正本文件（B/L，C/I，P/L 等）
		收到客户水单	进出口公司传真划账水单	—	—
		交财务查款	交财务查款	—	查款单 & 水单
		收到财务收款确认函/放单确认函（销售经理需签字）	—	—	收款确认函 & 放单确认函
		放单	登记收款时间	—	全套正本文件（B/L，C/I，P/L 等）
⑦	核销单	跟进核销单返回情况		报关后 20～30 天内	核销单

本章训练

一、简述外贸单证的含义与种类。

二、简述外贸单证工作的基本要求。

三、请结合自身的情况,试述如何成为一名合格的外贸单证员。

第二章 《UCP600》

Chapter Two

第一节 《UCP600》概述

一、《UCP600》的简介

跟单信用证统一惯例（Uniform Customs and Practice for Documentary Credits，UCP），是国际银行界、律师界、学术界自觉遵守的"法律"，是全世界公认的、到目前为止最为成功的一套非官方规定。90多年来，160多个国家和地区的ICC和不断扩充的ICC委员会持续为UCP的完善而努力工作着。

2003年5月，ICC银行技术与惯例委员会批准对UCP进行修改。修改稿经9人起草小组的15次会议初拟，并参考了来自26个国家的41位银行和运输业专家组成的资讯小组的意见。在复杂的磋商过程中，起草小组共收到来自各ICC国家委员会的5000多份意见书。国际商会中国国家委员会（ICC CHINA）参与了修订的全过程，而且是最主要的几个参与国家之一。对于其每次修订稿，我国银行界在ICC CHINA的组织下，都进行了深入研究，并提出了详细的建设性意见，其中很多已经反映在目前的版本中。在ICC银行技术与惯例委员会每年的春、秋例会上，UCP都是重要讨论的议题。许多争议较大的条款，都是在例会上由各国家委员会以投票的方式来决定的。有的条款更是以微弱优势确定的，足见话语权的力量。

2006年10月25日，在巴黎举行的ICC银行技术与惯例委员会2006年秋季例会上，以点名（Roll Call）形式，经71个国家和地区ICC委员会以105票赞成（其中，7个国家各有3票权重，20个国家和地区各有2票权重，44个国家各有1票。值得一提的是，中国大陆有3票、中国香港有2票、中国台北有2票)，《UCP600》最终得以通过。

由于UCP的重要和核心地位，它的修订还带动了eUCP、ISBP、SWIFT等的相应修订和升级。

二、《UCP600》的主要变化

《UCP600》共有39个条款，比《UCP500》减少10条，但比《UCP500》更准确、清晰，更易读、易掌握、易操作。

它将一个环节涉及的问题归集在一个条款中；将L/C业务涉及的关系方及其重要行为进行了定义，如第二条的14个定义和第三条对具体行为的解释。

《UCP600》纠正了《UCP500》造成的许多误解：

第一，把《UCP500》难懂的词语变为简洁明了的语言，取消了易造成误解的条款，如"合理关注""合理时间"及"在其表面"等短语。有人说这一改变会减少昂贵的庭审，意指法律界人士丧失了为论证或反驳"合理""表面"等所收取的高额费用。

第二，《UCP600》取消了无实际意义的许多条款。如"可撤销信用证""风帆动力批注""货运代理提单"及《UCP500》第5条"信用证完整明确要求"。与第12条有关"不完整不清楚指示"的内容也从《UCP600》中消失。

第三，《UCP600》的新概念描述极其清楚准确。如兑付（Honor）定义了开证行、保兑行、指定行在信用证项下，除议付以外的一切与支付相关的行为；议付（Negotiation）强调的是对单据（汇票）的买入行为，明确可以垫付或同意垫付给受益人，按照这个定义，远期议付信用证就是合理的。另外还有"相符交单""申请人""银行日"等等。

第四，更换了一些定义。如对审单做出单证是否相符决定的天数，由"合理时间"变为"最多为收单翌日起第5个工作日"。又如，"信用证"《UCP600》仅强调其本质是"开证行一项不可撤销的明确承诺，即兑付相符的交单"。再如，开证行和保兑行对于指定行的偿付责任，强调其是独立于其对受益人的承诺的。

第五，方便贸易和操作。《UCP600》有些特别重要的改动。如拒付后的单据处理，增加了"拒付后，如果开证行收到申请人放弃不符点的通知，则可以释放单据"；增加了拒付后单据处理的选择项，包括持单候示、已退单、按预先指示行事。这样便利了受益人和申请人及相关银行操作。又如，转让信用证方面，《UCP600》强调第二受益人的交单必须经转让行。但当第二受益人提交的单据与转让后的信用证一致，而第一受益人换单导致单据与原证出现不符时，又在第一次要求时不能做出修改的，转让行有权直接将第二受益人提交的单据寄开证行。这项规定保护了正当发货制单的第二受益人的利益。再如，单据在途中遗失，《UCP600》强调只要单证相符，即只要指定行确定单证相符并已向开证行或保兑行寄单，不管指定行是兑付还是议付，开证行及保兑行均对丢失的单据负责。这些条款的规定，都大大便利了国际贸易及结算的顺利运行。

第二节 《UCP600》主要内容

第一条　UCP的适用范围

《跟单信用证统一惯例》（2007年修订本），即国际商会第600号出版物（简称《UCP600》）。《UCP600》适用于所有的其文本中明确表明受本惯例约束的跟单信用证（以下简称信用证）（在其可适用的范围内，包括备用信用证）。除非信用证明确修改或排除，本惯例各条文对信用证所有当事人均具有约束力。

第二条　定义

就本惯例而言：

通知行指应开证行的要求通知信用证的银行。

申请人指要求开立信用证的一方。

银行工作日指银行在其履行受本惯例约束的行为的地点通常开业的一天。

受益人指接受信用证并享受其利益的一方。

相符交单指与信用证条款、本惯例的相关适用条款以及国际标准银行实务一致的交单。

保兑指保兑行在开证行承诺之外做出的承付或议付相符交单的确定承诺。

保兑行指根据开证行的授权或要求对信用证加具保兑的银行。

信用证指一项不可撤销的安排，无论其名称或描述如何，该项安排构成开证行对相符交单予以交付的确定承诺。

承付指：

a. 如果信用证为即期付款信用证，则即期付款。

b. 如果信用证为延期付款信用证，则承诺延期付款并在承诺到期日付款。

c. 如果信用证为承兑信用证，则承兑受益人开出汇票并在汇票到期日付款。

d. 到期付款。

开证行指应申请人要求或者代表自己开出信用证的银行。

议付指指定银行在相符交单下，在其应获偿付的银行工作日当天或之前向受益人预付或者同意预付款项，从而购买汇票（其付款人为指定银行以外的其他银行）及/或单据的行为。

指定银行指信用证可在其处兑用的银行，如信用证可在任一银行兑用，则任何银行均为指定银行。

交单指向开证行或指定银行提交信用证项下单据的行为，或指按此方式提交的单据。

交单人指实施交单行为的受益人、银行或其他人。

第三条　解释

就本惯例而言：

如情形适用，单数词形包含复数含义，复数词形包含单数含义。

信用证是不可撤销的，即使未如此表明。

单据签字可用手签、摹样签字、穿孔签字、印戳、符合或任何其他机械或电子的证实方法为之。

诸如单据须履行法定手续、签证、证明等类似要求，可由单据上任何看似满足该要求的签字、标记、印戳或标签来满足。

一家银行在不同国家的分支机构被视为不同的银行。

用诸如"第一流的""著名的""合格的""独立的""正式的""有资格的"或"本地的"等词语描述单据的出单人时，允许除受益人之外的任何人出具该单据。

除非要求在单据中使用，否则诸如"迅速地""立刻地"或"尽快地"等词语将被不予理会。

"在或大概在"（on or about）或类似用语将被视为规定事件发生在指定日期的前后五个日历日之间，起讫日期计算在内。"至"（to）、"直至"（until、till）、"从……开始"（from）及"在……之间"（between）等词用于确定发运日期时包含提及的日期，使用"在……之前"（before）及"在……之后"（after）时则不包含提及的日期。

"从……开始"（from）及"在……之后"（after）等词用于确定到期日期时不包含提及的日期。

"前半月"及"后半月"分别指一个月的第一日到第十五日及第十六日到该月的最后一日，起讫日期计算在内。

一个月的"开始"（beginning）、"中间"（middle）及"末尾"（end）分别指第一日到第十日、第十一日到第二十日及第二十一日到该月的最后一日，起讫日期计算在内。

第四条　信用证与合同

a. 就其性质而言，信用证与可能作为其开立基础的销售合同或其他合同是相互独立的交易，即使信用证中含有对此类合同的任何援引，银行也与该合同无关，且不受其约束。因此，银行关于承付、议付或履行信用证项下其他义务的承诺，不受申请人基于与开证行或与受益人之间的关系而产生的任何请求或抗辩的影响。

受益人在任何情况下不得利用银行之间或申请人与开证行之间的合同关系。

b. 开证行应劝阻申请人试图将基础合同、形式发票等文件作为信用证组成部分的做法。

第五条 单据与货物、服务或履约行为

银行处理的是单据，而不是单据可能涉及的货物、服务或履约行为。

第六条 兑用方式、截止日和交单地点

a. 信用证必须规定可在其处兑用的银行，或是否可在任一银行兑用。规定在指定银行兑用的信用证同时也可以在开证行兑用。

b. 信用证必须规定其是以即期付款、延期付款、承兑还是议付的方式兑用。

c. 信用证不得开成凭以申请人为付款人的汇票兑用。

d.i. 信用证必须定一个交单的截止日。规定的承付或议付的截止日将被视为交单的截止日。

ii. 可在其处兑用信用证的银行所在地即为交单地点。可在任一银行兑用的信用证其交单地点为任一银行所在地。除规定的交单地点外，开证行所在地也是交单地点。

e. 除非如第二十九条 a 款规定的情形，否则受益人或者代表受益人的交单应在截止日当天或之前完成。

第七条 开证行责任

a. 只要规定的单据提交给指定银行或开证方，并且构成相符交单，则开证行必须承付，如果信用证为以下情形之一：

i. 信用证规定由开证行即期付款、延期付款或承兑；

ii. 信用证规定由指定银行即期付款但其未付款；

iii. 信用证规定由指定银行延期付款但其未承诺延期付款，或虽已承诺延期付款，但未在到期日付款；

iv. 信用证规定由指定银行承兑，但其未承兑以其为付款人的汇票，或虽然承兑了汇票，但未在到期日付款；

v. 信用证规定由指定银行议付但其未议付。

b. 开证行自开立信用证之时起即不可撤销地承担承付责任。

c. 指定银行承付或议付相符交单并将单据转给开证行之后，开证行即承担偿付该指定银行的责任。对承兑或延期付款信用证下相符交单金额的偿付应在到期日办理，无论指定银行是否在到期日之前预付或购买了单据。开证行偿付指定银行的责任独立于开证行对受益人的责任。

第八条 保兑行责任

a. 只要规定的单据提交给保兑行，或提交给其他任何指定银行，并且构成相符交单，保兑行必须：

i. 承付，如果信用证为以下情形之一：

a) 信用证规定由保兑行即期付款、延期付款或承兑；

b) 信用证规定由另一指定银行延期付款，但其未付款；

c) 信用证规定由另一指定银行延期付款，但其未承诺延期付款，或虽已承诺延期付款但未在到期日付款；

d) 信用证规定由另一指定银行承兑，但其未承兑以其为付款人的汇票，或虽已承兑汇票未在到期日付款；

e) 信用证规定由另一指定银行议付，但其未议付。

ii. 无追索权的议付，如果信用证规定由保兑行议付。

b. 保兑行自对信用证加具保兑之时起即不可撤销地承担承付或议付的责任。

c. 其他指定银行承付或议付相符交单并将单据转往保兑行之后，保兑行即承担偿付该指定银行的责任。对承兑或延期付款信用证下相符交单金额的偿付应在到期日办理，无论指定银行是否在到期日之前预付或购买了单据。保兑行偿付指定银行的责任独立于保兑行对受益人的责任。

d. 如果开证行授权或要求一银行对信用证加具保兑，而其并不准备照办，则其必须毫不延误地通知开证行，并可通知此信用证而不加保兑。

第九条　信用证及其修改的通知

a. 信用证及其任何修改可以经由通知行通知给受益人。非保兑行的通知行通知信用证及修改时不承担承付或议付的责任。

b. 通知行通知信用证或修改的行为表示其已确信信用证或修改的表面真实性，而且其通知准确地反映了其收到的信用证或修改的条款。

c. 通知行可以通过另一银行（"第二通知行"）向受益人通知信用证及修改。第二通知行通知信用证或修改的行为表明其已确信收到的通知的表面真实性，并且其通知准确地反映了收到的信用证或修改的条款。

d. 经由通知行或第二通知行通知信用证的银行必须经由同一银行通知其后的任何修改。

e. 如一银行被要求通知信用证或修改但其决定不予通知，则应毫不延误地告知自其处收到信用证、修改或通知的银行。

f. 如一银行被要求通知信用证或修改但其不能确信信用证、修改或通知的表面真实性，则应毫不延误地通知看似从其处收到指示的银行。如果通知行或第二通知行决定仍然通知信用证或修改，则应告知受益人或第二通知行其不能确信信用证、修改或通知的表面真实性。

第十条　修改

a. 除第三十八条另有规定者外，未经开证行、保兑行（如有的话）及受益人同意，信用证即不得修改，也不得撤销。

b. 开证行自发出修改之时起，即不可撤销地受其约束。保兑行可将其保兑扩展至修改，并自通知该修改时，即不可撤销地受其约束。但是，保兑行可以选择将修改通知受益人而不对其加具保兑。若然如此，其必须毫不延误地将此告知开证行，并在其给受益人的通知中告知受益人。

c. 在受益人告知通知修改的银行其接受该修改之前，原信用证（或含有先前被接受的修改的信用证）的条款对受益人仍然有效。受益人应提供接受或拒绝修改的通知。如果受益人未能给予通知，当交单与信用证以及尚未表示接受的修改的要求一致时，即视为受益人已做出接受修改的通知，并且从此时起，该信用证被修改。

d. 通知修改的银行应将任何接受或拒绝的通知转告发出修改的银行。

e. 对同一修改的内容不允许部分接受，部分接受将被视为拒绝修改的通知。

f. 修改中关于除非受益人在某一时间内拒绝修改否则修改生效的规定应被不予理会。

第十一条　电讯传输的和预先通知的信用证和修改

a. 以经证实的电讯方式发出的信用证或信用证修改即被视为有效的信用证或修改文据，任何后续的邮寄确认书应被不予理会。

如电讯声明《详情后告》（或类似用语）或声明以邮寄确认书为有效信用证或修改，则该电讯不被视为有效信用证或修改。开证行必须随即不迟延地开立有效信用证或修改，其条款不得与该电讯矛盾。

b. 开证行只有在准备开立有效信用证或做出有效修改时，才可以发出关于开立或修改信用证的初步通知（预先通知）。开证行做出该预先通知，即不可撤销地保证不迟延地开立或修改信用证，且其条款不能与预先通知相矛盾。

第十二条 指定

a. 除非指定银行为保兑行，对于承付或议付的授权并不赋予指定银行承付或议付的义务，除非该指定银行明确表示同意并且告知受益人。

b. 开证行指定一银行承兑汇票或做出延期付款承诺，即为授权该指定银行预付或购买其已承兑的汇票或已做出的延期付款承诺。

c. 非保兑行的指定银行收到或审核并转递单据的行为并不使其承担承付或议付的责任，也不构成其承付或议付的行为。

第十三条 银行之间的偿付安排

a. 如果信用证规定指定银行（"索偿行"）向另一方（"偿付行"）获取偿付时，必须同时规定该偿付是否按信用证开立时有效的 ICC 银行间偿付规则进行。

b. 如果信用证没有规定偿付遵守 ICC 银行间偿付规则，则按照以下规定：

i. 开证行必须给予偿付行有关偿付的授权，授权应符合信用证关于兑用方式的规定，且不应设定截止日；

ii. 开证行不应要求索偿行向偿付行提供与信用证条款相符的证明；

iii. 如果偿付行未按信用证条款见索即偿，开证行将承担利息损失以及产生的任何其他费用；

iv. 偿付行的费用应由开证行承担。然而，如果此项费用由受益人承担，开证行有责任在信用证及偿付授权中注明。如果偿付行的费用由受益人承担，该费用应在偿付时从付给索偿行的金额中扣取。如果偿付未发生，偿付行的费用仍由开证行负担。

c. 如果偿付行未能见索即偿，开证行不能免除偿付责任。

第十四条 单据审核标准

a. 按指定行事的指定银行、保兑行（如果有的话）及开证行须审核交单，并仅基于单据本身确定其是否在表面上构成相符交单。

b. 按指定行事的指定银行、保兑行（如有的话）及开证行各有从交单次日起至多五个银行工作日用以确定交单是否相符。这一期限不因在交单日当天或之后信用证截止日或最迟交单日届至而受到缩减或影响。

c. 如果单据中包含一份或多份受第十九、二十、二十一、二十二、二十三、二十四或二十五条规制的正本运输单据，则须由受益人或其代表在不迟于本惯例所指的发运日之后的二十一个日历日内交单，但是在任何情况下都不得迟于信用证的截止日。

d. 审核标准单据中的数据，在与信用证、单据本身以及国际标准银行实务参照解读时，无须与该单据本身中的数据、其他要求的单据或信用证中的数据等同一致，但不得矛盾。

e. 除商业发票外，其他单据中的货物、服务或履约行为的描述，如果有的话，可使用与信用证中的描述不矛盾的概括性用语。

f. 如果信用证要求提交运输单据、保险单据或者商业发票之外的单据，却未规定出单人或其数据内容，则只要提交的单据内容看似满足所要求单据的功能，且其他方面符合第十四条 d 款，银行将接受该单据。

g. 提交的非信用证所要求的单据将被不予理会，并可被退还给交单人。

h. 如果信用证含有一项条件，但未规定用以表明该条件得到满足的单据，银行将视为未做规定并不予理会。

i. 单据日期可以早于信用证的开立日期，但不得晚于交单日期。

j. 当受益人和申请人的地址出现在任何规定的单据中时，无须与信用证或其他规定单据中所载相同，但必须与信用证中规定的相应地址同在一国。联络细节（传真、电话、电子邮件及类似细节）作为受益人和申请人地址的一部分时将被不予理会。然而，如果申请人的地址和联络细节为第十九、二十、二十一、二十二、二十三、二十四或二十五条规定的运输单据上的收货人或通知方细节的一部分时，应与信用证规定的相同。

　　k. 在任何单据中注明的托运人或发货人无须为信用证的受益人。

　　l. 运输单据可以由任何人出具，无须为承运人、船东、船长或租船人，只要其符合第十九、二十、二十一、二十二、二十三或二十四条的要求。

第十五条　相符交单

　　a. 当开证行确定交单相符时，必须承付。

　　b. 当保兑行确定交单相符时，必须承付或者议付并将单据转递给开证行。

　　c. 当指定银行确定交单相符并承付或议付时，必须将单据转递给保兑行或开证行。

第十六条　不符单据、放弃及通知

　　a. 当按照指定行事的指定银行、保兑行（如有的话）或者开证行确定交单不符时，可以拒绝承付或议付。

　　b. 当开证行确定交单不符时，可以自行决定联系申请人放弃不符点。然而这并不能延长第十四条 b 款所指的期限。

　　c. 当按照指定行事的指定银行、保兑行（如有的话）或开证行决定拒绝承付或议付时，必须给予交单人一份单独的拒付通知。

　　该通知必须声明：

　　i. 银行拒绝承付或议付；及

　　ii. 银行拒绝承付或者议付所依据的每一个不符点；及

　　iii. a) 银行留存单据听候交单人的进一步指示；或者

　　b) 开证行留存单据直到其从申请人处接到放弃不符点的通知并同意接受该放弃，或者其同意接受对不符点的放弃之前从交单人处收到其进一步指示；或者

　　c) 银行将退回单据；或者

　　d) 银行将按之前从交单人处获得的指示处理。

　　d. 第十六条 c 款要求的通知必须以电讯方式，如不可能，则以其他快捷方式，在不迟于自交单之翌日起第五个银行工作日结束前发出。

　　e. 按照指定行事的指定银行、保兑行（如有的话）或开证行在按照第十六条 c 款 iii 项 a) 发出通知后，可以在任何时候将单据退还交单人。

　　f. 如果开证行或保兑行未能按照本条行事，则无权宣称交单不符。

　　g. 当开证行拒绝承付或保兑行拒绝承付或者议付，并且按照本条发出拒付通知后，有权要求返还已偿付的款项及利息。

第十七条　正本单据及副本

　　a. 信用证规定的每一种单据须至少提交一份正本。

　　b. 银行应将任何带有看似出单人的原始签名、标记、印戳或标签的单据视为正本单据，除非单据本身表明其非正本。

　　c. 除非单据本身另有说明，在以下情况下，银行也将其视为正本单据：

　　i. 单据看似由出单人手写、打字、穿孔或盖章；或者

　　ii. 单据看似使用出单人的原始信纸出具；或者

　　iii. 单据声明其为正本单据，除非该声明看似不适用于提交的单据。

　　e. 如果信用证使用诸如"一式两份"（in duplicate）、"两份"（in two fold）、"两套（in two copies）"

等用语要求提交多份单据，则提交至少一份正本，其余使用副本即可满足要求，除非单据本身另有说明。

第十八条　商业发票

a. 商业发票：

i. 必须看似由受益人出具（第三十八条规定的情形除外）；

ii. 必须出具成以申请人为抬头（第三十八条 g 款规定的情形除外）；

iii. 必须与信用证的货币相同；且

iv. 无须签名。

b. 按指定行事的指定银行、保兑行（如有的话）或开证行可以接受金额大于信用证允许金额的商业发票，其决定对有关各方均有约束力，只要该银行对超过信用证允许金额的部分未作承付或者议付。

c. 商业发票上的货物、服务或履约行为的描述应该与信用证中的描述一致。

第十九条　涵盖至少两种不同运输方式的运输单据

a. 涵盖至少两种不同运输方式的运输单据（多式或联合运输单据），无论名称如何，必须看似：

i. 表明承运人名称并由以下人员签署：

* 承运人或其具名代理人；或者

* 船长或其具名代理人。

承运人、船长或代理人的任何签字，必须标明其承运人、船长或代理人的身份。

代理人签字必须表明其系代表承运人还是船长签字。

ii. 通过以下方式表明货运站物已经在信用证规定的地点发送，接管或已装船；

* 事先印就的文字；或者

* 表明货物已经被发送、接管或装船日期的印戳或批注。

运输单据的出具日期将被视为发送、接管或装船的日期，也即发运的日期。然而如单据以印戳或批注的方式表明了发送、接管或装船日期，该日期将被视为发运日期。

iii. 表明信用证规定的发送、接管或发运地点，以及最终目的地，即使：

a）该运输单据另外还载明了一个不同的发送、接管或发运地点或最终目的地；或者

b）该运输单据载有"预期的"或类似的关于船只，装货港或卸货港的限定语。

iv. 为唯一的正本运输单据，或者，如果出具为多份正本，则为运输单据中表明的全套单据。

v. 载有承运条款和条件，或提示承运条款和条件参见别处（简式/背面空白的运输单据）。银行将不审核承运条款和条件的内容。

vi. 未表明受租船合同约束。

b. 就本条而言，转运指在从信用证规定的发送、接管或者发运地点至最终目的地的运输过程中，从某一运输工具上卸下货物并装上另一运输工具的行为（无论其是否为不同的运输方式）。

c. i. 运输单据可以表明货物将要或可能被转运，只要全程运输由同一运输单据涵盖。

ii. 即使信用证禁止转运，注明将要或者可能发生转运的运输单据仍可接受。

第二十条　提单

a. 提单，无论名称如何，必须看似：

i. 表明承运人名称，并由下列人员签署：

* 承运人或其具名代理人；或者

* 船长或其具名代理人。

承运人、船长或代理人的任何签字必须标明其承运人、船长或代理人的身份。

代理人的任何签字必须标明其系代表承运人还是船长签字。

ii. 通过以下方式表明货物已在信用证规定的装货港装上具名船只：

* 预先印就的文字；或者

* 已装船批注注明货物的装运日期。

提单的出具日期将被视为发运日期，除非提单载有表明发运日期的已装船批注，此时已装船批注中显示的日期将被视为发运日期。

如果提单载有"预期船只"或类似的关于船名的限定语，则需以已装船批注明确发运日期以及实际船名。

iii. 表明货物从信用证规定的装货港发运至卸货港。

如果提单没有表明信用证规定的装货港为装货港，或者其载有"预期的"或类似的关于装货港的限定语，则需以已装船批注表明信用证规定的装货港、发运日期以及实际船名。即使提单以事先印就的文字表明了货物已装载或装运于具名船只，本规定仍适用。

iv. 为唯一的正本提单，或如果以多份正本出具，为提单中表明的全套正本。

v. 载有承运条款和条件，或提示承运条款和条件参见别处（简式/背面空白的提单）。银行将不审核承运条款和条件的内容。

vi. 未表明受租船合同约束。

b. 就本条而言，转运系指在信用证规定的装货港到卸货港之间的运输过程中，将货物从一船卸下并再装上另一船的行为。

c.i. 提单可以表明货物将要或可能被转运，只要全程运输由同一提单涵盖。

ii. 即使信用证禁止转运，注明将要或可能发生转运的提单仍可接受，只要其表明货物由集装箱、拖船或子船运输。

d. 提单中声明承运人保留转运权利的条款将被不予理会。

第二十一条　不可转让的海运单

a. 不可转让的海运单，无论名称如何，必须看似：

i. 表明承运人名称并由下列人员签署：

* 承运人或其具名代理人；或者

* 船长或其具名代理人。

承运人、船长或代理人的任何签字必须标明其承运人、船长或代理人的身份。

代理签字必须标明其系代表承运人还是船长签订。

ii. 通过以下方式表明货物已在信用证规定的装货港装上具名船只：

* 预先印就的文字；或者

* 已装船批注表明货物的装运日期。

不可转让海运单的出具日期将被视为发运日期，除非其上带有已装船批注注明发运日期，此已装船批注注明的日期将被视为发运日期。

如果不可转让海运单载有"预期船只"或类似的关于船名的限定语，则需要以已装船批注表明发运日期和实际船只。

iii. 表明货物从信用证规定的装货港发运至卸货港。

如果不可转让海运单未以信用证规定的装货港为装货港，或者如果其载有"预期的"或类似的关于装货港的限定语，则需要以已装船批注表明信用证规定的装货港、发运日期和船只。即使不可转让海运单以预先印就的文字表明货物已由具名船只装载或装运，本规定也适用。

iv. 为唯一的正本不可转让海运单，或如果以多份正本出具，为海运单上注明的全套正本。

ⅴ. 载有承运条款的条件，或提示承运条款和条件参见别处（简式／背面空白的海运单）。银行将不审核承运条款和条件的内容。

ⅵ. 未注明受租船合同约束。

b. 就本条而言，转运系指在信用证规定的装货港到卸货港之间的运输过程中，将货物从船上卸下并装上另一船的行为。

c.ⅰ. 不可转让海运单可以注明货物将要或可能被转运，只要全程运输由同一海运单涵盖。

ⅱ. 即使信用证禁止转运，注明转运将要或可能发生的不可转让的海运单仍可接受，只要其表明货物装于集装箱、拖船或子船中运输。

d. 不可转让的海运单中声明承运人保留转运权利条款将被不予理会。

第二十二条 租船合同提单

a. 表明其受租船合同约束的提单（租船合同提单），无论名称如何，必须看似：

ⅰ. 由以下员签署：

* 船长或其具名代理人；或者

* 船东或其具名代理人；或者

* 租船人或其具名代理人。

船长、船东、租船人或代理人的任何签字必须标明其船长、船东、租船人或代理人的身份。

代理人签字必须表明其系代表船长、船东还是租船人签字。

代理人代表船东或租船人签字时必须注明船东或租船人的名称。

ⅱ. 通过以下方式表明货物已在信用证规定的装货港装上具名船只：

* 预先印就的文字；或者

* 已装船批注注明货物的装运日期。

租船合同提单的出具日期将被视为发运日期，除非租船合同提单载有已装船批注注明发运日期，此时已装船批注上注明的日期将被视为发运日期。

ⅲ. 表明货物从信用证规定的装货港发运至卸货港。卸货港也可显示为信用证规定的港口范围或地理区域。

ⅳ. 为唯一的正本租船合同提单，或如以多份正本出具，为租船合同提单注明的全套正本。

b. 银行将不审核租船合同，即使信用证要求提交租船合同。

第二十三条 空运单据

a. 空运单据，无论名称如何，必须看似：

ⅰ. 表明承运人名称，并由以下人员签署：

* 承运人；或者

* 承运人的具名代理人。

承运人或其代理人的任何签字必须表明其承运人或代理人的身份。

代理人签字必须表明其系代表承运人签字。

ⅱ. 表明货物已被收妥待运。

ⅲ. 表明出具日期。该日期将被视为发运日期，除非空运单据载有专门批注注明实际发运日期，此时批注中的日期将被视为发运日期。

空运单据中其他与航班号和航班日期相关的信息将不被用来确定发运日期。

ⅳ. 表明信用证规定的起飞机场和目的地机场。

ⅴ. 为开给发货人或托运人的正本，即使信用证规定提交全套正本。

ⅵ. 载有承运条款和条件，或提示条款和条件参见别处。银行将不审核承运条款和条件的内容。

b. 就本条而言，转运是指在信用证规定的起飞机场到目的地机场的运输过程中，将货物从一飞机卸下再装上另一飞机的行为。

c.i. 空运单据可以注明货物将要或可能转运，只要全程运输由同一空运单据涵盖。

ii. 即使信用证禁止转运，注明将要或可能发生转运的空运单据仍可接受。

第二十四条 公路、铁路或内陆水运单据

a. 公路、铁路或内陆水运单据，无论名称如何，必须看似：

i. 表明承运人名称，并且

* 由承运人或其具名代理人签署；或者
* 由承运人或其具名代理人以签字、印戳或批注表明货物收讫。

承运人或其具名代理人的收货签字、印戳或批注必须表明其承运人或代理人的身份。

代理人的收货签字、印戳或批注必须表明代理人系代理承运人签字或行事。

如果铁路运输单据没有指明承运人，可以接受铁路运输公司的任何签字或印戳作为承运人签署单据的证据。

ii. 表明货物的信用规定地点的发运日期，或者收讫待运或待发送的日期。运输单据的出具日期将被视为发运日期，除非运输单据上盖有带日期的收货印戳，或已注明收货日期或发运日期。

iii. 表明信用证规定的发运地及目的地。

b.i. 公路运输单据必须看似为开给发货人或托运人的正本，或没有任何标记表明单据开给何人。

ii. 注明"第二联"的铁路运输单据将被作为正本接受。

iii. 无论是否注明正本字样，铁路或内陆水运单据都被作为正本接受。

c. 如运输单据上未注明出具的正本数量，提交的份数即视为全套正本。

d. 就本条而言，转运是指在信用证规定的发运、发送或运送的地点到目的地之间的运输过程中，在同一运输方式中从一运输工具卸下再装上另一运输工具的行为。

e.i. 只要全程运输由同一运输单据涵盖，公路、铁路或内陆水运单据可以注明货物将要或可能被转运。

ii. 即使信用证禁止转运，注明将要或可能发生转运的公路、铁路或内陆水运单据仍可接受。

第二十五条 快递收据、邮政收据或投邮证明

a. 证明货物收讫待运的快递收据，无论名称如何，必须看似：

i. 表明快递机构的名称，并在信用证规定的货物发运地点由该具名快递机构盖章或签字；并且

ii. 表明取件或收件的日期或类似词语，该日期将被视为发运日期。

b. 如果要求显示快递费用付讫或预付，快递机构出具的表明快递费由收货人以外的一方支付的运输单据可以满足该项要求。

c. 证明货物收讫待运的邮政收据或投邮证明，无论名称如何，必须看似在信用证规定的货物发运地点盖章或签署并注明日期。该日期将被视为发运日期。

第二十六条 "货装舱面""托运人装载和计数""内容据托运人报称"及运费之外的费用

a. 运输单据不得表明货物装于或者将装于舱面。声明可能被装于舱面的运输单据条款可以接受。

b. 载有诸如"托运人装载和计数"或"内容据托运人报称"条款的运输单据可以接受。

c. 运输单据上可以以印戳或其他方法提及运费之外的费用。

第二十七条　清洁运输单据

银行只接受清洁运输单据，清洁运输单据指未载有明确宣称货物或包装有缺陷的条款或批注的运输单据。"清洁"一词并不需要在运输单据上出现，即使信用证要求运输单据为"清洁已装船"的。

第二十八条　保险单据及保险范围

a. 保险单据，例如保险单或预约保险项下的保险证明书或者声明书，必须看似由保险公司或承保人或其代理人或代表出具并签署。

b. 如果保险单据表明其以多份正本出具，所有正本均须提交。

c. 暂保单将不被接受。

d. 可以接受保险单代预约保险项下的保险证明书或声明书。

e. 保险单据日期不得晚于发运日期，除非保险单据表明保险责任不迟于发运日生效。

f. i. 保险单据必须表明投保金额并以与信用证相同的货币表示。

ii. 信用证对于投保金额为货物价值，发票金额或类似金额的某一比例的要求，将被视为对最低保额的要求。

如果信用证对投保金额未做规定，投保金额或类似金额的某一比例的要求，将被视为对最低保额要求。

如果信用证对投保金额未做规定，投保金额须至少为货物的 CIF 或 CIP 价格的 110%。

如果从单据中不能确定 CIF 或者 CIP 价格，投保金额必须基于要求承付或议付的金额，或者基于发票上显示的货物总值来计算，两者之中取金额较高者。

iii. 保险单据须表明承保的风险区间至少涵盖从信用证规定的货物接管地或发运地开始到卸货地或最终目的地为止。

g. 信用证应规定所需投保的险别及附加险（如有的话）。如果信用证使用诸如"通常风险"或"惯常风险"等含义不确切的用语，则无论是否有漏保之风险，保险单据将被照样接受。

h. 当信用证规定投保"一切险"时，如保险单据载有任何"一切险"批注或条款，无论是否有"一切险"标题，均将被接受，即使其声明任何风险除外。

i. 保险单据可以援引任何除外条款。

j. 保险单据可以注明受免赔率或免赔额（减除额）约束。

第二十九条　截止日或最迟交单日的顺延

a. 如果信用证的截止日或最迟交单日适逢接受交单的银行非因第三十六条所述原因而歇业，则截止日或最迟交单日，视何者适用，将顺延至其重新开业的第一个银行工作日。

b. 如果在顺延后的第一个银行工作日交单，指定银行必须在其致开证行或保兑行的面函中声明交单是在根据第二十九条 a 款顺延的期限内提交的。

c. 最迟发运日不因第二十九条 a 款规定的原因而顺延。

第三十条　信用证金额、数量与单价的伸缩度

a. "约"或"大约"用于信用证金额或信用证规定的数量或单价时，应解释为允许有关金额或数量或单价有不超过 10% 的增减幅度。

b. 在信用证未以包装单位件数或货物自身件数的方式规定货物数量时，货物数量允许有 5% 的增减幅度，只要总支取金额不超过信用证金额。

c. 如果信用证规定了货物数量，而该数量已全部发运，及如果信用证规定了单价，而该单价又未降低，或当第三十条 b 款不适用时，则即使不允许部分装运，也允许支取的金额有 5% 的减幅。若信用证规定有特定的增减幅度或使用第三十条 a 款提到的用语限定数量，则该减幅不

适用。

第三十一条 部分支款或部分发运

a. 允许部分支款或部分发运。

b. 表明使用同一运输工具并经由同次航程运输的数套运输单据在同一次提交时，只要显示相同目的地，将不视为部分发运，即使运输单据上表明的发运日期不同或装货港、接管地或发运地点不同。如果交单由数套运输单据构成，其中最晚的一个发运日将被视为发运日。

含有一套或数套运输单据的交单，如果表明在同一种运输方式下经由数件运输工具运输，即使运输工具在同一天出发运往同一目的地，仍将被视为部分发运。

c. 含有一份以上快递收据、邮政收据或投邮证明的交单，如果单据看似由同一快递或邮政机构在同一地点和日期加盖印戳或签字并且表明同一目的地，将不视为部分发运。

第三十二条 分期支款或分期发运

如信用证规定在指定的时间段内分期支款或分期发运，任何一期未按信用证规定期限支取或发运时，信用证对该期及以后各期均告失效。

第三十三条 交单时间

银行在其营业时间外无接受交单的义务。

第三十四条 关于单据有效性的免责

银行对任何单据的形式、充分性、准确性、内容真实性、虚假性或法律效力，或对单据中规定或添加的一般或特殊条件，概不负责；银行对任何单据所代表的货物，服务或其他履约行为的描述、数量、重量、品质、状况、包装、交付、价值或其存在与否，或对发货人、承运人、货运代理人、收货人、货物的保险人或其他任何人的诚信与否、作为或不作为、清偿能力、履约或资信状况，也概不负责。

第三十五条 关于信息传递和翻译的免责

当报文、信件或单据按照信用证的要求传输或发送时，或当信用证未做指示，银行自行选择传送服务时，银行对报文传输或信件或单据的递送过程中发生的延误、中途遗失、残缺或其他错误产生的后果，概不负责。

如果指定银行确定交单相符并将单据发往开证行或保兑行。无论指定的银行是否已经承付或议付，开证行或保兑行必须承付或议付，或偿付指定银行，即使单据在指定银行送往开证行或保兑行的途中，或保兑行送往开证行的途中丢失。

银行对技术术语的翻译或解释上的错误，不负责任，并可不加翻译地传送信用证条款。

第三十六条 不可抗力

银行对由于天灾、暴动、骚乱、叛乱、战争、恐怖主义行为或任何罢工、停工或其无法控制的任何其他原因导致的营业中断的后果，概不负责。

银行恢复营业时，对于在营业中断期间已逾期的信用证，不再进行承付或议付。

第三十七条 关于被指示方行为的免责

a. 为了执行申请人的指示，银行利用其他银行的服务，其费用和风险由申请人承担。

b. 即使银行自行选择了其他银行，如果发出的指示未被执行，开证行或通知行对此亦不负责。

c. 指示另一银行提供服务的银行有责任负担被指示方因执行指示而发生的任何佣金、手续费、成本或开支（"费用"）。

如果信用证规定费用由受益人负担，而该费用未能收取或从信用证款项中扣除，开证行依然承担支付此费用的责任。

信用证或其修改不应规定向受益人的通知以通知行或第二通知行收到其费用为条件。

d. 外国法律和惯例加之于银行的一切义务和责任，申请人应受其约束，并就此对银行负补偿之责。

第三十八条　可转让信用证

a. 银行无办理信用证转让的义务，除非其明确同意。

b. 就本条而言：

可转让信用证系指特别注明"可转让（transferable）"字样的信用证。可转让信用证可应受益人（第一受益人）的要求转为全部或部分由另一受益人（第二受益人）兑用。

转让行系指办理信用证转让的指定银行，或当信用证规定可在任何银行兑用时，指开证行特别如此授权并实际办理转让的银行。开证行也可担任转让行。

已转让信用证指已由转让行转为可由第二受益人兑用的信用证。

c. 除非转让时另有约定，有关转让的所有费用（诸如佣金、手续费、成本或开支）须由第一受益人支付。

d. 只要信用证允许部分支款或部分发运，信用证可以分部分转让给数名第二受益人。

已转让信用证不得应第二受益人的要求转让给任何其后受益人。第一受益人不视为其后受益人。

e. 任何转让要求须说明是否允许及在何条件下将修改通知第二受益人。已转让信用证须明确说明该项条件。

f. 如果信用证转让给数名第二受益人，其中一名或多名第二受益人对信用证修改并不影响其他第二受益人接受修改。对接受者而言该已转让信用证即被相应修改，而对拒绝修改的第二受益人而言，该信用证未被修改。

g. 已转让信用证须准确转载原证条款，包括保兑（如果有的话），但下列项目除外：

i. 信用证金额；

ii. 规定的任何单价；

iii. 截止日；

iv. 交单期限；或者

v. 最迟发运日或发运期间。

以上任何一项或全部均可减少或缩短。

必须投保的保险比例可以增加，以达到原信用证或本惯例规定的保险金额。

可用第一受益人的名称替换原证中的开证申请人名称。

如果原证特别要求开证申请人名称应在除发票以外的任何单据出现时，已转让信用证必须反映该项要求。

h. 第一受益人有权以自己的发票和汇票（如有的话）替换第二受益人的发票的汇票，其金额不得超过原信用证的金额。经过替换后，第一受益人可在原信用证项下支取自己发票与第二受益人发票间的差价（如有的话）。

i. 如果第一受益人应提交其发票和汇票（如有的话），但未能在收到第一次要求时照办，或第一受益人提交的发票导致了第二受益人的交单中本不存在的不符点，而其未能在第一次要求时修正，则转让行有权将其从第二受益人处收到的单据照交开证行，并不再对第一受益人承担责任。

j. 在要求转让时，第一受益人可以要求在信用证转让后的兑用地点，在原信用证的截止日之前（包括截止日），对第二受益人承付或议付。该规定并不得损害第一受益人在第三十八条 h 款下的权利。

k. 第二受益人或代表第二受益人的交单必须交给转让行。

第三十九条 款项让渡

信用证未注明可转让,并不影响受益人根据所适用的法律规定,将该信用证项下其可能有权或可能将成为有权获得的款项让渡给他人的权利。本条只涉及款项的让渡,而不涉及在信用证项下进行履行行为的权利让渡。

本章训练

一、何谓《UCP600》?

二、简述《UCP600》在外贸单证中的作用。

三、《UCP600》对商业发票在货物描述、金额、数量等方面有哪些要求?

四、《UCP600》对正副本单据是如何规定的?

第三章 交易合同的订立

Chapter Three

交易磋商是指买卖双方就交易条件进行协商，协调双方的经济利益，求得一致，达成交易。在国际贸易中，交易磋商有明确的内容和规范的程序。交易磋商的过程，就是双方通过要约（发盘）和承诺（接受），确立契约关系的过程。

依法成立的合同，具有法律约束力，合同自成立时生效。但在这里要说明的是，合同成立与合同生效是两个不同的概念。合同成立的判断依据是承诺是否生效；而合同生效的判断依据是合同是否具有法律上的效力。

第一节　合同

一、合同的形式

在国际贸易中，订立合同的形式有三种：书面形式，口头形式，以行为表示。随着国际贸易的迅速发展和国际通信技术的不断改进，当前国际货物买卖合同一般都是通过现代化的通信方法达成的。根据国际贸易的一般习惯做法，交易双方通过口头或来往函电磋商达成协议后，多数情况下还签订一定格式的正式书面合同。这是因为通过签订合同，把往来函电中有所变更的条件，最终归纳于一份规范的合同文本中，并由双方签署。这样的合同，既是一份完整、有效的法律文件，也是一份完整、明确的履约依据。

在国际贸易中，书面合同的形式和内容，并无统一规定。从格式的繁简来看，通常把繁式的称为合同（Contract），而把简式的称为确认书（Confirmation），但无实质性的区别。此外还有备忘录（Memo）、协议书（Agreement）等名称。

二、合同有效成立的条件

合同有效成立需要具备以下条件：
（1）当事人必须具有订立合同的行为能力。
（2）合同须有对价或约因（或互为有偿）。
（3）合同的内容必须合法。
（4）必须符合法律规定的形式。

（5）当事人的意思表示必须真实。

三、合同的内容

合同的内容通常包括三个部分：

1. 约首
包括合同名称、编号以及双方当事人名称、地址、电传或传真号码等。

2. 本文
合同条款，即对各项交易条件的具体规定，包括品名品质、数量、包装、价格、运输、支付六个必要条款以及保险、检验、索赔、不可抗力和仲裁等条款。

3. 约尾
订约日期、地点和双方有权签字人的签署。

四、合同样本

售货合同
SALES CONTRACT

合同编号（Contract No.）：
签约时间（Signing Date）：
签约地点（Signing Place）：

卖方（The Seller）：
地址（Address）：
电话（Tel）：　　　　　　　　　　　　　　　　传真（Fax）：

买方（The Buyer）：
地址（Address）：
电话（Tel）：　　　　　　　　　　　　　　　　传真（Fax）：

卖方与买方经协商同意签订本合同，按如下条款由买方购进卖方售出的以下商品：
The Seller agrees to sell and the Buyer agrees to buy the under-mentioned goods on terms and conditions as stipulated below：

1.

序号 No.	商品名称及规格 Name of Commodity & Specification	数量/重量 Quantity/Weight	单　价 Unit Price	总　价 Total Price
合计金额（Total Value）：				

注：允许____%的溢短装。
Note：overweight or underweight within ____% of the total contract weight shall be permitted.

本合同使用的 FOB，CFR，CIF 等术语，除另有规定外，均遵行国际商会制定的《2000 年国际贸易术语解释通则》。

The terms FOB，CFR，CIF，etc. in the Contract shall subject to *INCOTERMS 2000* provided by the International Chamber of Commerce unless otherwise stipulated herein.

2. 包装（Packing）：

3. 装运唛头（Shipping Mark）：

4. 保险（Insurance）：
   _____方应按发票金额的 110% 投保____险。附加险包括：_____。
   Insurance shall be procured by _____ for 110% of the invoice value against _____. Additional insurance shall include：_____.

5. 装运港（Port of Shipment）：

6. 目的港（Port of Destination）：

7. 装运期限（Time of Shipment）：

8. 付款条件（Terms of Payment）：
   □买方应于装运期前____天内通过卖方同意的银行开出以卖方为受益人的全额的、保兑的、不可撤销的、无追索的、允许转船和分批装运的、可转让和分割的即期（或____天远期）信用证，并在装运期后 21 天内保留结汇有效。如卖方因故不能按上述装运期出运，则有关信用证的装运期和有效期将自动延长 15 天。
   □ By full amount，confirmed，irrevocable，without recourse，allowing transshipment and partial shipment，transferable and divisible Letter of Credit to be available by sight draft（or at ____ days sight draft）to reach the Seller ____ days before shipment and to remain valid for negotiation in China until the 21st day after the aforesaid time of shipment. In case shipment is not effected within the specified time of shipment，an automatic extension of 15 days shall be allowed both for the time of shipment and the expiration of the relevant L/C.
   □装运前电汇。
   □ By T/T before shipment.
   □见票付款交单。
   □ By D/P at sight.

9. 装船条件（Terms of Shipment）：_____。

10. 商品检验及索赔（Inspection and Claim）：
   10.1 双方同意，货物的质量及数量或重量以国家出入境检验检疫局或生产者验证为准。如果买方对所运货物质量有异议时，可以在货到目的港 30 天内向卖方提出索赔。如果买方对所运货物数量或重量有异议时，可以在货到目的港 15 天内向卖方提出索赔。买方向卖方索赔时，应提供卖方同意的检验机构出具的检验报告。卖方对于由于自然原因或属于保险公司、船公司、其他运输机构或邮局责任造成的损失，不承担任何责任。
   The two parties agree that the inspection on quality & quantity/weight will be based on Inspection Certificate issued by the State Administration for Entry-Exit Inspection and Quarantine of the People's Republic Of China（SAIQ）or the Manufacturers with their standards. In case of a quality discrepancy, the Buyer, shall within 30 days after arrival of the goods at the port of destination，lodge against the Seller a claim. In case of a quantity/weight discrepancy, the Buyer shall, within 15 days after arrival of the goods at the port of the destination, lodge against the Seller a claim. The claim（s）should

be supported by Inspection Certificate issued by a public surveyor approved by the Seller. It is understood that the Seller shall not be liable for any discrepancy of the goods shipped due to natural causes, or causes falling within the responsibilities of the insurance company, shipping company, other transportation organization or post office.

10.2　买方有义务根据需要取得进口许可证，并安排开立信用证并/或按合同要求付款。如果买方不能在合同规定期限内将信用证开到卖方或按合同规定付款或开来的信用证不符合合同规定，而在接到卖方通知后 10 天内仍不能及时办妥修正，则卖方有权撤销合同或延期交货，并有权提出索赔。

The Buyer shall undertake to take the necessary steps to obtain import license if required and to arrange the opening of L/C and/or effect remittances as required in this contract. In case the Letter of Credit or the remittances dose not reach the Seller within the time stipulated in this contract, or the Letter of Credit opened by the Buyer does not correspond to the stipulations of this contract and the Buyer fails to amend thereafter its terms within 10 days after the receipt of notification from the Seller, the Seller shall have the right to terminate the contract or to postpone the delivery of the goods and shall have also the right to lodge a claim for compensation.

11.　不可抗力（Force Majeure）：
11.1　合同任何一方因不可抗力事件不能履行合同的全部或部分义务时，不承担任何责任。
Non-performance by a party is excused if that party proves that the non-performance was due to "Force Majeure".

11.2　本合同所称不可抗力事件是指合同双方在订立合同时不能预见、对其发生和后果不能避免并不能克服的事件，如战争、火灾、地震、政策变化等。
"Force Majeure" in this contract refers to an impediment beyond control and that it could not reasonably be expected to have taken the impediment into account at the time of the conclusion of the contract or to have avoided or overcome it or its consequences. Such impediment includes war, fire, earthquake and governmental order or regulation, etc.

11.3　遭受不可抗力的一方必须在事故发生时立即电告另一方并在事故发生后 15 天内将事故发生地相关机构出具的事故证明书用航空邮寄另一方为证。
The party who fails to perform must notify the other party by cable within the shortest possible time of the occurrence of the Force Majeure and within 15 days therein send by registered airmail to the other party a Certificate as evidence issued by the relevant authorities of the place where the accident occurs for confirmation by the other party.

12.　仲裁（Arbitration）：
一切因本合同而发生的或与本合同有关的争议均应提交北京中国国际经济贸易仲裁委员会，并根据该会的仲裁规则进行仲裁，该仲裁的裁决为终局裁决，对双方均有约束力。
Any dispute arising from or in connection with this Contract shall be submitted to China International Economic and Trade Arbitration Commission in Beijing for arbitration which shall be conducted in accordance with the Commission's arbitration rules in effect at the time of applying for arbitration. The arbitral award is final and binding upon both parties.

13.　其他（Miscellaneous）（备选条款 for choice）：
如果由买方提供商标和包装设计方案，买方应在装船期前 60 天将经确认的设计样本及其他相关材料的最后确认以快件寄送卖方。如发生违反有关专利、商标法律的情况，由买方承担责任。
If the trademark and the design for packing are provided by the Buyer, the approved design and final clarification of all relative details shall be sent by express mail to the Seller 60 days before the time of shipment. The Buyer will be held responsible for violation, if any, of the laws in regard to patent design and trademark.

14.　合同效力（Effectiveness of Contract）：
14.1　本合同以中英文书就正本两份，双方各执一份。本合同自双方代表签字之日起生效。
This contract shall be written in both Chinese and English with two originals and one copy for each party. This contract shall come into effect immediately after being signed by the representatives of both parties.

14.2　买方应在收到合同书后的 7 个工作日内将其中一份经签署且无任何修改的合同书寄送卖方。

The Buyer should sign one copy and return it without any modification to the Seller within 7 days after receipt.

14.3 本合同共_____页，双方代表须在每一页上签字。
There are totally _____ pages in this contract, and signatures of the representatives on behalf of the two parties are required on each page.

买　方
The Seller

_____

卖　方
The Buyer

_____

注：
1. 在外贸合同中，如卖方以代理人的名义签订外贸合同的，外贸合同中可规定以下内容：
（1）合同前言中应规定"卖方作为_____指定的出口代理人，本合同的一切权利义务均由委托人_____享有或承担"；"Appointed as export agent of _____, the principal will undertake all rights and duties of the contract."
（2）合同的末尾签字处应写明"（卖方）on behalf of the Seller（国内用户）"，并取得国内用户的授权书；或国内客户在本合同中同时签字。
2. 本合同第 12 条仲裁条款，在签订时应争取注明"本合同一切争议的解决按照中国法律规定"。
"All disputes of the contract should be solved according to Chinese law."

五、成交确认书样本

SALES CONFIRMATION

S/C No.：
Date：

The Seller：
Address：

The Buyer：
Address：

No.	Commodity & Specification	Quantity	Unit Price	Amount
Total Value：				

Loading Port and Destination：
Time of Delivery：
Terms of Payment：
Insurance：
Packing：

Shipping Mark：

Others

卖　　方　　　　　　　　　　　　　　　　　　买　　方
The Seller　　　　　　　　　　　　　　　　　The Buyer

_____　　　　　　　　　　　　　　　_____

第二节　形式发票

一、形式发票的含义

形式发票是指出口商应进口商的要求，发出一份列有出售货物的名称、规格、单价等非正式参考性发票，以供进口商向其本国贸易管理当局即海关部门或外汇管理当局申请进口许可证或批准给予外汇等之用。形式发票属非正式发票，没有约束力，不能用于托收和议付，它所列的单价等，也仅仅是进口商根据当时情况所做的估计，对双方都无最终的约束力，所以说形式发票只是一种估价单，正式成交发货后还要另外重新缮制商业发票。

二、形式发票英文：PROFORMA INVOICE

"Proforma"是拉丁文，它的意思是"形式上的"，所以单从字面来理解，Proforma Invoice 是指形式上的、无实际意义的发票。这种发票本来是卖方在推销货物时，为了供买方估计进口成本，假定交易已经成立所签发的一种发票。但实际上，并没有发出货物。正因为如此，在日本这种发票也被称为"试算发票"。

三、形式发票的要约

形式发票最主要的是列清楚以下几个要约：
（1）货物品名。
（2）数量。
（3）成交价格方式，是 FOB、CFR，还是 CIF 等。
（4）装运期。
（5）运输方式。
（6）付款方式。
（7）贵公司详细的银行资料。

一般小额贸易国外客户是很少签正式出口合同的，形式发票往往就起着约定合同基本内容以实现交易的作用，所以有必要的话要将可能产生分歧的条款一一详列清楚，要买方签回确认条款，以后真正执行合同时便有依据。如果形式发票被利用来开立信用证，信用证上的条款应与形式发票上的一致。

四、形式发票的作用

（1）货物估价。

（2）销售确认。

（3）作为买方凭以申请以下证书的必要文件：输入许可证、外汇许可、开立信用等。

在实务上，倘若形式发票具备报价单的内容而构成法律上的要约（Offer），则可以用来替代报价单，甚至可以作为销售确认书（Sales Confirmation）。

五、形式发票样本

PROFORMA INVOICE

P/I NO.：

DATE：

The Seller：

Address：

The Buyer：

Address：

No.	Commodity & Specification	Quantity	Unit Price	Amount
Total Value：				

Loading Port and Destination：

Time of Delivery：

Terms of Payment：

Insurance：

Packing：

Shipping Mark：

Others

卖　方　　　　　　　　　　　　　　　　　买　方

The Seller　　　　　　　　　　　　　　　The Buyer

_____　　　　　　　　　　　　　　_____

本章训练

一、说明售货合同、成交确认书及形式发票的异同。

二、请根据下面信用证各制作一份完整的售货合同、成交确认书及形式发票。

FROM: HONGKONG AND SHANGHAI BANKING CORP., HONGKONG

TO: BANK OF CHINA, XIAMEN BRANCH, XIAMEN CHINA

TEST: 12345 DD. 010705 BETWEEN YOUR HEAD OFFICE AND US. PLEASE CONTACT YOUR NO. FOR VERIFICATION.

WE HEREBY ISSUED AN IRREVOCABLE LETTER OF CREDIT

NO. HKH123123 FOR USD8,440.00, DATED 040705.

APPLICANT: PROSPERITY INDUSTRIAL CO. LTD.

342-3 FLYING BUILDING KINGDOM STREET HONGKONG

BENEFICIARY: XIAMEN TAIXIANG IMP. AND EXP. CO. LTD.

NO. 88 YILA ROAD 13/F XIANG YE BLOOK RONG HUA BUILDING, XIAMEN, CHINA

THIS L/C IS AVAILABLE WITH BENEFICIARY'S DRAFT AT 30 DAYS AFTER SIGHT DRAWN ON US ACCOMPANIED BY THE FOLLOWING DOCUMENTS:

1. SIGNED COMMERCIAL INVOICE IN TRIPLICATE.

2. PACKING LIST IN TRIPLICATE INDICATING ALL PACKAGE MUST BE PACKED IN CARTON/ NEW IRON DRUM SUITABLE FOR LONG DISTANCE OCEAN TRANSPORTATION.

3. CERTIFICATE OF CHINESE ORIGIN IN DUPLICATE.

4. FULL SET OF CLEAN ON BOARD OCEAN MARINE BILL OF LADING MADE OUT TO ORDER AND BLANK ENDORSED MARKED "FREIGHT PREPAID" AND NOTIFY APPLICANT.

5. INSURANCE POLICY OR CERTIFICATE IN DUPLICATE ENDORSED IN BLANK FOR THE VALUE OF 110 PERCENT OF THE INVOICE COVERING FPA/WA/ ALL RISKS AND WAR RISK AS PER CIC DATED 1/1/81.

6. BENEFICIARY'S CERTIFICATE CERTIFYING THAT ONE FULL SET OF N/N COPIES OF DOCUMENTS HAS BEEN SENT TO APPLICANT BY FAX WITHIN 2 DAYS AFTER SHIPMENT DATE.

SHIPMENT FROM: XIAMEN, CHINA .SHIPMENT TO: HONGKONG

LATEST SHIPMENT 31 AUGUST 2004

PARTIAL SHIPMENT IS ALLOWED, TRANSSHIPMENT IS NOT ALLOWED.

COVERING SHIPMENT OF:

COMMODITY AND SPECIFICATIONS	QUANTITY	UNIT PRICE CIF	AMOUNT HONGKONG
1625/3D GLASS MARBLE	2000 BOXES	USD2.39/BOX	USD4,780.00
1641/3D GLASS MARBLE	1000 BOXES	USD1.81/BOX	USD1,810.00
2506D GLASS MARBLE	1000 BOXES	USD1.85/BOX	USD1,850.00

SHIPPING MARK：P.7.

HONGKONG

NO. 1-400

ADDITIONAL CONDITIONS：

5 PERCENT MORE OR LESS BOTH IN QUANTITY AND AMOUNT IS ALLOWED.

ALL BANKING CHARGES OUTSIDE ISSUING BANK ARE FOR ACCOUNT OF BENEFICIARY.

DOCUMENTS TO BE PRESENTED WITHIN 15 DAYS AFTER THE DATE OF ISSUANCE OF THE SHIPPING DOCUMENT BUT WITHIN THE VALIDITY OF THE CREDIT.

INSTRUCTIONS：

NEGOTIATING BANK IS TO SEND DOCUMENTS TO US IN ONE LOT BY DHL.

UPON RECEIPT OF THE DOCUMENTS IN ORDER WE WILL COVER YOU AS PER YOUR INSTRUCTIONS.

L/C EXPIRATION：15 SEP., 2004.

THIS L/C IS SUBJECT TO UNIFORM CUSTOMS AND PRACTICE FOR DOCUMENTARY CREDITS（1993 REVISION）INTERNATIONAL CHAMBER OF COMMERCE PUBLICATION NO. 500.

PLEASE ADVISE THIS L/C TO THE BENEFICIARY WITHOUT ADDING YOUR CONFIRMATION.

THIS TELEX IS THE OPERATIVE INSTRUMENT AND NO MAIL CONFIRMATION WILL BE FOLLOWED.

+++++

补充资料：

Invoice No.：PL001

Invoice Date：2004年8月6日

商品情况：

	G.W.	N.W.	MEAS
1625/3D GLASS MARBLE 0.2 CBM/CTN	10 BOXES/CTN	10 kgs/ctn	8 kgs/ctn
1641/3D GLASS MARBLE 0.2 CBM/CTN	10 BOXES/CTN	12 kgs/ctn	10 kgs/ctn
2506D GLASS MARBLE 0.2 CBM/CTN	10 BOXES/CTN	12 kgs/ctn	10 kgs/ctn

船名、航次：XM123 V.34

提单号：CAG14253

提单日期：2004年8月20日

集装箱：CAU10235 SEAL 05465

S/O No.：B45475

第四章 信用证操作与处理

Chapter Four

在实际的外贸活动中,对于新客户和一些金额较大的交易,进出口企业一般会选择用信用证作为支付条款。信用证的种类较多,不同的信用证操作程序可能会有所差异,但基本流程是一致的,一般都要经过申请、开证、通知、议付、索偿、赎单等环节。图4-1为信用证操作的一般流程。一份信用证一般来说不可能一次开出就被出口商完全接受,因为信用证中还经常暗藏一些软条款,因此,除了上述的基本流程外,用信用证作为交易条款时,还可能涉及修改信用证,即改证。本章将从信用证的开证、审证和改证三个方面来论述信用证的操作与处理。

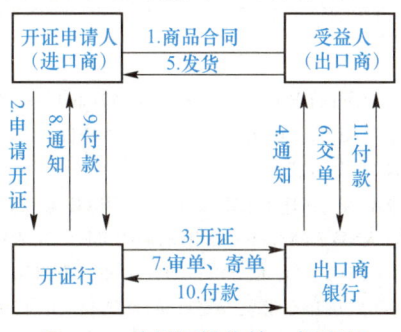

图 4-1 信用证操作的一般流程

第一节 开 证

信用证是银行(即开证行)依照进口商(即开证申请人)的要求和指示,对出口商(即受益人)发出的、授权出口商签发以银行或进口商为付款人的汇票,保证在交来符合信用证条款规定的汇票和单据时,必定承兑和付款的保证文件。

开证行在对开证申请人(进口商)进行审查后,如果确认其资质、开证内容等无误,即可按进口商申请书的内容来开立信用证。一般来说信用证有信开和电开两种。

一、信开信用证

信开信用证(Mail Credit)是以邮寄方式寄给受益人或通知行的信用证。由于信用证采用邮寄方式,费用比电开信用证低,但时间长。信开信用证适用于装运期较长或金额较小的信用证的开立。信开信用证要通过核对印签确认表面真实性,所以,它要求开证行与通知行之间建立印签关系。以下是信开信用证的范本：

THE ROYAL BANK OF CANADA
BRITISH COLUMBIA INTERNATIONAL CENTRE
1055 WEST GEORGIA STREET, VANCOUVER, B.C. V6E 3P3, CANADA

CONFIRMATION OF TELEX/CABLE PRE-ADVISED

DATE: APR.8, 2013

TELEX NO. 4720688 CA

PLACE: VANCOUVER

IRREVOCABLE DOVUMENTARY CREDIT	CREDIT NUMBER: 98/0501-FTC	ADVISING BANK'S REF. NO.
ADVISING BANK: SHANGHAI A J FINACE CORPORATION 59 HANGKONG ROAD SHANGHAI 200002, CHINA	**APPLICANT:** JAMES BROWN & SONS #304-310 JALAN STREET, TORONTO, CANADA	
BENEFICIARY: HUAXIN TRADING CO., LTD. 14TH FLOOR KINGSTAR MANSION, 676 JINLIN RD., SHANGHAI CHINA	**AMOUNT:** USD 46,980.00 (US DOLLARS FORTY SIX THOUSAND NINE HUNDRED AND EIGHTEEN ONLY)	
EXPIRY DATE: MAY 15, 2013	FOR NEGOTIATION IN APPLICANTS COUNTRY	

GENTLEMEN:
WE HEREBY OPEN OUR IRREVOCABLE LETTER OF CREDIT IN YOUR FAVOR WHICH IS AVAILABLE BY YOUR DRAFTS AT SIGHT FOR FULL INVOICE VALUE ON US ACCOMPANIED BY THE FOLLOWING DOCUMENTS:
+ SIGNED COMMERCIAL INVOICE AND 3 COPIES.
+ PACKING LIST AND 3 COPIES, SHOWING THE INDIVIDUAL WEIGHT AND MEASUREMENT OF EACH ITEM.
+ ORIGINAL CERTIFICATE OF ORIGIN AND 3 COPIES ISSUED BY THE CHAMBER OF COMMERCE.
+ FULL SET CLEAN ON BOARD OCEAN BILLS OF LADIG SHOWING FREIGHT PREPAID CONSIGNED TO RODER OF THE ROYAL BANK OF CANADA INDICATING THE ACTUAL DATE OF THE GOODS ON BOARD AND NOTIFY THE APPLICANT WITH FULL ADDRESS AND PHONE NO. 77009910.
+ INSURANCE POLICY OR CERTIFICATE FOR 130 PERCENT OF INVOICE VALUE COVERING: INSTITUTE CARGO CLAUSES (A) AS PER I.C.C. DATED 1/1/1982.
+ BENEFICIARY'S CERTIFICATE CERTIFYING THAT EACH COPY OF SHIPPING DOCUMENTS HAS BEEN FAXED TO THE APPLICANT WITHIN 48 HOURS AFTER SHIPMENT.
COVERING SHIPMENT:
4 ITEMS TEMS OF CHINESE CERAMIC DINNERWARE INCLUDING: HX1115 544SETS, HA2012 800SETS, HX4405 443SETS AND HX4510 245SETS.
DETAILS IN ACCORDANCE WITH SALES CONFIRMATION SHHX98027 DATED APR.3, 2013.
〖 〗FOB/〖 〗CFR/〖 X 〗CIF/〖 〗FAS TORONTO CANADA

SHIPMENT FROM	TO	LATEST	PARTIAL SHIPMENTS	TRANSSHIPMENT
SHANGHAI	VANCOUVER	APR.30, 2013	PROHIBITED	PROHIBITED

DRAFTS TO BE PRESENTED FOR NEGOTIATION WITHIN 15 DAYS AFTER SHIPMETN, BUT WITHIN THE VALIDITY OF CREDIT.
ALL DOCUMENTS TO BE FORWARDED IN ONE COVER, BY AIRMAIL, UNLESS OTHERWISE STATED UNDER SPECIAL INSTRUCTIONS.

> SPECIAL INSTRUCTIONS: ALL BANKING CHARGES OUTSIDE CANADA ARE FOR ACCOUNT OF BENEFICIARY.
> + ALL GOODS MUST BE SHIPPED IN ONE 20'CY TO CY CONTAINER AND B/L SHOWING THE SAME.
> + THE VALUE OF FREIGHT PREP AID HAS TO BE SHOWN ON BILLS OF LADIG.
> + DOCUMENTS WHICH FAIL TO COMPLY WITH THE TERMS AND CONDITIONS IN THE LETTER OF CREDIT SUBJECT TO A SPECIAL DISCREPANCY HANDLING FEE OF USD35.00 TO BE DEDUCTED FROM ANY PROCEEDS.
>
> DRAFT MUST BE MARKED AS BEING DRAWN UNDER THIS CREDIT AND BEAR ITS NUMBER; THE AMOUNTS ARE TO BE ENDORSED ON THE REVERSE HEREOF BY NEG. BANK. WE HEREBY AGREE WITH THE DRAWERS, ENDORSERS AND BONA FIDE HOLDER THAT ALL DRAFTS DRAWN UNDER AND IN COMPLIANCE WITH THE TERMS OF THIS CREDIT SHALL BE DULY HONORED UPON PRESENTATION.
> THIS CREDIT IS SUBJECT TO THE UNIFORM CUSTOMS AND PRACTICE FOR DOCUMENTARY CREDITS (1993 REVISION) BY THE INTERNATIONAL CHAMBER OF COMMERCE PRBLICATION NO. 500.
>
> _DAVID·J_   YOURS VERY TRULY,
>   _JOANNE Smith_
> AUTHORIZED SIGNATURE   AUTHORIZED SIGNATURE

二、电开信用证

电开信用证（Cable Credit）是开证行以电信方式开立的信用证。采用的方式有电报、电传、环球银行金融划拨（SWIFT）等。电开信用证的费用比信开信用证要高，一般在金额大、装期短或受益人急用的情况下采用。受理电开信用证的通知行通常是将电开证内容转录于本身的格式上或在来电文稿上附加面函再通知受益人。过去开证行习惯在开立电开信用证后，另向通知行寄上电报证实书以核实电文，现多数银行按跟单信用证惯例而简化手续，不再另寄证实书，除非在电文上另做规定。

现在大多数银行都接受 SWIFT（Society for Worldwide Interbank Financial Telecommunications, 环球同业银行金融电信协会）开立的信用证。而 SWIFT 项下开立的 MT（MESSAGE TYPE）格式大概有 17 种：

MT700/701 格式，开立信用证时使用；

MT705 格式，信用证预先通知用；

MT707 格式，信用证修改用；

MT710/711 格式，通知由第三家银行开立跟单信用证用；

MT720/721 格式，转让跟单信用证用；

MT730 格式，确认收妥跟单信用证，并证实已通知受益人用；

MT732 格式，发报行通知收报行有关单据已被开证申请人接受用；

MT734 格式，发报行通知收报行单证不符的拒付通知用；

MT740 格式，发报行授权收报行偿付信用证项下款项，即偿付授权用；

MT742 格式，发报行向收报行索偿用；

MT750 格式，发报行通知收报行有关单据不符点，即所谓"电提"用；

MT752 格式，发报行授权收报行在单据没有其他不符点的情况下，可以付款/承兑/议付，该报文是对 MT750 的答复；

MT754 格式，发报行通知收报行单证相符，已对有关单据进行付款/承兑/议付，并已按批示寄单，即所谓"通知电"；

MT756 格式，发报行通知收报行，已进行了偿付/付款。

我们一般所接触的是 MT700/701 和 MT707 三种格式，见表 4-1。

表 4-1 MT700 格式

M/O①	Tag 代号	Field Name 栏位名称	Content/Options 内容	No. 序号③
M	27	Sequence of Total 页次②	1!n/1!n 1个数字/1个数字	1
M	40A	Form of Documentary Credit 跟单信用证类别	24× 24个字符	2
M	20	Documentary Credit Number 跟单信用证号码	16× 16个字符	3
O	23	Reference to Pre-Advice 预通知的编号	16× 16个字符	4
O	31C	Date of Issue 开证日期	6!n 6个数字	5
M	40E	Applicable Rules 适用的规则	30×［/35×］	6
M	31D	Date and Place of Expiry 到期日及地点	6!n/29× 6个数字/29个字符	7
O	51a	Applicant Bank 申请人的银行	A or D A 或 D	8
M	50	Applicant 申请人	4×35× 4行35个字符	9
M	59	Beneficiary 受益人	［/34×］4×35× ［/34个字符］ 4行×35个字符	10
M	32B	Currency Code，Amount 币别代号、金额	3!a/15d 3个字母/15个数字	11
O	39A	Percentage Credit Amount Tolerance 信用证金额加减百分率	2!n/2!n 2个数字/2个数字	12
O	39B	Maximum Credit Amount 最高信用证金额	13× 13个字符	13
O	39C	Additional Amounts Covered 可附加金额	4×35× 4行×35个字符	14
M	41a	Available with ... By ... 向……银行押汇，押汇方式……	A or D A 或 D	15
O	42C	Drafts at ... 汇票期限	3×35× 3行×35个字符	16
O	42a	Drawee 付款人	A or D A 或 D	17
O	42M	Mixed Payment Details 混合付款指示	4×35× 4行×35个字符	18
O	42P	Deferred Payment Details 延迟付款指示	4×35× 4行×35个字符	19

续表

M/O ①	Tag 代号	Field Name 栏位名称	Content/Options 内容	No. 序号③
O	43P	Partial Shipments 分批装运	1×35× 1行×35个字符	20

电开信用证范本

```
FORM OF DOC. CREDIT        *40A: IRREVOCABLE
DOC. CREDIT NUMBER         *20: 70/1/5822
DATE OF ISSUE               31: 091007
EXPIRY                     *31D: DATE 100115 PLACE CHINA
ISSUING BANK                51D: SUN BANK,
                                 P.O. BOX 201
                                 GDANSK, POLAND
APPLICANT                  *50: VIRSONS LIMITED
                                23 COSGROVE WAY
                                LUTON, BEDFORDSHIRE
                                LU1 1XL, U.K.
BENEFICIARY                *59: ZHEJIANG WANLI IMPORT AND EXPORT CO., LTD.
                                222 JIANGUO ROAD,
                                WENZHOU, CHINA
AMOUNT                     *32B: CURRENCY USD AMOUNT 45,600.00
AVAILABLE WITH/BY          *41D: BANK OF CHINA
                                 WENZHOU BRANCH
                                 BY NEGOTIATION
DRAFTS AT ...              *42P: 60 DAYS AFTER SIGHT
PARTIAL SHIPMENT            43P: NOT ALLOWED
TRANSSHIPMENT               43T: ALLOWED
LOADING IN CHARGE           44A: SHANGHAI
FOR TRANSPORT TO ...        44B: GDANSK
LATEST DATE OF SHIP         44C: 091231
DESCRIPT OF GOODS           45A: 65% POLYESTER 35% COTTON LADIES SHIRTS
                                 STYLE NO.101 1,000 DOZ @USD12/DOZ
                                 STYLE NO.102 2,000 DOZ @USD16.8/DOZ
                                 ALL OTHER DETAILS OF GOODS ARE AS PER
                                 CONTRACT NO.LT07060 DATED AUG. 10, 2009.
                                 DELIVERY TERM: CIF GDANSK (INCOTERMS 2000)
```

DOCUMENTS REQUIRED   46A:

  1. COMMERCIAL INVOICE MANUALLY SIGNED IN 2 ORIGINALS PLUS 1 COPY. (1) 2分
  2. FULL SET (3/3) OF ORIGINAL CLEAN ON BOARD BILL OF LADING PLUS 3/3 NON NEGOTIABLE COPIES, MADE OUT TO ORDER OF ISSUING BANK AND BLANK ENDORSED, NOTIFY THE APPLICANT, MARKED FREIGHT PREPAID. (2) 10分
  3. PACKING LIST IN 2 ORIGINALS PLUS 1 COPY. (3) 2分
  4. CERTIFICATE OF ORIGIN IN 1 ORIGINAL PLUS 2 COPIES SIGNED BY CCPIT. (4) 4分
  5. MARINE INSURANCE POLICY IN THE CURRENCY OF THE CREDIT ENDORSED IN BLANK FOR CIF VALUE PLUS 10 PCT MARGIN COVERING ALL RISKS OF PICC CLAUSES INDICATING CLAIMS PAYABLE IN POLAND. (5) 10分

ADDITIONAL COND   47A:

  + ALL DOCS MUST BE ISSUED IN ENGLISH. (6) 2分

续表

+ SHIPMENTS MUST BE EFFECTED BY FCL.（7）3分
+ B/L MUST SHOWING SHIPPING MARKS：
<div align="center">VS LT07060 GDANSK C/NO. 1-350</div>
+ ALL BANK CHARGES IN CONNECTION WITH THIS DOCUMENTARY CREDIT EXCEPT ISSUING BANK'S OPENING COMMISSION AND TRANSMISSION COSTS ARE FOR THE BENEFICIARY'S A/C.（8）10分
PRESENTATION PERIOD 48：
WITHIN 15 DAYS AFTER THE DATE OF SHIPMENT BUT WITHIN THE VALIDITY OF THE CREDIT.（9）5分
CONFIRMATION　　　　　　　　　　　　*49：WITHOUT
INSTRUCTION　　　　　　　　　　　　　78：WE SHALL REIMBURSE AS PER YOUR INSTRUCTION
SEND. TO REC. INFO.　　　　　　　　　 72：CREDIT SUBJECT TO ICC PUBL. 600/2007 REV

第二节　审　证

一、审证概述

审证即审核信用证，是指对国外进口方通过银行开来的信用证内容进行全面审核，以确定是接受还是修改。理论上讲，国外来证应与买卖合同相符。但在很多实际业务中，买方开来的信用证并非与合同完全相符。分析原因，无外乎有两种：工作疏忽或故意。无论哪种原因造成不符，都会给卖方履行合同、安全收汇造成隐患。对此，出口商必须提高警惕，注意做好对国外来证的审核。

审核的依据是合同和《UCP600》。审证的基本原则就是要求信用证条款与合同的规定相一致，除非事先征得我方出口企业的同意，否则在信用证中不得增减或改变合同条款的内容。

审证工作由我国银行和进出口公司共同承担。银行审核开证行的政治背景、资信情况、付款责任和索汇路线，以及鉴定信用证真伪等。进出口公司则着重审核信用证内容与合同条款是否一致。

二、审证的要点

收到信用证后检查和审核的要点。

（一）检查信用证的付款保证是否有效

应注意有下列情况之一的，不是一项有效的付款保证或该项付款保证是存在缺陷问题的：

（1）信用证明确表明是可以撤销的。

此信用证由于无须通知受益人或未经受益人同意可以随时撤销或变更，应该说对受益人是没有付款保证的，对于此类信用证，一般不予接受。

信用证中如没有表明该信用证是否可以撤销，按《UCP600》的规定，应理解是不可以撤销的。

（2）应该保兑的信用证未按要求由有关银行进行保兑。

（3）信用证未生效。

（4）有条件的生效的信用证，如"待获得进口许可证后才能生效"。

（5）信用证密押不符。

（6）信用证简电或预先通知。
（7）由开证人直接寄送的信用证。
（8）由开证人提供的开立信用证申请书。

（二）检查信用证的付款时间是否与有关合同规定相一致

应特别注意下列情况：

（1）信用证中规定有关款项须在向银行交单后若干天内或见票后若干天内付款等情况。对此，应检查此类付款时间是否符合合同规定或贵司的要求。

（2）信用证在国外到期。

规定信用证国外到期，有关单据必须寄送国外，由于我们无法掌握单据到达国外银行所需的时间且容易延误或丢失，有一定的风险。通常我们要求在国内交单/付款。在来不及修改的情况下，必须提前一个邮程（邮程的长短应根据地区远近而定）以最快方式寄送。

（3）如信用证中的装期和效期是同一天即通常所称的"双到期"，在实际业务操作中，应将装期提前一定的时间（一般在效期前10天），以便有合理的时间来制单结汇。

（三）检查信用证受益人和开证人的名称及地址是否完整、准确

受益人应特别注意信用证上的受益人名称和地址与其印就好的文件上的名称和地址内容是否相一致，买方的公司名称和地址写法是否完全正确。在填写发货票时照抄信用证上写错了的买方公司名号和地址是有可能的，如果受益人的名称不正确，将会给今后的收汇带来不便。

（四）检查装期的有关规定是否符合要求

逾信用证规定装期的运输单据将构成不符点，银行有权不付款。

检查信用证规定的装期应注意以下几点：

（1）能否在信用证规定的装期内备妥有关货物并按期出运；如来证收到时装期太近，无法按期装运，应及时与客户联系修改。

（2）实际装期与交单期时间相距太短。

（3）信用证中规定了分批出运的时间和数量，应注意能否办到，否则，任何一批未按期出运，以后各期即告失效。

（五）检查能否在信用证规定的交单期交单

如来证中规定向银行交单的日期不得迟于提单日期后若干天，如果过了限期或单据不齐有错漏，银行有权不付款。

交单期通常按下列原则处理：

（1）信用证有规定的，应按信用证规定的交单期向银行交单。

（2）信用证没有规定的，向银行交单的日期不得迟于提单日期后21天。

应充分考虑办理下列事宜对交单期的影响：

（1）生产及包装所需的时间。

（2）内陆运输或集港运输所需的时间。

（3）进行必要的检验，如法定商检或客检所需的时间。

（4）申领出口许可证/FA产地证所需的时间（如果需要）。

（5）报关查验所需的时间。

（6）船期安排情况。

（7）到商会和/或领事馆办理认证或出具有关证明所需的时间（如果需要）。

（8）申领检验证明书如 SGS 验货报告/OMIC LETTER 或其他验货报告如客检证等所需的时间。

（9）制造、整理、审核信用证规定的文件所需的时间。

（10）单据送交银行所需的时间包括单据送交银行后经审核发现有误退回更正的时间。

（六）检查信用证内容是否完整

如果信用证是以电传或电报拍发给了通知行即"电讯送达"，那么应核实电文内容是否完整，如果电文无另外注明，并写明是根据国际商会丛刊第600号即《跟单信用证统一惯例解释通则》，那么，该电文可以被当作有效信用证执行。

（七）检查信用证的通知方式是否安全、可靠

信用证一般是通过受益人所在国家或地区的通知/保兑行通知给受益人的。这种方式的信用证通知比较安全，因为根据国际商会丛刊第600号《跟单信用证统一惯例解释通则》的有关规定，通知行应对所通知的信用证的真实性负责；如果不是这样寄交的，遇到下列情况之一应特别注意：

（1）信用证是直接从海外寄给您单位的，那么您单位应该小心查明它的来历。

（2）信用证是从本地某个地址寄出，要求您单位把货运单据寄往海外，而您单位并不了解他们指定的那家银行。

对于上述情况，应该首先通过银行调查核实。

（八）检查信用证的金额、币制是否符合合同规定

主要检查内容有：

（1）信用证金额是否正确。

（2）信用证的金额应该与事先协商的相一致。

（3）信用证中的单价与总值要准确，大小写并用内容要一致。

（4）如数量上可以有一定幅度的伸缩，那么，信用证也按相应规定在支付金额时允许有一定幅度。

（5）如果在金额前使用了"大约"一词，其意思是允许金额有10%的伸缩。

（6）检查币制是否正确。

如合同中规定的币制是"英镑"，而信用证中使用的是"美元"。

（九）检查信用证的数量是否与合同规定相一致

应注意以下几点：

（1）除非信用证规定数量不得有增减，否则，在付款金额不超过信用证金额的情况下，货物数量可以容许有5%的增减。

（2）特别注意的是以上提到的货物数量可以有5%增减的规定一般适用于大宗货物，对于以包装单位或以个体为计算单位的货物不适用。如：100% COTTON SHIRTS（5 000件全棉衬衫）由于数量单位是"件"，实际交货时只能是5 000件，而不能有5%的增减。

（十）检查价格条款是否符合合同规定

不同的价格条款涉及具体的费用如运费、保险费由谁分担。

如：合同中规定是FOB SHANGHAI AT USD，根据此价格条款有关的运费和保险费由买方即开证人承担；如果信用证中的价格条款没有按合同的规定做上述表示，而是做了CIF NEW YORK AT USD 的规定，对此条款如不及时修改，那么受益人将承担有关的运费和保险费。

（十一）检查货物是否允许分批出运

除信用证另有规定外，货物是允许分批付运的。

特别注意：如信用证中规定了每一批货物出运的确切时间，则必须按此照办，如不能办到，必须修改。

（十二）检查货物是否允许转运

除信用证另有规定外，货物是允许转运的。

（十三）检查有关的费用条款

主要内容有：

（1）信用证中规定的有关费用如运费或检验费等应事先协商一致，否则，对于额外的费用原则上不应承担。

（2）银行费用如事先未商定，应以双方共同承担为宜。

（十四）检查信用证规定的文件能否提供或及时提供

主要有：

（1）一些需要认证的单据，特别是使馆认证等能否及时办理和提供。

（2）由其他机构或部门出具的有关文件，如出口许可证、运费收据、检验证明等能否提供或及时提供。

（3）信用证中指定船龄、船籍、船公司或不准在某港口转船等条款能否办到等。

（十五）检查信用证中有无陷阱条款

应特别注意下列信用证条款是有很大陷阱的条款，具有很大的风险：

（1）1/3 正本提单直接寄送客人的条款。

如果接受此条款，将随时面临货、款两空的风险。

（2）将客检证作为议付文件的条款。

接受此条款，受益人正常处理信用证业务的主动权很大程度上掌握在对方手里，影响安全收汇。

（十六）检查信用证中有无矛盾之处

如：明明是空运，却要求提供海运提单；明明价格条款是 FOB，保险应由买方办理，而信用证中却要求提供保险单。

（十七）检查有关信用证

检查有关信用证是否受国际商会丛刊第 600 号《跟单信用证统一惯例解释通则》的约束。明确信用证受国际商会丛刊第 600 号《跟单信用证统一惯例解释通则》的约束可以使我们在具体处理信用证业务中，对于信用证的有关规定有一个公认的解释和理解，避免因对某一规定的不同理解产生争议。

总之，审核信用证应掌握一个前提，即在订立合同时要求国外公司开立信用证的日期尽量提前，使企业有充足的时间审核，以免仓促之间在信用证尚有种种缺陷时就对外发运货物，影响货款的收回，因为来证已迫近交货期，要修改其中条款往往会错过交货期，而信用证中的交货期又往往是合同中规定的交货期，则随之合同的交货期也要修改，否则易造成出口企业违约，但此时货大多已备妥，如果货物行情不好，要求改证还有可能被对方拒货……凡此种种均给信用证"纠偏"工作带来一定难度，而一些信誉欠佳的国外公司往往利用这一点，故意迟开信用证为其不履行付款责任埋下伏笔，所以出口企业一定要警惕，即使在这种情况下接到信用证，也应对条款进行认真审核，以免入其瓮中，损失货款。

信用证审核单

开证人				提交银行文件	文件要求
开证银行				□提单/货运单	
开证时间		信用证号		□发票	
受益人				□装箱单/重量单	
开证金额				□保险单	
价格条款		分批	可/否	□产地证（工厂/贸促会）	

续表

最迟装运期		转船		可 / 否	☐ FORMA 产地证	
议付有效期		到期地点			☐ 质量单（工厂 / 商检 / 其他检验单位）	
货运地	从	经	到		☐ 其他文件（请注明）	
品名单价描述					唛头要求	
特殊要求						
1. 2. 3. 4. 5.						
审证修改意见						
1. 2. 3. 4. 5.						

审证人：_____

审证时间：_____

第三节　改　证

一、改证概述

改证是对已开立的信用证进行修改的行为。

在审证时，如发现有己方不能接受的条款，应及时向开证申请人提出要求进行修改，但对更改信用证应持慎重态度。一般来说，非改不可的应坚决要求改正，可改可不改的，或适当努力可以做到而又不增加太多费用负担的，则可酌情处理：或不做修改按信用证规定办理，或同时提请国外进口人今后注意。

信用证的修改要求，通常由出口人（受益人）提出，有时也有由进口人主动向开证行提出的。对此须经开证行同意后，由开证行经通知行转告出口人，并经出口人同意接受后方为有效。如出口人拒绝接受，则此项修改不能确定，信用证仍以原款为准。

改证是由进口人通过开证行办理，修改通知如同开立信用证一样，须经通知行转递受益人，而不能由开证行直接通知或由进口人径自寄予受益人。

二、改证的注意事项

（1）对于需要修改的内容应一次向国外客户提出，尽量避免在发货装船或缮制单据时又发现新问题，再次要求客户改证。因为不仅国外改证费用很高，而且一改再改会引起客户不满，同时也足以暴露己方的工作素质和业务水平。

（2）收到银行信用证修改通知书后仍应再进行审核，如所修改内容还难以接受，则仍应及时拒绝，否则将被认为已同意接受修改。

（3）对于已接受的信用证修改书，应立即将其与原证附在一起，并注明修改次数，以免与原证脱节，造成信用证条款不齐，影响及时办理议付。

（4）必须在收到通知银行的"修改通知书"后，才能办理装运事宜，绝不可仅凭买方通知"证已照改"或其他类似的词句的通知就发货装船。

如下是常见的信用证修改申请书范本。

编号 No.：

信用证修改申请书
APPLICATION FOR AMENDMENT TO DOCUMENTARY CREDIT

致 To：<u>交通银行福建省分行</u> 银行 Bank
信用证编号 L/C No.：<u>LCD6600201000165</u>　开证日期 Issuing date：<u>121025</u>
受益人 Beneficiary：<u>AGILENT TECHNOLOGIES SINGAPORE</u>
<u>　　　（SALES）PTE LTD　　　</u>　有效期 Expiry date：130215
装运期 Latest shipment date：<u>121215</u>
金额 Amount：<u>USD 235,000</u>

请将上述信用证以 □ 电讯 □ 信函方式做如下修改：
Please amend the above credit by □ SWIFT or by □ AIRMAIL as follows：

最迟装运期展至 The latest shipment date extended to_____（mm）/_____（dd）/_____（yy）
有效期展至 The expiry date extended to_____（mm）/_____（dd）/_____（yy）
金额增加/减少 Increase/Decrease the amount by_____到 to_____
其他 Other terms：<u>Please amend 46A "+AIR WAYBILL SHOWING 'FREIGHT PREPAID' NOTIFYING APPLICANT INDICATING FREIGHT AMOUNT AND CONSIGNED TO APPLICANT IN THREE ORIGINALS." to "+AIR WAYBILL SHOWING 'FREIGHT PREPAID' NOTIFYING APPLICANT INDICATING FREIGHT AMOUNT AND CONSIGNED TO APPLICANT IN 1 ORIGINAL & 2 COPIES."</u>

银行费用 Banking charges by：□ 受益人负担 Beneficiary，□ 申请人负担 Applicant。
信用证其他各项条款保持不变。
All other terms and conditions of the L/C remain unchanged.
除本申请书另有约定外，申请人和银行间的权利义务仍按原申请书（编号_____）执行。
Except as otherwise expressly stated herein, the right（s）and obligation（s）between the Applicant and the Issuing Bank are still subject to the application（No._____）.

申请人（公章）
法定代表人或授权代表（签字或盖章）
（Stamp and）Signature of Applicant
_____月（mm）_____日（dd）_____年（yy）

根据以下合同内容审核信用证，找出不符点并进行修改。

A. 合同

大连进出口贸易公司
DALIAN IMPORT & EXPORT TRADE CORPORATION.
231 XISHAN ROAD DALIAN，CHINA
SALES CONTRACT

TEL：65788877　　　　　　　　　　S/C NO.：HX050264
FAX：65788876　　　　　　　　　　DATE：Jan.11，2005
TO MESSRE：TKAMLA CORPORATION
　　　　　　6-7，KAWARA MACH
　　　　　　OSAKA，JAPAN

Dear Sirs,

We hereby confirm having sold to you the following goods on terms and conditions as specified below：

DESCRIPTIONS OF GOODS	QUANTITY	U/ PRICE	AMOUNT
COTTON DISHCLOTH		CFR OSAKA	
ART NO.HX80	5,000 PCS	USD 5.20	USD 26,000.00
ART NO.HE27	5,000 PCS	USD 5.00	USD 25,000.00
Packed in 250 cartons			

LOADING PORT：DALIAN
DESTINATION：OSAKA PORT
PARTIAL SHIPMENT：PROHIBITED
TRANSHIPMENT：PROHIBITED
PAYMENT：IRREVOCABLE LETTER OF CREDIT AT SIGHT
TIME OF SHIPMENT：LATEST DATE OF SHIPMENT APR.16, 2005

THE BUYER：　　　　　　　　　　　THE SELLER：
KAMLA CORPORATION　　DALIAN IMPORT & EXPORT TRADE CORPORATION

B. 信用证

SEQUENCE OF TOTAL	*27：1/1
FORM OF DOC. CREDIT	*40A：IRREVOCABLE
DOC. CREDIT NUMBER	*20：33416852
DATE OF ISSUE	31C：050105
DATE AND PLACE OF EXPIRY	*31D：DATE 050418 PLACE IN THE COUNTRY OF BENEFICIARY
APPLICANT	*50：FUJI BANK LTD

	1013, SAKULA
	TOKYO, JAPAN
ISSUING BANK	52A: FUJI BANK LTD
1013, SAKULA	
TOKYO, JAPAN	
BENEFICIARY	*59: DALIAN IMPORT & EXPORT TRADE CORPORATION
	231XISHAN ROAD DALIAN, CHINA
AMOUNT	*32B: CURRENCY USD AMOUNT 5,100.00
AVAILABLE WITH / BY	*41D: ANY BANK IN CHINA BY NEGOTIATION
DRAFTS AT ...	42C: DRAFTS AT 15 DAYS AFTER SIGHT FOR FULL INVOICE COST
DRAWEE	42A: FUJI BANK LTD
PARTIAL SHIPMENTS	43P: ALLOWED
TRANSSHIPMENT	43T: PROHIBITED
LOADING ON BOARD	44A: SHANGHAI
FOR TRANSPORTATION TO...	44B: OSAKA PORT
LATEST DATE OF SHIPMENT	44C: MAY. 16, 2005
DESCRIPT OF GOODS	45A: COTTON DISHCLOTH
	ART NO.HX80 5,000 PCS USD 5.20/PC
	ART NO.HE27 5,000 PCS USD 5.00/PC
	CFR DALIAN
DOCUMENTS REQUIRED	46A: + SIGNED COMMERCIAL INVOICE IN TRIPLICATE.
	+ PACKING LIST IN TRIPLICATE.
	+ CERTIFICATE OF ORIGIN GSP CHINA FORM A, ISSUED BY THE CHAMBER OF COMMERCE OR OTHER AUTHORITY DULY ENTITLED FOR THIS PURPOSE.
	+ 3/2 SET OF CLEAN ON BOARD OCEAN BILLS OF LADING, MADE OUT TO ORDER OF SHIPPER AND BLANK ENDORSED AND MARKED "FREIGHT PREPAID" AND NOTIFY APPLICANT.
	+ FULL SET OF NEGOTIABLE INSURANCE POLICY OR CERTIFICATE BLANK ENDORSED FOR 110 PCT OF INVOICE VALUE COVERING ALL RISKS.

CHARGES   71B: ALL BANKING CHARGES OUTSIDE
                                        JAPAN ARE FOR ACCOUNT OF BENEFICIARY.

PERIOD FOR PRESENTATION   48: DOCUMENTS MUST BE PRESENTED WITHIN
                                        15 DAYS AFTER THE DATE OF SHIPMENT
                                        BUT WITHIN THE VALIDITY OF THE CREDIT.

根据销售合同的内容审核题中信用证，找出信用证中的不符点，并在下面详细列出：

1. _____

2. _____

3. _____

4. _____

5. _____

6. _____

7. _____

8. _____

第五章 出口制单结汇
Chapter Five

制单结汇是指出口货物装出之后，出口企业即应按照信用证或合同的规定，正确缮制各种单据。在信用证规定的交单有效期内，递交银行办理议付结汇手续。

《UCP600》规定，银行必须合理小心地审核信用证规定的一切单据，以确定单据表面是否与信用证条款相符，如单据表面与信用证条款不符，银行可以拒绝接受。因此，对各种结汇单据的缮制是否正确完备，对安全迅速收汇有特别重要的意义。

第一节 制单基本要求

一、对结汇单据的基本要求

对出口结汇单据，要求做到"正确、完整、及时、简明、整洁"。

1. 正确

制作的单据只有正确才能够保证及时收汇。单据应做到"单证相符"和"单单相符"，即单据与信用证一致、单据与单据一致。这样单据才能真实地代表货物，以免发生错装错运事故。

2. 完整

必须按照信用证的规定提供各项单据，不能短少。单据的份数和单据本身的项目必须完整，不能短缺或漏列，单据的手续也要完整。

3. 及时

制作单据必须及时，应在L/C规定的有效期内到银行议付。在可能的情况下最好在货物装运前，先将有关单据送银行预审，以便有较充裕的时间检查和改正交易可能出现的差错，如发现重大问题，也可及早通知开证人修改信用证，避免在货物出口后，因单证不符不能收汇，造成被动和损失。

4. 简明

单据的内容，应按信用证要求和国际惯例填写，力求简明，切勿列不必要的内容，以免弄巧成拙。

5. 整洁

单据布局要美观、大方，缮写或打印的字迹要清楚，表面要洁净，修改的地方要另盖校对章，文字要注意规范化。有些重要项目，如提单、汇票等的金额、数量、件数、重量等，不宜更改。

二、把握单据的前后签发日期

各种结汇单据的前后签发日期应逐一加以把握，使得各种单据的签发日期符合逻辑性和国际惯例。通常，提单日期是确定各单据日期的关键。各单据日期关系如下：

（1）发票日期应在各单据日期之首。
（2）提单日不能超过 L/C 规定的装运期也不得早于 L/C 的最早装运期。
（3）保险单的签发日应早于或等于提单日期（一般早于提单 2 天），不能早于发票。
（4）装箱单应等于或迟于发票日期，但必须在提单日之前。
（5）产地证不早于发票日期，不迟于提单日。
（6）商检证日期不晚于提单日期，但也不能过分早于提单日，尤其是鲜货、容易变质的商品。
（7）受益人证明等于或晚于提单日。
（8）装船通知等于或晚于提单日后 3 天内。
（9）船公司证明等于或早于提单日。
（10）汇票日期应晚于提单、发票等其他单据，但不能晚于 L/C 的效期。

第二节　汇票

汇票（Bill of Exchange；Draft）是一种支付工具，多作为国际结算、押汇工具，也可以作为信贷工具。在以信用证为支付方式下，一般用汇票作为主要的支付工具，通常使用的是随附单据的"跟单汇票"。

一、缮制汇票应注意的问题

（1）付款人。采用信用证支付方式时，汇票的付款人应按信用证的规定填写，一般是开证行或付款行。信用证规定付款人的专业术语为"Drawn on ×××"，意为"以 ××× 为付款人"，所以介词 on 后的宾语即为付款人。《UCP600》规定"信用证不得规定汇票以开证申请人为付款人"。这个规定使得开证行信用证下第一性付款责任与其最终汇票付款人地位更为一致。

（2）受款人。受款人也称为抬头。通常采用指示性抬头，例如"付给背书人（卖方）或其指定人"（Pay to the order of ×××）。

（3）出票依据。也就是汇票的"出票条款"（Drawn Clause）。如属于信用证方式，应按照来证的规定文句填写。如信用证内没有规定具体文句，可在汇票上注明开证行名称、地点，信用证号码及开证日期。例如："凭×× 银行×××号×年×月×日不可撤销信用证开立"（Drawn Under ×××Bank Irrevocable L/C NO. ×××DATED××××）。如属于托收方式，汇票上应注明有关买卖合同号码。

（4）汇票到期日无论用 after 还是 from，一律从第二天起算；而以运输单据日（有装运日记载的依记载，没有记载的依出单日）为依据计算交单日，用 from 的从当天起算。汇票中以运输单据日为基准日按规定天数计算汇票到期日的，不管用 from 还是 after 均从第二天起算。

（5）汇票一般开具一式两份，两份具有同等效力，其中一份付讫，另一份自动失效。

汇票的样式：

```
凭
Drawn under_____（1）_____


信用证      第       号
L/C       No._____（2）_____


日期      年      月      日
Dated_____（3）_____


按      息              付  款
Payable with interest @_____% per annum


号码      汇票金额      中国，      杭州      年      月      日
No. _____Exchange_____（4）_____Hangzhou, China._____


见票                      日后（本 汇 票 之 副 本 未 付）付
At_____（5）_____sight of this FIRST of Exchange（Second of exchange being unpaid）
或其指定人
pay to the order of_____（6）_____


金      额
The sum of_____（7）_____


此致
To_____（8）_____                              _____（9）_____
```

二、信用证汇票条款示例

（1）Drafts to be drawn at 30 days' sight on us for 100% of invoice value.

汇票按发票金额的 100% 做成以我行为付款人的 30 天远期汇票。

（2）You are authorized to draw on Royal Bank of Canada, Vancouver at sight for a sum not exceeding USD 120,000.

授权你方开立以加拿大温哥华皇家银行为付款人的即期汇票，金额不超过 120 000 美元。

（3）Drafts in duplicate at sight bearing the clause "Drawn under City Bank Singapore Documentary Credit No.742562 dated January 25th, 2009".

汇票一式两份即期付款，注明"依据花旗银行新加坡分行 2009 年 1 月 25 日所开立的 742562 号跟单信用证出票"。

（4）We open this Irrevocable Documentary Credit favoring yourselves for 95% of the invoice value available against your draft at sight by negotiation on us.

兹开立以你方为受益人的不可撤销跟单信用证，凭你方按发票金额的 95% 开立的以我行为付款人的即期汇票议付货款。

（5）This credit is available with any bank by negotiation of Beneficiary's Drafts at 60 days date drawn on Issuing bank.

本证凭受益人开立的以开证行为付款人的出票后 60 天的远期汇票，在任何银行议付。

三、汇票缮制

1．出票根据（Drawn Under）

包括三项内容：开证行名称（APPLICANT BANK）（写在"Drawn Under"之后）、信用证号码（L/C NO.）和开证日期（DATED）。

2．年息

若合同没有规定，该项留空。

3．号码

一般留空不填。

4．金额（Amount）

金额的大小写必须一致。

如小写金额为：USD 25,530.80_____填在"Exchange for"（第 4 项）下。

大写金额为：--- 填在"the sum of"（第 7 项）下。

SAY：UNITED STATES DOLLARS TWENTY FIVE THOUSAND FIVE HUNDRED THIRTY CENTS EIGHTY ONLY.

5．付款期限（AT_____sight of ...）

（1）如是即期汇票：在"AT_____sight of ..."横线部分打上"***"。

（2）如是远期汇票：应在"AT"后面打印上期限。例如：AT 90 days。

具体可以参考"AVAILABLE WITH/BY"或"DRAFTS AT ..."中的内容提示。

6．受款人（Pay to the order ...）

是汇票的抬头人，也就是收款人。

有三种填法：

◆限制性抬头：如 Pay to A Co. only。

◆来人抬头：Pay to the bearer。

◆指示性抬头：Pay to the order of A Co.。

在实务操作过程中，常见的填法是：

Pay to the order of ×××bank.

在我国对外贸易中，汇票有受款人一般都是以银行指示为抬头。如来证规定由中国银行指定或来证对汇票的受款人未做明确规定。通常汇票的受款人应打印上"Pay to the order of Bank of China"。

7．付款人及付款地点（To）

填付款人名称。付款人是汇票的受票人，也称为致票人。

在汇票中表示为"此致……"（to ...）证内通常都有指定付款人（DRAWEE），若没有指定付款人，即没有出现"DRAWEE"这个单词，则在该项之后填开证行的名称和地址。

8．出票人及出票地点（第 9 项）

此栏通常打上出口公司的全称，并由公司负责人签署并盖上印章。

第三节　商业发票

一、概述

（一）含义

商业发票（Commercial Invoice）是指卖方开立的载有货物名称、数量、价格等内容的清单，作为买卖双方交接货物和结算货款的主要单证，也是进出口申报关税必不可少的单证之一，它是货物总说明书，是所有单据的核心单据。

我国各进出口公司的商业发票没有统一格式，但主要项目基本相同，包括发票编号、填制日期、数量、单价、总值和支付方式等内容。

主要作用：一是买卖双方收付货款和记账的依据；二是买卖双方报关、纳税和计算佣金的依据；三是全套结汇单据的核心，是缮制其他出口单据的主要依据。

（二）《UCP600》对商业发票的规定

《UCP600》第十八条规定：

商业发票：

a.i. 必须看似由受益人出具；

ii. 必须出具成申请人为抬头；

iii. 必须与信用证的货币相同；且无须签字。

商业发票中对货物的描述，必须与信用证规定相符。其他一切单据可使用货物统称，但不得与信用证规定的货物描述有抵触。

b. 按指定行事的指定银行、保兑行（如有的话）或开证行可以接受金额大于信用证允许金额的商业发票，其决定对有关各方均有约束力，只要该银行对超过信用证允许金额的部分未做承付或者议付。

c. 商业发票上的货物、服务或履约行为的描述应与信用证中的描述一致。

二、格式

各家公司都有自己的发票格式，但都大同小异。

厦门××××××有限公司

XIAMEN ×××××× CO.，LTD.

No._____，XiaMen City，FuJian Province，P. R. China

Tel：+86-592-********　　　　　　　　　　Fax：+86-592-********

商业发票

COMMERCIAL INVOICE

INVOICE NO.：	INVOICE DATE：
L/C NO.：	L/C DATE：
BUYERS（Messrs）：	SELLERS（Exporters）：
FROM：　　　　　　　　TO：	TERMS OF PAYMENT：

唛头 MARKS	品名及规格 DESCRIPTION OF GOODS & SPECIFICATIONS	单价及术语 UNIT PRICE & PRICE TERMS	数量 QUANTITY	金额 AMOUNT

TOTAL：

SELLER：（signature）

三、缮制

1．商业发票（COMMERCIAL INVOICE）

文本约首应醒目注明"COMMERCIAL INVOICE"字样。且在 COMMERCIAL INVOICE 之前加上出口公司名称或公司的标志等。

2．发票号（INVOICE NO.）

此栏填发票的编号。一般来说每个公司都有自己的系列编号，以便存储归档管理之用。例如 PI0005。

3．发票日期（INVOICE DATE）

发票日期应早于提单日期和汇票日期，在所有的结汇单据中，发票日期是最早签发的日期。

4．合同号或信用证号码（S/C NO. OR L/C NO.）

参照合同和信用证进行填写。

5．信用证开证日期（L/C DATE）

6．卖方（SELLERS）

此栏填写：（1）卖方的全称；（2）地址（ADDRESS），此处为卖方公司详细地址，如已更改，注意使用新的地址。

如在 L/C 下，即为"Beneficiary"的内容。

7．买方（BUYERS）

此栏填写：（1）买方名称；（2）地址（ADDRESS）。

如在 L/C 下，即为"Applicant"的内容。

8．运输路线（FROM ... TO ... BY ...）

如 FROM+装运港名称，TO+目的港名称，BY+运输方式。

9．付款方式（TERMS OF PAYMENT）

如 by L/C 或 by T/T 等。

10．唛头（MARKS/SHIPPING MARKS）

此项信息一般由客人提供。

11．品名及规格（DESCRIPTION OF GOODS & SPECIFICATIONS）

此栏应详细填明各项商品的名称及规格。如在 L/C 下，品名必须和 L/C 中所规定的品名一致。

否则，将会影响结汇。

12. 单价（UNIT PRICE & PRICE TERMS）

一般单价由四部分构成，如 $500FOB 大连 PER M/T，缺一不可。注意此栏应与品名栏目每一项商品相对应。

13. 数量（QUANTITY）

此栏为计价的数量，其单位与单价中的计量单位一致。

14. 金额及术语（AMOUNT）

此项商品为每一项商品的累计金额。

例如：如果一份合同有两种商品（化工原料 A、陶瓷制品 B），则 A 的总额、B 的总额分别与前面一一对应列明。即：化工原料 A——A 的总额；陶瓷制品 B——B 的总额。

15. 总计（TOTAL）

分别计算 QTY 和 Amount 的总和。

16. 卖方的签章［SELLER：（signature）］

公司负责人的签名及公司公章。

四、其他发票

1. 形式发票

出口商有时应进口商的要求，签署一份列有出售货物名称、规格、单价等非正式的参考性发票，供进口商向其本国贸易管理当局或外汇管理当局等申请进口许可证或批准给予外汇等事项之用，这种发票称作形式发票（Proforma Invoice）或预开发票。

形式发票不是正式发票，其中的价格仅为估计价，不能用于托收和议付。正式交易还需另开发票。

假如信用证来证附有形式发票，则形式发票构成信用证的组成部分，制单时要按形式发票内容全部打上。

2. 领事发票

有些国家法令规定，进口货物必须领取进口国在出口国或其邻近地区的使馆、领馆认证的发票，交进口商作为有关货物报关和缴纳关税的前提条件之一。这种发票称为领事发票（Consular Invoice）。

领事发票和商业发票是平行的单据。领事发票是一份官方的单证，有些国家规定了领事发票的固定格式，这种格式可以从使馆、领馆获得。

第四节 装箱单

一、概述

（一）含义

装箱单（Packing List）是发票的补充单据，它列明了信用证（或合同）中买卖双方约定的有关包装事宜的细节，便于国外买方在货物到达目的港时供海关检查和核对货物，通常可以将其有关内容加列在商业发票上，但是在信用证有明确要求时，就必须严格按信用证约定制作。

（二）注意事项

（1）装箱单的内容要与发票的内容相一致。

（2）装箱单一般不显示货物的单价、总价以及收货人（进口商）。

（3）装箱单的品名可以用统称。

（4）如在 L/C 下，一定要认真分析完单据条款后，方可动手制作。

二、格式

厦门××××××有限公司

XIAMEN ×××××× CO., LTD.

No._____, XiaMen City, FuJian Province, P. R. China

Tel：+86-592-********   Fax：+86-592-********

装箱单（包装清单）

PACKING LIST

EXPORTERS：

INVOICE NO.：   INVOICE DATE：

L/C NO.：   S/C NO.：

FROM：   TO：   SHIPPED PER：

唛头 MARKS & NOS	品名 DESCRIPTION OF GOODS	数量 QUANTITY	件数 No. OF PACKAGES	毛重 G.W. (kgs)	净重 N.W. (kgs)	尺码 MEAS (CBMS)

TOTAL：

SELLER：（signature）

三、缮制

1．装箱单（PACKING LIST）

文本约首应醒目注明"PACKING LIST"字样。且在 PACKING LIST 之前加上出口公司名称或是公司的标志（LOGO）等。

2．卖方（EXPORTERS）

此栏填写：（1）卖方的全称；（2）地址（ADDRESS），此处为卖方公司详细地址，如已更改，注意使用新的地址。

如在 L/C 下，即为"Beneficiary"的内容。

3．发票号（INVOICE NO.）

此栏填发票的编号。

4．发票日期（INVOICE DATE）

5．合同号或信用证号码（S/C NO. or L/C NO.）

参照合同和信用证进行填写。

6. 运输路线（FROM ... TO ... BY ...）

FROM+ 装运港名称，TO+ 目的港名称，BY+ 运输方式。

7. 船名、航次（SHIPPED PER）

在实务中获得此项信息的方法：（1）咨询货代公司；（2）从提单中提取。

8. 唛头（SHIPPING MARKS）

此项信息由客人提供；如在 L/C 下，则在 L/C 中有体现。

9. 品名（DESCRIPTION OF GOODS）

此栏可以只填写货物的统称。

10. 数量（QUANTITY）

此栏为计价的数量，其单位与单价中的计量单位一致。

11. 件数（NO. OF PACKAGES）

运输包装数（最大外包装数），例如箱数。

12. 毛重（G.W.）

分别填写每种商品的总毛重。

13. 净重（N.W.）

分别填写每种商品的总净重。

14. 总体积（MEAS）

分别填写每种商品的总体积。

15. 总计（TOTAL）

分别计算 QTY、CTNS、G.W.、N.W. 和 MEAS 的总和。

第五节　海运提单

一、概述

（一）含义

海运提单（Ocean Bill of Lading）是外贸单证工作中最重要的单据之一，是出口商按规定要求装运货物后，承运人或其代理人签发的一种书面凭证；是承运人确认已收到托运人的货物，并已装船或待以装船，而签发给托运人的收据，它由承运人单方面签发，所以是托运人与承运人之间运输合同的证明，有物权凭证的作用，卖方可通过掌握海运提单来控制货物。提单是由船务公司的单证员进行缮制的，但作为外贸单证员也是必须掌握的。

（二）《UCP600》第二十条对海运提单的重要规定

a. 提单，无论其称谓如何，必须看似：

i. 表明承运人名称并由下列人员签署：

承运人或其具名代理人，或船长或其具名代理人。

承运人、船长或代理的任何签字必须分别标明其承运人、船长或代理的身份。

代理人的任何签字必须标明其系代表承运人还是船长签字。

ii. 通过下述方式表明货物已在信用证规定的装运港装载上具名船只：

预先印就的文字，或注明货物已装船并有装船日期的批注。

提单的出具日期将被视为装运日期，除非提单包含注明装运日期的装船批注，在此情况下，已装船批注中显示的日期将被视为装运日期。

如果提单包含"预期船"字样或类似有关限定船只的词语时，装上具名船只必须由注明装运日期以及实际装运船只名称的装船批注来证实。

iii. 标明装运从信用证中规定的装运港至卸运港。

如果提单未注明以信用证中规定的装运港作为装运港，或包含"预期"或类似有关限定装货港的标注者，则需要提供注明信用证中规定的装货港、装运日期以及船名的装船批注。即使提单上已注明印就的"已装船"或"已装具名船只"措辞，本规定仍然适用。

iv. 系仅有的一份正本提单，或者如果以多份正本出具，为提单中显示的全套正本。

vi. 未注明运输单据受租船合约约束。

b. 就本条款而言，转运意指在信用证规定的装货港到卸货港之间的海运过程中，将货物由一艘船卸下再装上另一艘船的运输。

c.i. 只要同一提单包括运输全程，则提单可以注明货物将被转运或可被转运。

ii. 即使信用证禁止转运，注明将要或可能发生转运的提单仍可接受，只要其标明货物由集装箱、拖船或母子船运输即可。

d. 对于提单中包含的声明承运人保留转运权利的条款，银行将不予置理。

对于 c 项第 ii 条，简言之，真正被禁止的转运，仅指海运中港至港，非集装箱货物运输的转运。

二、格式

下面是一份通用的格式，以中远集团的格式为例，每家船公司均有自己的格式，但都大同小异。

SHIPPER:			B/L NO.:	
CONSIGNEE:			**COSCO**	
NOTIFY:			*OCEAN BILL OF LADING*	
PRE-CARRIAGE BY		PORT OF LOADING	PORT OF RECEIPT	
OCEAN VESSEL / VOYAGE NO.		PORT OF DISCHARGE	PLACE OF DELIVERY	
MARKS & NOS. CONTAINER NO. SEAL NUMBER	NOS AND KIND OF PKGS	DESCRIPTION OF GOODS	GROSS WEIGHT	MEASURE-MENT
TOTAL NO. OF CONTAINERS OR PACKAGES（IN WORDS）:				

续表

	NO. OF ORIGINAL B/Ls	FREIGHT PAYBALE AT
OVERSEA OFFICE OR DESTINATION PORT AGENT	ON BOARD DATE	PLACE & DATE OF ISSUE
	SIGNED BY:	
	AS AGENT FOR THE CARRIER	

三、提单的缮制

提单是代表货物所有权的凭证，也是进出口业务中最重要的单据。

提单的缮制中，最关键的是提单的抬头即收货人（Consignee）的填制，这关系到提单所有权的转让方式，在信用证中都会有明确的规定。

此外，提单的各项内容（如提单的种类、收货人、货物的名称和件数、目的港、有关收取运费的记载、提单的份数等）一定要与信用证相符。但其中货物的描述只要与信用证的货物描述不抵触，可使用统称。

提单的签发份数。根据《UCP600》规定，银行接受全套正本仅有一份的正本提单，或一份以上正本提单。如提单正本有几份，每份正本提单的效力是相同的，但是，只要其中一份凭以提货，其他各份立即失效。因此，合同或信用证中规定要求出口人提供"全套提单"（Full Set or Complete Set B/L），就是指承运人在签发的提单上所注明的全部正本份数。

提单的运费项目，在 CIF、CFR、CPT、CIP 条件下，应注明"运费已付"（Freight Prepaid）；如为 FOB、FCA 条件，则应注明"运费到付"（Freight to Collect）。除信用证另有规定外，不必列出运费的具体金额。具体的填写如下：

1. 承运人（CARRIER）

提单上必须标明以轮船公司身份注册的承运人，以防欺诈，否则银行不予接受。

2. 托运人（SHIPPER）

即发货人，信用证方式下为信用证受益人，在托收方式下为托收的委托人。

3. 收货人（CONSIGNEE）

提单的收货人又称提单的抬头人，其决定了海运提单的性质和货权的归属。在进出口贸易中多使用指示式抬头，以便单据可以通过背书进行转让。

按规定填写。记名提单直接填收货人，不记名提单填"TO BEARER"，指示提单填"TO ORDER"或"TO THE ORDER OF×××"。凡指示提单都需进行背书才能有效转让。如在 L/C 方式下，此栏的填写应以 L/C 的单据条款为依据，可以从单据条款中找"TO ORDER"字眼作为提示。

例如，来证规定："... made out to order and endorsed to ABC bank"。则此栏填写：to order。

又如，来证规定："... made out to order of shipper and endorsed to ABC bank ..."。则此栏填写：to order of shipper。

再如，来证规定："... made out to order of ABC bank and endorsed blank ..."。则此栏填写：to order of ABC bank。

4. 被通知人（NOTIFY PARTY）

信用证方式下按单据条款规定填写，可以从单据条款中找"NOTIFY"字眼作为提示。该栏必须要有详细的名称和地址。

5．船名、港口

提单项目	转船	直达
PRE-CARRIAGE BY：	第一程船船名	空白
PORT OF RECEIPT：	船方收货的港口	空白
OCEAN VESSEL / VOY. NO.：	第二程船船名	船名
PORT OF LOADING：	转运港	装运港
PORT OF DISCHARGE（DESTINATION）：	卸货港	卸货港
PLACE OF DELIVERY：	最终目的地	与卸货港同则空白

6．唛头（MARKS）和集装箱号码（CONTAINER NO.）

若信用证规定了唛头，则按其规定，若未规定则按双方约定或由卖方自定。无唛头则填"N/M"。集装箱货物要注明集装箱号码。

7．包装与件数（NO. & KIND OF PACKAGES）

指最大外包装数。单位件数与包装都要与实际货物相符，并在大写合计数内填写英文大写文字数目，若有两种以上不同包装单位，应分别填写，再合计。散装货，只填"IN BULK"。

8．商品名称（DESCRIPTION OF GOODS）

按信用证规定，并与发票等单据一致，若货物品名较多，可用统称。

9．毛重和体积（G.W. & MEAS）

若信用证无特别规定，则只填总毛重和总体积。若为集装箱货，毛重包括货物的毛重和集装箱的皮重，体积则按集装箱计，一般一个20英尺的集装箱体积为33.2 CBM。

10．运费支付（FREIGHT & CHARGES）

一般有两种方式：Freight Prepaid 或 Freight Collect。在 L/C 和其单据条款中有指明。

11．签发地点与日期（PLACE AND DATE OF ISSUE）

地点一般在装运港所在地，日期按信用证要求，一般要早于或与装运期为同一天，要避免倒签提单和预借提单。

12．承运人签章（SIGNATURE OF CARRIER）

提单必须由承运人或其代理人签字才有效。若信用证要求手签，也须照办。

13．提单签发份数（NO. OF ORIGINAL B/L）

信用证方式下按信用证规定，一般都是三份。

14．提单号码（B/L NO.）

在提单右上角，主要是为了便于联系工作和核查。

15．其他

提单上还应注明"ON BOARD"字样，正本要注明"ORIGINAL"，有时还要注明货物的交接方式，如 CY-CY，CFS-CY 等等。

四、其他相关单据

（一）订舱委托书或订舱单（BOOKING NOTE）

是出口企业在报关前向船方代理申请订舱的一张单据。该单据一经承运人确认，便作为承、托双方订舱的凭证。主要内容包括：SHIPPER, CONSIGNEE, NOTIFY PARTY，货物的数量，唛头，件数，体积，品名，起运港口，目的港口（中转港口），运费支付方式（FREIGHT PREPAID, FREIGHT COLLECT），货物装运方式（是送仓库还是门对门做箱），运输方式（整箱还是拼箱），船期，船公司，货备妥日期等。

一般格式：

公司编号（一般填商业发票的号码）	**厦门××××××有限公司** **XIAMEN××××××CO., LTD.** **订 舱 委 托 书**		日期
1）发货人（shipper）	4）信用证号码		
	5）开证银行		
	6）合同号码	7）成交金额	
	8）装运口岸	9）目的港	
2）收货人（consignee）	10）转船运输	11）分批装运	
	12）信用证效期	13）装船期限	
	14）运费	15）成交条件	
	16）公司联系人	17）电话/传真	
3）通知人（notify）	18）发票号	19）运输方式	
20）标记唛码	21）货号规格 22）包装件数 23）毛重 24）净重 25）数量 26）单价 27）总价		
	28）总件数　29）总毛重　30）总净重　31）总尺码　　32）总金额		
33）特殊条款			

其填写与 B/L 基本一致，在此不再赘述。

（二）装货单（S/O，SHIPPING ORDER）

装货单也称落货纸，是接受了托运人提出装运申请的船公司，签发给托运人的用以命令船长将承运的货物装船的单据。它既能用作装船的依据，又是货主用以向海关办理出口货物申报手续的主要单据之一，所以又叫关单。对于托运人来讲，它是办妥货物托运的证明。对船公司或其代理来讲是通知船方接受装运该批货物的指示文件。S/O 也是订舱后的拖柜纸，用这个才能去码头拖到集装箱。而调箱司机带来的叫回箱单，一般公司都是把回箱单收回复印留底后交给会计，做退税时使用。

一般船公司都有自己的固定格式，但所包含的内容基本一致。

其填写与 B/L 基本一致，在此不再赘述。

（三）提单补料（S/I，SHIPPING INSTRUCTION）

也称为提单补充资料，就是托运人在装柜后把具体的件、重、尺等订舱时无法提供完整的信息以传真或邮件方式提供给货代，然后货代拿这个补料来做正本提单。如果托运人在规定的时间内（这个时间段货代会提醒托运人）未提交补料，就会有改单费产生。

补料无固定格式，但都包括以下内容：关于托运人的客人资料（shipper，consignee，notify party），柜号，封铅号，毛重，总立方数，唛头，货物描述，总数量，舱单号（S/O NO.）。

一般格式：

提单补料

TO（填承运方的具体经办人）：

FM（填托运方的具体经办人）：

SHIPPER：

CONSIGNEE：

NOTIFY：

PORT OF LOADING：

PORT OF DELIVERY：

MARKS：

DESCRIPTION：

NO. OF PKGS：

GROSS WEIGHT（KGS）：

MEASUREMENT（CBM）：

CONTAINER NO.：

SEAL NO.：

S/O NO：

第六节　保险单

一、概述

保险单（Insurance Policy/Certificate）是保险人（承保人）与被保险人（投保人或要保人）之间订立的保险合同的凭证。是当事人索、理赔的依据，在 CIF/CIP 合同中，出口商提交符合规定的保险单据是必不可少的义务。一旦发生保险责任范围内的损失，它就是被保险人要求赔偿的法律依据，在国际贸易中，保险单经背书后可以随货物所有权的转移而转让。

其业务做法是投保人根据合同或 L/C 规定向保险机构提出投保要求（以传真等形式发送投保单/发票/货物明细单等），保险机构或其代理同意后出具正式单据，一般为三正二副。除 L/C 另有规定外，保险单据一般应做成可转让的形式，以受益人为投保人并由其背书。保险单（大保单）、保险凭证（小保单）、预约保险单（开口保单 Open Cover）、保险批单（Endorsement）和暂保单/承保条（Cover Note/Slip）是较常见的种类。

保险合同的当事人有保险人、被保险人、保险经纪人、保险代理人、勘验人、赔付代理人等。

 二、格式

中国平安保险股份有限公司
PING AN INSURANCE COMPANY OF CHINA，LTD.

NO. 1000005959

货物运输保险单
CARGO TRANPORTATION INSURANCE POLICY

被保险人：
Insured：

中国平安保险股份有限公司根据被保险人的要求及其所交付约定的保险费，按照本保险单背面所载条款与下列特款，承保下述货物运输保险，特立本保险单。

This Policy of Insurance witnesses that PING AN INSURANCE COMPANY OF CHINA，LTD.，at the request of the Insured and in consideration of the agreed premium paid by the Insured, undertakes to insure the undermentioned goods in transportation subject to the conditions of Policy as per the clauses printed overleaf and other special clauses attached hereon.

保单号 Policy No.	赔款偿付地点 Claim Payable at
发票或提单号 Invoice No. or B/L No.	
运输工具 Per conveyance S.S.	查勘代理人 Survey By
开航日期 Slg. on or abt.	
港口（Port） 自 From	至 To
保险金额 Amount Insured	
保费 Premium	
保险货物项目、标记、数量及包装 Description, Marks, Quantity & Packing of Goods	承保条件 Conditions

签单日期
Date
_____

For and on behalf of
PING AN INSURANCE COMPANY OF CHINA，LTD.
authorized signature

三、缮制

保险单的填写，具体说明如下：

不同保险公司出具保险单据内容大同小异，多以英国劳合社船货保险单（S.G.Policy）为蓝本。

1. 被保险人（INSURED）

被保险人即保险单的抬头，正常情况下应是 L/C 的受益人；按照习惯，被保险人一栏中填写出口公司的名称。但如 L/C 规定保单为 To order of ××× bank 或 In favor of ××× bank，应填写"受益人名称 +held to order of ××× bank"或"in favor of ××× bank"；如 L/C 要求所有单据以 ×× 为抬头人，保单中应照录；如 L/C 要求中性抬头（third party 或 in neutral form），填写"To whom it may concern"；如要求保单 made out to order and endorsed in blank，填写"受益人名称 to order"；L/C 对保单无特殊规定或只要求"endorsed in blank"或"in assignable/negotiable form"，填受益人名称。

2. 保险单号（POLICY NUMBER）

由保险公司编制。

3. 发票或提单号（INVOICE NO. OR B/L NO.）

填写投保货物的商业发票号或提单号。

4. 运输方面的要求（REQUIREMENTS OF TRANSPORTATION）

开航日期（Date Of Commencement）通常填提单上的装运日，也可填"As Per B/L"或"As per Transportation Documents"；起运地（From）、目的地（To）、运输工具（Per Conveyance）的填写与提单上的操作相同。

5. 保险金额（AMOUNT INSURED）

所保险的货物发生损失时保险公司给予的最高赔偿限额，一般按 CIF/CIP 发票金额的 110% 投保；加成如超出 10%，超过部分的保险费由买方承担可以办理，L/C 项下的保单必须符合 L/C 规定，如发票价包含佣金和折扣，应先扣除折扣再加成投保，被保险人不可能获得超过实际损失的赔付，保险金额的大小写应一致，保额尾数通常要"进位取整"或"进一取整"，即不管小数部分数字是多少，一律舍去并在整数部分加"1"。

6. 保费（PREMIUM）

通常事先印就"As Arranged"（按约定）字样，除非 L/C 另有规定，两者在保单上可以不具体显示。保险费通常占货价的比例为 1~3，险别不同，费率不一（水渍险的费率约相当于一切险的 1/2，平安险约相当于 1/3；保一切险，欧美等发达国家费率可能是 0.5，亚洲国家是 1.5，非洲国家则会高达 3 以上）。

7. 保险货物项目（DESCRIPTION OF GOODS）、唛头（MARKS OF GOODS）、包装及数量（QUANTITY）

这些项目应与提单保持一致。即品名与提单相同的，填写货物的总称；数量与提单相同的，填写最大外包装数。

8. 承保险别（CONDITIONS）

出口公司只需在副本上填写这一栏目的内容。承保险别是保险单的核心内容，填写时应与 L/C 规定的条款、险别等要求严格一致；在 L/C 无规定或只规定"Marine/Fire/Loss Risk""Usual Risk"或"Transport Risk"时，可根据所买卖货物、交易双方、运输路线等情况投保 All Risks、WA 或 WPA、FPA 三种基本险中的任何一种；如 L/C 中规定使用中国保险条款（CIC）、伦敦保险协会货物保险条款（ICC）或美国协会货物保险条款（AICC），应按 L/C 规定投保、填制，所投保的险别除明确险别名称外，还应注明险别适用的文本及日期；某些货物的保单上可能出现 IOP（不考虑损失程度 / 无免赔率）的规定；目前许多合同或 L/C 都要求在基本险的基础上加保 War Risks 和 SRCC（罢工、暴动、民变险）等附加险；集装箱或甲板货的保单上可能会显示 JWOB（抛弃、浪击落海险）；货物运往偷盗现象严重的地区，港口的保单上频现 TPND（偷窃、提货不着险）。

9. 赔付地点（CLAIM PAYABLE AT/IN）

此栏按合同或 L/C 单据条款中的要求填制。如 L/C 中并未明确，一般将目的港 / 地作为赔付地点。

10. 日期（DATE）

日期指保单的签发日期。由于保险公司提供仓至仓（W/W）服务，所以出口方应在货物离开本国仓库前办结手续，保单的出单时间应是货物离开出口方仓库前的日期或船舶开航前或运输工具开行前。除另有规定，保单的签发日期必须在运输单据的签发日期之前。

11. 签章（AUTHORIZED SIGNATURE）

由保险公司签字或盖章以示保险单正式生效。单据的签发人必须是保险公司 / 承保人或他们的代理人，在保险经纪人的信笺上出具的保险单据，只要该保险单据是由保险公司或其代理人，或由承保人或其代理人签署的就可以接受；UCP 规定除非 L/C 有特别授权，否则银行不接受由保险经纪人签发的暂保单。

12. 保单的背书（ENDORSEMENT OF POLICY）

保单的背书分为空白背书（只注明被保险人名称）、记名背书（业务中使用较少）和记名指示背书（在保单背面打上"To Order of ×××"和被保险人的名称）三种，保单做成空白背书意味着被保险人或任何保单持有人在被保货物出险后享有向保险公司或其代理人索赔的权利并得到合理的补偿，做成记名背书则意味着保单的受让人在被保货物出险后享有向保险公司或其代理人索赔的权利。在货物出险时，只有同时掌握提单和保单才能真正掌握货权。

13. 保单的份数（NUMBER OF POLICY）

当 L/C 没有特别说明保单份数时，出口公司一般提交一套完整的保险单，如有具体份数要求，应按规定提交，注意提交单据的正（Original）、副本（Copy）不同要求。

14. 保单的其他规定（OTHER PROVISIONS OF THE POLICY）

投保及索赔币种以 L/C 规定为准，投保地点一般为装运港 / 地的名称，如 L/C 或合同对保单有特殊要求也应在单据的适当位置加以明确。

第七节　原产地证书

一、概述

（一）含义

产地证（CO，Certificate of Origin）是最常用的商检证书，是证明出口货物确系出口国生产、制造或加工的证明文件。其作用：供出口国海关实行差别关税，采取不同的国别政策，或作为对某些国家采取控制进口配额的依据。

进口国与出口国之间订有关税互惠协定时，则必须提交出口国的产地证。这是进口商要求出口商提交产地证的初始目的，近年来也有为其他目的要求提交产地证的。由出口单位自行填制，然后由贸促会或出入境检验检疫局审核后签发。

在我国，由中国海关或中国贸促会签发，原产地证书可由国家出入境检验检疫局或贸促会签发。

（二）种类

原产地证书主要分为一般原产地证书和普惠制原产地证书。

一般原产地证书（Certificate of Origin of the People's Republic of China），简称"C/O 原产地证书"，又称为"普通产地证书"，简称"原产地证"。

（1）一般原产地证书是证明本批出口商品的生产或制造符合《中华人民共和国出口货物原产地规则》的一种法律文件，由商务部统一规定格式并印制。通常用于不使用海关发票或领事发票的国家或地区，以确认对货物征税的税率。

（2）普惠制原产地证书（Generalized System of Preferences，GSP），普惠制是工业发达国家对来自发展中国家的某些产品，特别是工业制成品和半制成品，给予一种普遍的、非互惠的、非歧视的关税减免优惠制度。我国是发展中国家，目前已有保加利亚、澳大利亚、新西兰、比利时、捷克、挪威、瑞典、波兰、奥地利、匈牙利、法国、德国、荷兰、瑞士、卢森堡、英国、爱尔兰、希腊、美国、加拿大、日本、丹麦、葡萄牙、西班牙、意大利等国家给予我国普惠制优惠待遇。对这些国家出口货物，必须申请提供普惠制产地证，作为进口国海关减免关税的依据。

二、缮制

（一）一般产地证

1. Exporter	Certificate No.
2. Consignee	**CERTIFICATE OF ORIGIN OF THE PEOPLE'S REPUBLIC OF CHINA**
3. Means of transport and route	5. For certifying authority use only
4. Country/region of destination	

6. Marks and numbers	7. Number and kind of packages; description of goods	8. H.S. code	9. Quantity	10. Number and date of invoices

11. Declaration by the exporter The undersigned hereby declares that the above details and statements are correct; that all the goods were produced in China and that they comply with the rules of origin of the people's republic of China. .... Place and date, signature and stamp of certifying authority	12. Certification It is hereby certified that the declaration by the exporter is correct. .... Place and date, signature and stamp of certifying authority

第1栏：出口方（Exporter）。

填注出口商的名称、地址和国别。

第2栏：收货方（Consignee）。

填注进口商的名称、地址和国别。通常是外贸合同中的买方或信用证上规定的提单通知人。要注意与提单中的"consignee"区分开。

第3栏：运输方式和路线（Means of transport and route）

填写装运港和目的港及运输方式。例如：From Xiamen to HongKong by vessel。

第4栏：目的地国家（地区）(Country/region of destination)。

填写目的地国家（地区）。一般填写最终目的港名称。

第5栏：签证机构用栏（For certifying authority use only）。

一般情况下，该栏不填。

第6栏：唛头（Marks and numbers）。

填写唛头，应与发票上的一致。

第7栏：品名及包装数量（Number and kind of packages; description of goods）。

填写件数（最大外包装数），包装种类与品名。此栏的品名不得用统称，应与商业发票上的品名相一致；包装数量应在阿拉伯数字后加注英文表述。例如：100 箱童装，应填写"ONE HUNDRED（100）CARTONS OF CHILDREN'S GARMENTS"。

填写格式：件数（英文和阿拉伯数字）+ 包装 +OF+ 品名。

当有多个品名时，还应分别写出。

第8栏：商品编号（H.S. code）。

填写 HS 编号，可查表。

第9栏：量值（Quantity）。

填写出口货物的计价数量，有多个商品时还应分别写出。

第10栏：发票号及日期（Number and date of invoices）。

填写申请出口货物的发票号码与日期。关于日期，月份一律用英文表述，如 2007 年 8 月 10 日，应表述为：Aug.10, 2007。

第11栏：出口商申明（Declaration by the exporter）。

填写出口人名称及声明的时间与地点并签章。

第12栏：由签证机构签章（Certification）。

填写签证地址、日期，并由签证机构审核后签章。

（二）普惠制产地证

ORIGINAL

1. Goods consigned from（Exporter's business name, address, country）	Reference No.: GENERALIZED SYSTEM OF PREFERENCES CERTIFICATE OF ORIGIN (Combined declaration and certificate)
2. Goods consigned to（Consignee's name, address, country）	FORM A Issued in THE PEOPLE'S REPUBLIC OF CHINA 　　　　　　　　　　　　　　　(country) See Notes, overleaf
3. Means of transport and route（as far as known）	4. For official use

续表

5. Item number	6. Marks and numbers of packages	7. Number and kind of packages; description of goods	8. Origin criterion (see Notes overleaf)	9. Gross weight or other quantity	10. Number and date of invoices

11. Certification It is hereby certified, on the basis of control carried out, that the declaration by the exporter is correct. 中华人民共和国 福建出入境检验检疫局 （盖章） Place and date, signature and stamp of certifying authority	12. Declaration by the exporter The undersigned hereby declares that the above details and statements are correct; that all the goods were produced in ――――――――― （country） and that they comply with the origin requirements specified for those goods in the Generalized System of Preferences for goods exported to ――――――――― （importing country） XIAMEN JIFA IMPORT & EXPORT CO., LTD. ――――――――――――――――――――― Place and date, signature of authorized signatory

（1）Goods consigned from（Exporter's business name, address, country）发货人（出口商名称, 详细地址和国别）。

按实际情况详细填写，若属信用证项下，应与规定的受益人名称、地址和国别一致。

（2）Goods consigned to（Consignee's name, address, country）收货人（收货人名称、详细地址和国别）。

填写实际给惠国的最终目的地收货人名称、详细地址和国别，不得填中间商的名称和地址。而且填写时必须注意：

1）信用证无其他规定时，收货人一般即是开证申请人。

2）若信用证申请人不是实际收货人，而又无法明确实际收货人时，可以将提单的被通知人作为收货人。

3）如果进口国为欧共体成员国，本栏允许不填。

（3）Means of transport and route（as far as known）运输方式和路线。

（就所知而言）要求填列运输工具、起运港和目的地（目的港），应注意与其他单据保持一致；如需中途转运，也应注明。

（4）For official use 供官方使用。

即由进出口商检局填注。正常情况下，此栏空白。商检局主要在两种情况下填注：一是后补证书，加盖"Issued Retrospectively"（后发）的红色印章；二是原证丢失，该证系补签，则此栏要加盖"Duplicate"并声明原证作废。但需注意的是，日本一般不接受后发证书。

（5）Item number 项目号。

填列商品项目，有几项则填几项。如果只有单项商品，仍要列明项目"1"；如果商品品名有多项，则必须按"1, 2, 3, …"分行列出。

（6）Marks and numbers of packages 唛头及包装号码。

应注意与发票、提单、保险单等单据保持一致。即使没有唛头，也应注明"N/M"，不得留空。

（7）Number and kind of packages, description of goods 包装数量、种类和商品名称。

应填写三项内容：

1）最大包装件数，包括大、小写两种方式。

2）商品名称。最大包装件数与商品名称用"of"连接，如"Forty Seven（47）Cartons of Frozen Prawn"。

3）使用"***"将上述内容的下一行填满，以防伪加其他内容。填写此栏时应注意与发票保持一致。

（8）Origin criterion（see notes overleaf）原产地标准。

填写货物原料成分代号，即"P""W""F"等。一般而言，货物完全是本国产品，无进口成分的，填"P"；含有进口成分的，填"W"；对加拿大出口时，含进口成分占产品出厂价40%以内者，填"F"；出口至澳大利亚、新西兰的货物，此栏可留空不填（具体情况在填列时应仔细参照证书背面注释）。

（9）Gross weight or other quantity 毛重或其他数量。

填列实际毛重与提单上毛重保持一致。其他数量是指本栏可加填货物的数量。一般以毛重计量的货物填毛重即可；如果只有净重的，也可以填净重，但必须注明"N.W."。

（10）Number and date of invoices 发票号码及日期。

与发票上的实际号码及日期填列保持完全一致。日期中月份要求用缩写，不能用阿拉伯数字表示月份，以免混淆。

（11）Certification 签证当局证明。

此栏由签发此证的商检局盖章、授权人手签，并填列出证日期和地点。注意日期不得早于第10栏的发票日期和第12栏的申请日期，也不得晚于提单的装运日期。盖章与手签两者不得重叠。本证书只在正本上签章。

（12）Declaration by the exporter 出口商声明。

需填列三个项目：

1）生产国别。

2）进口国别。

3）出口商申请日期、地点及签章。

对欧共体国家出口，信用证明确最终进口国别时，可以填"EEC"（European Economic Communitg，即欧共体）。

此外，所有正副本证书，出口商都要在此栏盖章、签字（不得重叠），并填上地点和日期（不得早于发票日期）。

第八节　附属单据

一、受益人证明（BENEFICIARY'S CERTIFICATE）

受益人证明是一种由受益人自己出具的证明，以便证明自己履行了信用证规定的任务或证明自己按信用证的要求办事，如：证明按要求寄单、证明所交货物的品质、证明运输包装的处理等。一般无固定格式，内容多种多样，以英文制作，通常签发一份。

"证明按要求寄单"是最常见的一种，通常是受益人根据信用证规定，在货物装运前后一定时期内，邮寄/传真/快递给收件人全套或部分副本单据，并将证明随附其他单据提交银行议付。

例：信用证做出规定，受益人需要证明按要求寄单。

CERTIFICATE FROM THE BENEFICIARY STATING THAT ONE COPY OF THE DOCUMENTS CALLED FOR UNDER THE L/C HAS BEEN DISPATCHED BY COURIER SERVICE DIRECT TO THE APPLICANT WITHIN 3 DAYS AFTER SHIPMENT.

1. 缮制受益人证明的注意事项

（1）单据名称。这种单据的名称因所证明事项不同而略异，可能是寄单证明、寄样证明（船样、样卡和码样等）、取样证明、证明货物产地、品质、唛头、包装和标签情况、电抄形式的装运通知、证明产品生产过程、证明商品业已检验、环保人权方面的证明（非童工、非狱工制造）等。

（2）证明上通常会显示发票号、合同号或信用证号以表明与其他单据的关系。

（3）证明的内容应严格与合同或信用证规定相符。

（4）因属于证明性质，按有关规定证明人（受益人）必须签字。

（5）单据一般都应在规定的时间内做出，不能迟于信用证规定的日期，一般可与提单日相同。

（6）一般的行文规则是以信用证所提要求为准直接照搬照抄；但有时也需要灵活做出必要的修改。

如：信用证规定"BENEFICIARY'S CERTIFICATE EVIDENCING THAT TWO COPIES OF NON-NEGOTIABLE B/L WILL BE DESPATCHED TO APPLICANT WITHIN TWO DAYS AFTER SHIPMENT"，在具体制作单据时应将要求里的"WILL BE DESPATCHED"改为"HAVE BEEN DESPATCHED"；再比如对"BENEFICIARY'S CERTIFICATE STATING THAT CERTIFICATE OF MANUFACTURING PROCESS AND OF INGREDIENTS ISSUED BY ABC CO., LTD. SHOULD BE SENT TO SUMITOMO CORP"的要求，"SHOULD BE SENT"最好改为"HAD/HAS BEEN SENT"。

2. 主要内容

受益人证明书无固定的格式，但都包括以下内容：

（1）受益人名称和地址（Name and address of beneficiary）。

（2）单据名称（Name）：Beneficiary's certificate/ statement。

（3）发票号码（Invoice No.）。

（4）信用证号码（L/C No.）。

（5）出证日期（Issuing Date）。

（6）证明内容（Contents）：此项可以参考 L/C 中的单据条款。

常用的句型："we hereby certify that + 所需证明的内容（源于 L/C 单据条款中关于受益人证明书的内容要求）"。

（7）受益人名称及负责人签字（Name & signature）。

样单：

厦门××××× 有限公司
XIAMEN ×××××× CO., LTD.
No._____, Xiamen City, Fujian Province, P. R. China
Tel：+86-592-********   Fax：+86-592-********

Beneficiary's certificate

Date：Aug. 24th, 2006

Invoice No.：EQQOW2284   L/C No.：TR7456G9C

To whom it may concern（敬启者）：

We hereby certify that all drums are neutral packing. No Chinese words or any hints to show the products made in China.

Signature

二、电放保函

一般正常的情况下，货物到港后，收货人要凭发货人寄给他的正本提单去提货，但有的时候船到港的时间比邮寄提单的时间短，寄提单就来不及或有其他原因需电放的，这时就需要发货人出一份放单保函，让船公司在要求的港口放单，一切责任由发货人自己负责。

在讲述电放保函之前，我们先来了解一下什么是电放。

电放［TELEX RELEASE（TLX RLS）或 SURRENDER］，即托运人（发货人）将货物装船后将承运人（或其代理人）所签发的全套正本提单交回承运人（或其代理人），同时指定收货人（非记名提单的情况下）；承运人授权（通常是以电传、电报等通信方式通知）其在卸货港的代理人，在收货人不出具正本提单（已收回）的情况下交付货物的一种方式。这是在客户着急提货情况下的一种处理方法。那么电放保函（L/G，Letter of Guarantee）就是在承运人做完电放之后所发生的一切责任和费用由发货人自己负责的书面保证文件。只有在发货人向承运人出示电放保函后，承运人才会执行电放动作。

1. 样式

电放保函

致：（承运人）

就以下所述货物：
VSL（船名）：　　　　VOY（航次）：　　　　B/L NO.：_____
POL（装运港）：_____
POD（卸货港）：_____
SHIPPER（发货人）：_____
CNEE（OR RCVR）（收货人）：_____
DESCRIPTION OF GOODS（品名）：

我司在此向贵公司呈交该货物的全套正本提单，保证提单的背书全部连续有效，并申请贵公司无正本提单放货给以上收货人，我司将承担无正本提单放货产生的一切风险、责任和损失，包括但不限于：

（1）赔偿并承担贵公司以及贵公司雇员或代理因此遭受的一切损失和承担的一切责任。

（2）如贵公司因此被卷入诉讼、仲裁或者其他司法程序，我司负责提供充分、及时的法律费用，其中包括律师费、司法费用、差旅费以及其他相关费用。

（3）如贵公司的船舶或者其他财产因此遭受扣押、滞留、查封、冻结或类似行为，或者受到此种威胁，我司保证及时为贵公司提供所需的担保金或者其他形式的有效担保，以保障贵公司的权益不受损害；此外，无论前述扣押、滞留等行为是否合理，我司都保证承担贵公司因此遭受的任何损失及相关费用。

（4）我司在收到贵公司的损失及费用清单后 30 天内，保证向贵公司偿清所有损失和费用。

（5）本保函应根据中国有关法律进行解释，任何与本保函有关的纠纷均应提交中华人民共和国有管辖权的海事法院解决。

发货人签字（公司盖章）：_____

日期（DATE）：____年____月____日

发货人（SHIPPER）：

电话（TEL）：_____   传真（FAX）：_____

2. 填写

电放保函无固定的格式，但所包括内容大致相同。"电放"保函的内容除了受托人（××船公司）、船名、航次、提单号、装卸港外，主要应明确"We herewith surrender the full set of OB/L for this cargo with firm guarantee that the endorsement（s）on the B/L is all continuously valid and you are kindly requested to release this cargo to a/m cnee. All risks, losses and liabilities in connection with the releasing or arising thereafter will be borne by us. Any dispute arising out to maritime arbitration in accordance with the existing arbitration rules of the commission. The arbitration award shall be final and binding upon the parties."等类似的责任语句。

要特别注意的是：最好是在确定客户的信誉度良好，或在公司领导层的指示下去做。否则，万一发生意外，后果将会很严重，因为电放后的风险是由发货人自己承担的。

关于电放保函的填写，可以参照提单里的内容。只需从提单中把相关的内容对号入座填入保函中相应的栏目即可。

三、装船通知（Shipping Advice）

装船通知也叫装运通知，主要指出口商在货物装船后发给进口方的包括货物详细装运情况的通知，其目的在于让进口商做好筹措资金、付款和接货的准备，如成交条件为FOB/FCA、CFR/CPT等还需要向进口国保险公司发出该通知以便其为进口商办理货物保险手续，出口装船通知应按合同或信用证规定的时间发出，该通知副本（Copy of Telex/Fax）常作为向银行交单议付的单据之一；在进口方派船接货的交易条件下，进口商为了使船、货衔接得当，也会向出口方发出有关通知；通知以英文制作，无统一格式，内容一定要符合信用证的规定，一般只提供一份。

（一）装船通知的主要内容及其缮制

1. 单据名称

主要为：Shipping/Shipment Advice，Advice of shipment等，也有人将其称为shipping statement/declaration，如信用证有具体要求，从其规定。

2. 通知对象

应按信用证规定，具体讲可以是开证申请人、申请人的指定人或保险公司等。

3. 通知内容

主要包括所发运货物的合同号或信用证号、品名、数量、金额、运输工具名称、开航日期、启运地和目的地、提运单号码、运输标志等，并且与其他相关单据保持一致，如信用证提出具体项目要求，应严格按规定出单。此外通知中还可能出现包装说明、ETD（船舶预离港时间）、ETA（船舶预抵港时间)、ETC(预计开始装船时间)等内容。

4. 制作和发出日期

日期不能超过信用证约定的时间,常见的有以小时为准(Within 24/48 hours)和以天(Within 2 days after shipment date)为准两种情形,信用证没有规定时应在装船后立即发出,如信用证规定"Immediately after shipment"(装船后立即通知),应掌握在提单后3天之内。

5. 签署

一般可以不签署,如信用证要求"certified copy of shipping advice",通常加盖受益人条形章。

(二) 缮制装船通知应注意的事项

(1) CFR/CPT 交易条件下拍发装运通知的必要性。因货物运输和保险分别由不同的当事人操作,所以受益人有义务向申请人对货物装运情况给予及时、充分的通知,以便进口商保险,否则如漏发通知,则货物越过船舷后的风险仍由受益人承担。

(2) 通知应按规定的方式、时间、内容、份数发出。

(3) 几个近似概念的区别。shipping advice(装运通知)是由出口商(受益人)发给进口商(申请人)的;shipping instructions 意思是"装运须知",一般是由进口商发给出口商的;shipping note/bill 指装货通知单/船货清单;shipping order 简称 S/O,含义是装货单/关单/下货纸(是海关放行和命令船方将单据上载明的货物装船的文件)。

样单:

厦门×××××× 有限公司
XIAMEN ×××××× CO., LTD.

No._____, Xiamen City, Fujian Province, P. R. China
Tel: +86-592-********   Fax: +86-592-*******

To (填写客人名称):
From (填写卖方经办人姓名):

Shipping Advice

Date:

L/C No.: _____
Contract No.: _____
Commodity: _____
Packing: _____
Quantity: _____
Gross Weight: _____
Net Weight: _____
Total Value: _____
Shipping Marks: _____

Please be informed that these goods have been shipped from ××× to ××× with MV ×××.
Shipment date
B/L No.:

Beneficiary's signature

本章训练

请根据下列资料制作相关单据。

SEQUENCE OF TOTAL	*27: 1/1
FORM OF DOC. CREDIT	*40A: IRREVOCABLE
DOC. CREDIT NUMBER	*20: DC LDI300954
DATE OF ISSUE	31C: 120624
EXPIRY	*31D: DATE 120915 PLACE IN COUNTRY OF BENEFICIARY
ISSUING BANK	51D: HSBC BANK PLC
*LONDON	
APPLICANT	*50: VIRSONS LIMITED
23 COSGROVE WAY	
LUTON, BEDFORDSHIRE	
LU1 1XL, U.K.	
BENEFICIARY	*59: HANGZHOU WANSHILI IMP. & EXP. CO., LTD.
309 JICHANG ROAD,	
HANGZHOU,	
CHINA	
AMOUNT	*32B: CURRENCY USD AMOUNT 74,150.00
AVAILABLE WITH/BY	*41D: BANK OF CHINA, ZHEJIANG BRANCH
BY NEGOTIATION	
DRAFT AT ...	42C: AT SIGHT
DRAWEE	*42D: DROWN ON OURSELVES FOR FULL INVOICE VALUE
PARTIAL SHIPMENT	43P: ALLOWED
TRANSSHIPMENT	43T: NOT ALLOWED
LOADING IN CHARGE	44A: CHINA
FOR TRANSPORT TO ...	44B: FELIXSTOWE PORT
LATEST DATE OF SHIP	44C: 120831
DESCRIPT OF GOODS	45A:
	CUSHION COVERS AND RUGS AS PER VIRSONS ORDER NO. RAP-599/2009.
	CIF FELIXSTOWE PORT
DOCUMENTS REQUIRED	46A:
	+ORIGINAL SIGNED INVOICE PLUS THREE COPIES.

(1) 2分

+FULL SET OF ORIGINAL CLEAN ON BOARD MARINE BILL OF LADING MADE OUT TO ORDER OF SHIPPER AND BLANK

ENDORSED, MARKED FREIGHT PREPAID AND NOTIFY APPLICANT QUOTING FULL NAME AND ADDRESS.（2）7分

+ORIGINAL PACKING LIST PLUS THREE COPIES INDICATING DETAILED PACKING OF EACH CARTON.（3）4分

+MARINE INSURANCE POLICY FOR 110 PCT OF INVOICE VALUE, BLANK ENDORSED, COVERING ALL RISKS AND WAR RISK, CLAIMS PAYABLE AT DESTINATION.（4）6分

+ORIGINAL CERTIFICATE OF ORIGIN PLUS ONE COPY ISSUED BY CHAMBER OF COMMERCE.（5）4分

ADDITIONAL COND 47A:

+UNLESS OTHERWISE EXPRESSLY STATE, ALL DOCUMENTS MUST BE IN ENGLISH.（6）4分

+VIRSONS ORDER NUMBER MUST BE QUOTED ON ALL DOCUMENTS.

+EXCEPT SO FAR AS OTHERWISE EXPRESSLY STATE, THIS DOCUMENTARY CREDIT IS SUBJECT TO UNIFORM CUSTOMS AND PRACTICE FOR DOCUMENTARY CREDIT ICC PUBLICATION NO.600.

+ALL BANK CHARGES IN CONNECTION WITH THIS DOCUMENTARY CREDIT EXCEPT ISSUING BANK'S OPENING COMMISSION AND TRANSMISSION COSTS ARE FOR THE BENEFICIARY'S A/C.（7）8分

PRESENTATION PERIOD 48: WITHIN 15 DAYS AFTER THE DATE OF SHIPMENT BUT WITHIN THE VALIDITY OF THE CREDIT.（8）5分

CONFIRMATION　　　*49: WITHOUT

INSTRUCTION　　　78: ON RECEIPT OF DOCUMENTS CONFIRMING TO THE TERMS OF THIS DOCUMENTARY CREDIT, WE UNDERTAKE TO REIMBURSE YOU IN THE CURRENCY OF THE CREDIT IN ACCORDANCE WITH YOUR INSTRUCTIONS, WHICH SHOULD INCLUDE YOUR UID NUMBER AND THE ABA CODE OF THE RECEIVING BANK.

有关资料：

提单号码：SD1750416270　　提单日期：2012年8月31日

集装箱号码：TGHU4693235　　集装箱封号：29733851×40' FCL, CY/CY

船名：HAN JIANG HE　　航次：V.331E

装运港：SHANGHAI

CUSHION COVER：坐垫套，H.S.CODE（税则号）：6304.9390

规格：45 cm×45 cm

数量：20 000个，USD 2.20/个，100 PCS/箱，纸箱尺码：50 cm×40 cm×40 cm

毛重：22 KGS/箱，净重：20 KGS/箱

唛头：

VIRSONS

RAP-599/2009
FELIXSTOWE
NO.1-200
RUG：挂毯，H.S.CODE（税则号）：5803.0010
规格：149 cm×139 cm
数量：4 500 个，USD 6.70/ 个，30 PCS/ 箱
纸箱尺码：150 cm×15 cm×140 cm
毛重：20 KGS/ 箱
净重：18 KGS/ 箱
唛头：
VIRSONS
RAP-599/2009
FELIXSTOWE
NO.201-350

第六章 报检与报关
Chapter Six

第一节 报检单

一、报检单的概述

报检单是国家检验检疫部门根据检验检疫、鉴定工作的需要为保证检验检疫工作规范化和程序化而设制的。它是报检人根据有关法律、行政法规或合同约定申请检验检疫机构对其某种货物实施检验检疫、鉴定意愿的书面凭证，它表明了申请人正式向检验检疫机构申请检验检疫、鉴定，以取得该批货物合法出口的合法凭证。报检单同时也是检验检疫机构对出入境货物实施检验检疫和启动检验检疫程序的依据。

二、报检单的填制

出境货物报检单所列各栏必须填写完整、准确、清晰，没有内容填写的栏目应以"/"表示，不得留空。

1. 报检单位

指向检验检疫机构申报检验、检疫、鉴定业务的单位。报检单应加盖报检单位公章。

2. 报检单位登记号

指在检验检疫机构登记的号码。

3. 发货人

指本批货物贸易合同中卖方名称或信用证中受益人名称。如需要出具英文证书的，填写中英文。

4. 收货人

指本批出境货物贸易合同中或信用证中买方名称。如需要出具英文证书的，填写中英文。

5. 货物名称

按贸易合同或发票所列的货物名称，根据需要可填写型号、规格或牌号。货物名称不得填写笼统的商品类，如"陶瓷""玩具"等。必须填写具体的类别名称，如"日用陶瓷""塑料玩具"等。位置不够填写的，可用附页填报。

6. H.S.编码

指货物对应的海关商品代码，填写8位数或10位数。

7. 产地

指货物生产/加工的省（自治区、直辖市）以及地区（市）名称。

8. 数/重量

填写报检货物的数/重量，重量一般填写净重。如填写毛重，或以毛重作净重则需注明。

9. 货物总值

按本批货物合同或发票上所列的总值填写（以美元计）。如同一报检单报检多批货物，需列明每批货物的总值（如申报货物总值与国内、国际市场价格有较大差异，检验检疫机构保留核价权力）。

10. 包装种类及数量

指本批货物运输包装的种类及件数。

11. 运输工具名称号码

填写货物实际装载的运输工具类别名称（如船、飞机、货柜车、火车等）及运输工具编号（船名、飞机航班号、车牌号码、火车车次）。报检时，未能确定运输工具编号的，可只填写运输工具类别。

12. 贸易方式

包括：一般贸易、来料加工、进料加工、其他等。

13. 货物存放的地点

指本批货物存放的地点。

14. 合同号

指本批货物贸易合同编号。

15. 信用证号

指本批货物的信用证编号。

16. 用途

指本批出境货物用途，如种用、食用、奶用、观赏或演艺、伴侣、实验、药用、饲用、加工等。

17. 发货日期

按本批货物信用证或合同上所列的出境日期填写。

18. 输往国家（地区）

指贸易合同中买方（进口方）所在的国家或地区。

19. 许可证/审批号

对实施许可证制度或者审批制度管理的货物，报检时填写许可证编号或审批单编号。

20. 启运地

指装运本批货物离境的交通工具的启运口岸/地区城市名称。

21. 到达口岸

指装运本批货物的交通工具最终抵达目的地停靠的口岸名称。

22. 生产单位注册号

指生产/加工本批货物的单位在检验检疫机构的注册登记编号。

23. 集装箱规格、数量及号码

填写装载本批货物的集装箱规格（如40英尺、20英尺等）以及分别对应的数量和集装箱号码。若集装箱太多，可用附单填报。

24. 合同、信用证订立的检验检疫条款或特殊要求

指贸易合同或信用证中贸易双方对本批货物特别约定而订立的质量、卫生等条款和报检单位对

本批货物检验检疫的特别要求。

25. 标记及号码

按出境货物实际运输包装标记填写。如没有标记，填写"N/M"。标记栏不够位置填写时，可用附页填写。

26. 随附单据

按实际提供的单据，在对应的"□"打"√"。对报检单上未标出的，须自行填写提供的单据名称。

27. 需要证单名称

按需要检验检疫机构出具的证单，在对应的"□"打"√"，并对应注明所需证单的正副本的数量。对报检单上未标出的，如"通关单"等，须自行填写所需证单的名称和数量。

28. 报检人郑重声明

必须有报检人的亲笔签名。

中华人民共和国出入境检验检疫
出境货物报检单

报检单位（加盖公章）：   *编号

报检单位登记号： 联系人： 电话：   报检日期： 年 月 日

发货人	（中文）					
	（中文）					
收货人	（中文）					
	（中文）					
货物名称（中/外文）		H.S.编码	产地	数/重量	货物总值	包装种类及数量

运输工具名称号码		贸易方式		货物存放地点	
合同号		信用证号		用途	
发货日期		输往国家（地区）		许可证/审批号	
启运地		到达口岸		生产单位注册号	
集装箱规格、数量及号码					
合同、信用证订立的检验检疫条款或特殊要求		标记及号码		随附单据（画"√"或补填）	
				□ 合同 □ 信用证 □ 发票 □ 换证凭单 □ 装箱单 □ 厂检单	□ 包装性能结果单 □ 许可/审批文件
需要证单名称（画"√"或补填）				*检验检疫费	

续表

品质证书	正	副	植物检疫证书	正	副	总金额（人民币元）	
重量证书	正	副	熏蒸/消毒证书	正	副		
数量证书	正	副	出境货物换证凭单			计费人	
兽医卫生证书	正	副	通关单				
健康证书	正	副				收费人	
卫生证书	正	副					
动物卫生证书	正	副					
报检人郑重声明： 1. 本人被授权报检。 2. 上列填写内容正确属实，货物无伪造或冒用他人的厂名、标志、认证标志，并承担货物质量责任。 签名：						领取证单	
						日期	
						签名	

注：有"*"号栏由出入境检验检疫机关填写　　　　　　　　　　　　　　　　◆国家出入境检验检疫局制

第二节　报关单

一、出口货物报关单的概述

出口货物报关单是由海关总署规定统一格式和填制规范，由出口企业或其代理人填制并向海关提交的申报货物状况的法律文书，是海关依法监管货物出口、征收关税及其税费、编制海关统计以及处理其他海关业务的重要凭证。

二、报关单的填制

（一）填制基本要求

一般来说，出口货物的收发货人，或者他们委托的代理人（以下统称报关员），在货物进、出口的时候填写《进出口货物报关单》并向海关申报，同时提供批准货物出口的证件和有关的货运、商业单据，以便海关依据这些单据证件，审查货物的进出口是否合法，确定关税的征收或减免事宜，编制海关统计。

出口货物报关单填写份数主要是根据报关作业及海关监管的需要。一般来说，以一般贸易方式出口，需填写一式四份报关单；以加工贸易方式出口，需填写一式五份报关单；以加工贸易方式出口，需填写一式六份报关单。另外，以转关、转口方式出口需海关监管的货物还需增加一份报关单。具体的填写规范如下：

（1）报关单填写的项目要准确、齐全、清楚，填报项目若有更改，应在更改项目处加盖核对章。

（2）不同合同的货物，不能填在一份报关单上。

（3）如果同一合同中包括多种商品，应注意，在一份报关单上填写的海关统计商品编号的货物一般不要超过5项。

（4）报关单与随附合同、发票、箱单等应相符，报关单所申报的内容与实际出口的货物要相符。

(二) 报关单的填制

（1）出口口岸：填写海关放行货物出境的中国国境口岸名称。

（2）经营单位：填写对外签订或执行出口贸易合同（协议）的中国境内企业或单位的名称。

（3）指运港（站）：填写本批货物预定最后运达港口、机场或车站。

（4）合同（协议号）：填写本批货物合同协议的详细年份、字头和编号及附件号码。

（5）贸易方式：分别填写"一般贸易""国家间、联合国及国际组织无偿援助物资和赠送品""华侨、港澳同胞及外籍华人捐赠品""补偿贸易""来料加工装配贸易"（对口合同除外）、"对口合同的来料加工装配贸易""进料加工贸易""寄售、供销贸易""边境地方贸易及边境地区小额贸易"或"其他"。不能简略填报为"援助""赠送"或"加工装配"等。

（6）贸易国（地区）：货物的售予国（地区）。填写同中国境内的企业和单位签订合同（协议）的国家或成交厂商所在地的国家（地区）。

（7）消费国（地区）：填写出口货物实际消费的国家（地区）。如果不能确定消费国的，以尽可能预知的最后运往地作为消费国。如果一张报关单的货物有不同的消费国，应当分别注明。

（8）收货单位：填写国外最后收货的企业的名称和所在地。

（9）运输工具名称及号码：江海运输填船名，陆运填车号，空、邮运只填"空运"或"邮运"字样。

（10）装货单或运单号：海运填装货单号，陆运填运单号，邮运填报税清单（包裹单）号。

（11）收结汇方式：填写电汇（T/T）、信汇（M/T）、信用证（L/C）、承兑交单（D/A）或付款交单（D/P）等结汇方式。

（12）起运地点：填写出口货物的起运点和出口货物发货单位所在地区。例如：货物从河北保定起运到天津新港装船出口，起运地点应为河北省。但是经济特区、海南省、经济技术开发区、经济开放区的企业对外成交及发运的出口货物，不论货物原发运单位是何处，均以有关经济特区、海南省、经济技术开发区、经济开放区为起运地点。至于其他省、自治区、直辖市的企业或单位对外成交发运的出口货物，如果经过或者去经济特区、海南省、经济技术开发区、经济开放区暂存待运出口的，则以原省、自治区、直辖市为出口货物的起运地。

（13）海关统计商品编号：按照《中华人民共和国海关统计商品目录》的规定填写。

（14）货名规格及货号：应填写货物的中外文名称和详细规格（不要填写地方土语）。例如：出口钢材要填明钢号、纺织物应填写纺织原料所占的比重等。货号填公司编制的商品代号。

（15）标记唛码：填写货物的实际标记唛码，如有地点名称的，也应该填写。

（16）件数及包装种类：包装种类指袋、箱、捆、包、桶等。一批货物有多种包装的，要分别填报件数。

（17）数量：填写货物的实际数量和数量单位（如台、个、打等），如合同规定的数量单位同海关统计商品目录规定的计量单位不同，或者统计商品规定有第二数量单位的（如发电机除台数外，还需填千瓦数；内燃机除台数外，还需填马力），都要按照海关统计商品目录规定的数量单位填写。整套机械分批出口时，应在本栏注明"分批装运"字样。

（18）重量："毛重"填写本批货物全部重量；"净重"填写扣除外层包装后的自然净重。合同发票等单据上没有净重时，可以按照商品习惯填写公量重、净重等，也可以将毛重扣除估计外层重最后填报。对于不同品种的货，应当分别填明净重。

（19）成交价格：填写合同规定的成交单价、总价格条件（如 CIF、FOB 等），并注明外币名称。如果价格条件为 CIF、C&F 或包括佣金、折扣时，在计算成交总价时应分别扣除运费、保险费和佣金、折扣等费用，并填明 FOB 成交总价。

（20）离岸价格：应按照国家外汇管理部门核定的各种货币对美元内部统一折算率，将第（19）项的 FOB 成交总价折合为美元填报在外币栏。离岸价格人民币免填。邮运、空运出口货物，采用货物在起运地寄交的离岸价格。美元离岸价格计至元为止，元以下四舍五入。

（21）随附单据：填写单据的名称。

（22）申报单位（盖章）：必须加盖申报单位的公章、报关员的印章并填明申报日期。

（23）海关放行日期：由出口地海关在核放货物后填注日期，并加盖海关放行章。

《出口货物报关单》应当在出口货物装货前 24 小时内向海关填报。如果在递交了出口货物报关单后发生退关事项，申报人应当在 3 天内向海关办理更改手续。

中华人民共和国海关出口货物报关单

预录入编号：　　　　　　　　　　　海关编号：

出口口岸		备案号	出口日期	申报日期
经营单位		运输方式	运输工具名称	提运单号
发货单位		贸易方式	征免性质	结汇方式
许可证号	运抵国（地区）		指运港	境内货源地
批准文号	成交方式	运费	保费	杂费
合同协议号	件数	包装种类	毛重（千克）	净重（千克）
集装箱号		随附单据		生产厂家
标记号码及备注				
项号　商品编号　商品名称、规格型号　数量及单位　最终目的地（地区）　单价　总价　币制　征免				
税费征收情况				

录入员	录入单位	兹声明以上申报无讹并承担法律责任	海关审单批注及放行日期（签章）	
报关员		申报单位（签章）	审单	审单
单位地址			征税	统计
邮编	电话	填制日期	查验	放行

本章训练

一、请根据所提供的单据，判断填制《出境货物报检单》各项内容的正误。

SALES CONTRACT

No.：QJ760125 Date：Oct. 10，2005

The Buyer：Moon River Import & Export Corporation，Busan，Korea

The Seller：Jiangsu HongJing Industrial & Trade Corporation

This contract is made by and between the Seller and the Buyer, whereby the Seller agrees to sell and the Buyer agrees to buy the under-mentioned goods according to the terms and conditions stipulated below：

（1）Name of Commodity

Quantity Unit Price Total price TV SET 52 CM（Dragon Brand）

1,000 SETS 1,000 CTNS

USD80/SET

USD80,000

（2）Packing：In Cartons

（3）Port of Loading：LIANYUNGANG PORT，Jiangsu，China

（4）Port of Destination：BUSAN PORT，Korea

（5）Shipping Mark：N/M

（6）Date of shipment：Apr. 2006/By Vessel

（7）Terms of Payment：Letter of Credit（No.：WE570346）

（8）Documents Required：Certificate of Quality issued by CIQ indicating the No. of L/C--

中华人民共和国出入境检验检疫
出境货物报检单

报检单位（加盖公章）：江苏宏景工贸公司　　　　　　　　　　　　　　　　　　　　*编号：

报检单位登记号：3200600018　　　联系人：李红　　电话：66860088　　报检日期：2006年04月02日

发货人	(1)(中文) 江苏宏景工贸公司				
	(外文) Jiangsu HongJing Industrial & Trade Corporation				
收货人	(中文) 韩国月亮河进出口公司				
	(2)(外文) Moon River Import & Export Corporation，Busan，Korea				
(3)货物名称(中/外文)	H.S编码	产地	(4)数/重量	(5)货物总值	(6)包装种类及数量
电视机	8415101000 L.M/N	南京	1 000纸箱	80美元	1 000台/1 000箱
运输工具名称号码	船舶	贸易方式	一般贸易	货物存放地点	本公司仓库
(7)合同号	QJ760125	(8)信用证号	WE570346	(9)用途	其他
发货日期	2006.04.09	(144)输往国家(地区)	韩国	许可证/审批号	***
(10)起运地	上海	(11)到达口岸	韩国	生产单位注册号	***

集装箱规格、数量及号码			***	
（12）合同、信用证订立的检验检疫条款或特殊要求		（13）标记及号码	（14）随附单据（画"√"或补填）	
***		***	☑ 合同 ☐ 信用证 ☑ 发票 ☐ 换证凭单 ☑ 装箱单 ☑ 厂检单	☐ 包装性能结果单 ☐ 许可/审批文件 ☐ ☐ ☐ ☐
（15）需要证单名称（画"√"或补填）			*检验检疫费	
☐ 品质证书 _ 正 _ 副 ☐ 重量证书 _ 正 _ 副 ☐ 数量证书 _ 正 _ 副 ☐ 兽医卫生证书 _ 正 _ 副 ☐ 健康证书 _ 正 _ 副 ☐ 卫生证书 _ 正 _ 副 ☐ 动物卫生证书 _ 正 _ 副		☐ 植物检疫证书 _ 正 _ 副 ☐ 熏蒸/消毒证书 _ 正 _ 副 ☑ 出境货物换证凭单 ☐ 出境货物通关单 ☐ ☐ ☐	总金额 （人民币元）	
			计费人	
			收费人	
报检人郑重声明： 1. 本人被授权报检。 2. 上列填写内容正确属实，货物无伪造或冒用他人的厂名、标志、认证标志，并承担货物质量责任。 签名：李红			领取证单	
			日期	
			签名	

注：有"*"号栏由出入境检验检疫机关填写　　◆国家出入境检验检疫局制

二、根据下列信息填制报关单。

上海友谊服装进出口公司（海关代码3121676554）出口一批男士贝雷帽和女式长筒棉袜（男士贝雷帽2 000顶，10美元/顶；女式长筒棉袜1 500双，20美元/双，照章征税）到美国纽约。2011年10月31日该企业报关员向上海黄浦海关（2203）办理出口报关业务。合同项下包含如下内容：

运输方式：江海运输；

运输工具名称：Confidence/025E；提单运号：HIFLA3321；贸易方式：一般贸易；征免方式：法定征税；结汇方式：信用证；运抵国：美国；指运港：纽约；境内货源地：上海；批准文号：964113267；成交方式：FOB；合同号：07-02-418；包装种类和数量：纸箱150；毛重：1 200千克；净重：1 000千克；集装箱号：WESU765889/20/2250；原产地证：Y：<09>；生产厂家：上海友谊服装进出口公司。

标记唛码及备注

07-02-418

NEW YORK.

USA CTN. 1-150

MADE IN CHINA

第七章
出口收汇核销与退税

Chapter Seven

第一节 出口收汇

出口收汇，是指企业在货物出口后的一定期限内向当地外汇管理部门办理收汇核销，证实该笔出口价款已经收回或按规定使用。出口收汇制度是国家在1991年1月1日起建立的对企业出口、报关、收汇整个过程实行跟踪的监测管理制度。整个过程以核销单为主线。

出口收汇有汇付、托收和信用证三种支付方式。本节主要介绍前两者。汇付与托收都是买卖双方根据贸易合同互相提供信用，故属于商业信用。

汇付（Remittance）是指付款人主动通过银行或其他途径将款项汇交收款人。

国际贸易货款采用汇付，一般是由买方按合同约定条件（如收到单据或货物）和时间，将货款通过银行汇交给卖方。

一、电汇（Telegraphic Transfer；T/T）

（一）T/T 含义

指汇出行应汇款人的申请，拍发加押电报或电传（目前世界各国银行都以 SWIFT 方式电汇）给在另一个国家的分行或代理行（汇入行），指示解付一定金额给收款人的付款方式。

"SWIFT"是环球银行金融电信协会（Society for Worldwide Interbank Financial Telecommunications）的简称。电汇申请人在电汇时填写收入行 SWIFT CODE 能保证汇款快速准确地到达收款人账户。电汇的费用高，但速度快，卖方能尽快收到货款，有利于卖方资金周转。

（二）T/T 业务流程

电汇是目前使用较多的一种汇款方式，其业务流程是：先由汇款人提交电汇申请书和款项给汇出行，再由汇出行拍加押电报或电传给汇入行，汇入行给收款人到汇通知书，收款人接到通知后通知银行兑付，银行进行解付，解付完毕汇入行发出借记通知书给汇出行，同时汇出行给汇款人电汇回执。

电汇时，由汇款人填写汇款申请书，并在申请书中注明采用 T/T 方式。同时，将所汇款项及所需费用交汇出行，取得电汇回执。汇出行接到汇款申请书后，为防止因申请书中出现的差错而耽误或引起汇出资金的意外损失，汇出行通常都仔细审核申请书，不清楚的地方与汇款人及时联系。

汇出行办理电汇时，根据汇款申请书内容以电报或电传形式向汇入行发出解付指示。电文内容主要有：汇款金额及币种、收款人名称、地址或账户、汇款人名称、地址、附言、头寸拨付办法、汇出行名称和 SWIFT CODE 等。为了使汇入行证实电文内容确实是由汇出行发出的，汇出行在正文前要加列双方银行所约定使用的密押（Test Key）。

汇入行收到电报或电传后，即核对密押是否相符。若不符，应立即以电文形式向汇出行查询；若相符，即缮制到款通知书，通知收款人取款。收款人持通知书一式两联向汇入行取款，并在收款人收据上签章后，汇入行即凭以解付款项。实际操作中，收款人均在汇入行开有账户，汇入行往往不缮制汇款通知书，仅凭电文将款项收入收款人账户，然后给收款人出具收账通知单，也不需要收款人签具收据。最后，汇入行将付讫借记通知书（Debit Advice）寄给汇出行。这里特别要指出的是，我国是外汇管制国家，过去相当长一段时间内收款人的外汇必须无条件卖给国家，随着我国外汇储备的增加和其他原因，现可根据收款人的意愿随时结汇。但必须向国家外汇管理部门申报。

电汇中的电报费用由汇款人承担，如通过代理行转汇所产生的费用由谁承担，汇款人在申请电汇时必须向银行书面提示。银行对电汇业务一般均当天处理，不占用邮递通道，所以，对于金额较大的汇款或通过 SWIFT 或银行间的汇划，多采用电汇方式。

（三）T/T 结算方式在实际业务中的运用

1. 预付货款（Payment in Advance），俗称"前 T/T"

是指进口商将货款的全部或部分通过银行汇给出口商，出口商收到款项后，根据双方签订的合同，在约定时间内将货物运交进口商的结算方式。预付货款是对进口商而言，对出口商而言便是预收货款。

按照进口商预付货款具体时间的不同，"前 T/T"又可分为"装运前 T/T"和"装运后见提单传真件 T/T"。

（1）"装运前 T/T"，是指进口商在出口装运前，便将货款通过银行汇给出口商，出口商收到款项后，根据双方签订的合同，在约定时间内将货物运交进口商的结算方式。

（2）"装运后见提单传真件 T/T"，是指出口商在货物出运后把海运提单传真给进口商看，进口商即支付货款的结算方式。在"前 T/T"中，该方式较合理，所以较为常用。

预付货款对出口商很有利。对进口商而言则刚好相反，其不仅要承担货物不能按时按量按质收到的风险，同时也要承担资金占用的压力和利息的损失。

所以，预付货款通常以进出口双方关系密切、相互信任为前提，特别是当出口货物紧俏、价格趋于上涨时，进口商可能会不惜预付货款以抢得商机。

2. 货到付款（Payment After Arrival of the Goods），俗称"后 T/T"

是指进口商在收到出口商发出的货物之后才按合同规定支付货款的方式。此方式本质是属于赊销交易（Open Account Transaction，O/A），或延期付款（Deferred Payment Transaction）。

很显然，货到付款对进口商有利。一是进口商在整个交易中占据主动地位，不用承担风险；二是进口商在收到货物后，甚至是售出货物后再付款给出口商，有利于资金周转和节约利息。这种付款方式在当今国际商品处于买方市场的大环境下，有不断扩大的趋势。一般出口商综合考虑和评价交易对象的关系性质和信誉程度、还款能力，再签订完善的对双方有制约能力的合同，给予进口商一定的放账额度，以求最大可能地占有进口国市场。我国三资企业在处理母、子公司款项往来时也多采用此种方式。

3. 30% 前 T/T，见提单传真件 70% 后 T/T

考虑到风险均等的原则，进出口商往往采用比较折中的方式：预付部分货款，货物出运后凭提单复印件付清余款。至于预付多少货款，主要根据一旦货物退回，出口商的往返运费损失，进口国码头费，海关费，货物转销第三方的可能性及损耗大小等来决定。常见的是30%货款预付，70%货款见提单复印件后付。这种付款方式对买卖双方是比较公平的。因此是在实际电汇业务中，采用最多的付款方式。

（四）合同中的汇付支付条款

例1：The Buyer shall pay the total value to the Sellers in advance by T/T（M/T or D/D）not later than×××.

买方应于×年×月×日前将全部货款用电汇（信汇/票汇）方式预付给卖方。

例2：The Buyers shall pay the Seller ××% of the contract price（USD ××××）in advance by T/T within thirty days after the signing this contract.

买方应于合同签署后30天内，以电汇方式预付给卖方合同价格××%（×××× 美元）。

例3：Payment by T/T: Payment to be effected by the Buyer shall in ×× days after receipt of the documents listed in the contract.

买方应在收到本合同所列单据后，于××天内电汇付款。

二、托收（Collection）

（一）托收含义

托收是指债权人（卖方）出具汇票，委托银行向债务人（买方）收取货款的一种支付方式。

根据国际商会522号《托收统一规则》定义：托收是指由接到托收指示的银行根据所收到的指示处理金融单据以便取得付款或承兑或凭付款或承兑交货商业单据，或凭其他条款或条件交出单据。

（二）托收程序

在买卖合同中规定支付方式为托收。卖方与所在地银行以托收委托书的形式签订的委托代理合同，约定由当地银行（托收行）通过其在进口国的往来银行（代收行）向买方收取货款，然后交单（见图7-1）。

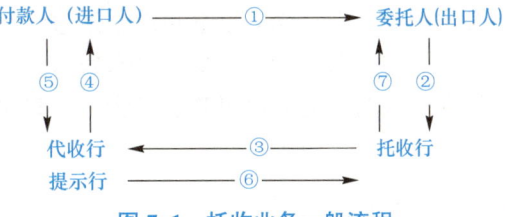

图7-1 托收业务一般流程

①买卖双方签订国际贸易的买卖合同，规定采用即期付款交单方式付款。
②出口人委托当地银行代收货款，将全套单据和汇票交托收行。
③托收行将汇票和货运单据寄交进口地银行（代收行）并说明托收委托书上的各项指示。
④提示行向买方做付款提示。
⑤进口人付清货款，赎取全套单据。
⑥代收行电告托收行，款已收妥转账。
⑦托收行将货款交出口人。

（三）托收种类

跟单托收可分为：付款交单和承兑交单两种。

1. 付款交单（Documents Against Payment；D/P）

付款交单是指卖方的交单是以买方（进口人）的付款D/P为条件，先付款后交单，以付款为交单前提。国外代收行将托收行寄来的汇票和单据向进口人提示后，进口人必须先向代收行付款，付款后，代收行才可将单据交付进口人。

付款交单又可分为两种。

（1）即期付款交单（D/P at sight）。卖方装运后开具即期汇票，随附全套单据，通过银行向买方提示，买方见票后立即付款。买方付清货款后取得全套单据。以买方先付款为条件，银行向之交单。

（2）远期付款交单（D/P after sight）。卖方装运后开出远期汇票，随附商业单据，通过银行向买方提示，买方审核无误后，即在汇票上承兑，于汇票到期日付清货款后，银行向之交单。

以上说明，不论是即期付款交单还是远期付款交单，都是买方付清货款后才能取得代表货物所有权的单据，才能提货或转售货物。所以，相比汇付，托收的风险对卖方略小。

托收的付款方式，买方的付款都是等到货到后才履行，因此有利于买方资金融通。手续费低廉，程序简单，易为买方所接受。

在远期付款交单中，如果买方想提前取得单据，有两种做法。

①付款到期日之前提前付款交单。

②凭借信托收据（Trust Receipt；T/R），又称信托收据制度。T/R 是银行和进口商之间融资的最根本的依据，指进口商向银行提供不动产标的物的所有权作为债权的担保，银行向进口商提供资金融通服务，在交易未付清票款之前允许进口商凭借其所出具的信托收据先行领取单据提货以出售，然后以销售所得清偿票款。在付款前向银行借出单据。信托收据是一种书面信用担保文件，代收行以受托人的身份，应按照托收指示中的规定向买方提供单据。如代收行以信托收据的方式自行向买方借出单据，一旦买方不能付款，代收行应承担赔偿责任。这种制度早期是以习惯法来处理，后来美国专门制定了 Uniform Trust Receipt Act，即通常所说的"统一信托收据法"，使该制度向法典化发展。

2. 承兑交单（Documents Against Acceptance；D/A）

出口人的交单以进口人在汇票上承兑为条件。

承兑交单即卖方在装运后开出远期汇票，随附全套单据，通过银行向买方提示，买方承兑汇票后，代收行即将全套单据交给买方。在汇票到期后，买方再来履行付款义务，承兑交单实际上买方先取得货物所有权，将来再付款。所以对卖方来说风险非常大。一旦买方到期不付款，卖方就会遭受货款两空的损失。

（四）托收应注意的问题

（1）银行及其指定人不应为收货人，银行只管单不发货。

（2）银行不负责核实单据，只负责审核单据的所列份数是否与托收指示相符。

（3）托收如被拒付，拒绝承兑，提示行应向托收行发出拒付通知。

（4）在决定用托收付款方式前，卖方应对客户的资信做详细的调查和了解。确实资信可靠，才可采用。

（5）对于某些外汇管制较严的进口国，不宜采用托收的方式。

（6）要了解进口国的商业惯例，例如某些拉美国家按当地的法律和习惯，对于远期付款交单，进口人承兑汇票后，即向买方交单，与 D/A 没有区别。对这些国家，我们不宜接受远期付款交单的方式。

（五）合同中的托收条款

1. 即期付款交单

Upon first presentation the Buyers shall pay against documentary drawn by the Sellers at sight. The shipping documents are to be delivered against payment only.

买方凭卖方开具的跟单汇票，于第一次见票时立即付款，付款后交单。

2. 远期付款交单

The Buyers shall duly accept the documentary draft drawn by the Sellers at ×× days sight upon first presentation and make payment on its maturity. The shipping documents are to be delivered against payment only.

买方对卖方开具的见票后××天付款的跟单汇票，于第一次提示时即予承兑，并应于汇票到期日即付款，付款后交单。

3. 承兑交单

The Buyers shall duly accept the documentary draft drawn by the Sellers at ×× days sight upon first presentation and make payment on its maturity. The shipping documents are to be delivered against acceptance.

买方对卖方开具的见票后××天付款跟单汇票，于第一次提示时即承兑，并应于汇票到期日即付款，承兑后交单。

三、电汇成为我国当前国际贸易结算的主要形式

长期以来，形成一种广泛的共识即信用证是国际贸易支付的主要手段，也是最可靠的收汇方式。在改革开放后的相当一段时间内，信用证项下的贸易方式一直是我国对外贸易的主流方式，甚至有的企业规定，出口生意非信用证方式不做。新外贸从业人员也从许多教科书中接受了这一观点。但是，随着国际贸易的飞速发展，全球经济一体化趋势加速，我国与世界经济日益接轨，我国外贸支付方式随着外贸大环境的变化而变化，非信用证结算已成为当今我国外贸支付的主流形式。

根据中行国际结算统计数据：我国当前出口货物总值中，通过信用证结算约占30%，其余约70%是通过电汇结算的，托收只占少数。并且非信用证结算的比例还呈现出逐渐增大的趋势，但与欧美等发达国家相比，中国出口商采用信用证交易的比例明显高出很多。欧美等发达国家，付款方式日趋简单易行，信用证在贸易结算中占比仅10%左右，并且有进一步萎缩的趋势。这是什么原因呢？

（一）国际贸易环境的变化

国际贸易环境经历了第二次世界大战后最长时期的稳定发展，欧美等发达国家和较发达的发展中国家，包括中国，政治经济状况稳定，相关法律法规健全，为非信用证贸易方式提供了较安全的背景。这些国家的政府也把保护本国贸易商的正当利益、繁荣进出口贸易、促进国民经济发展作为一项政府的职责。因此，我们常看到某国大使馆出面交涉，为本国商社追讨欠款。目前的形势是：即使是对方同意采用非信用证贸易方式，我们也很难因为有正当理由拖欠或赖掉对方的货款，特别是某些国家如美国、日本的某些著名商社。一个典型案例是：前几年某国法院扣押了停留在某国机场的我国民航班机，虽然这一班机并不是该国和我国贸易纠纷中的标的物，但某国法院认为这一班机是诉讼国的财产。

（二）一些发达国家真正建立起了商业信誉管理系统

在美国人的观念中：如在银行留有不良记录，就没有未来第二次的机会。比如，采用支票付款，在许多国家和地区是非常普遍的，但支票"跳票"（支票不能兑现）在我国港澳台和内地是经常发生的，而在美国，却绝少见到，不管是商社，还是个人都很重视信誉，因为"没有第二次"。一些著名商社的品牌价值本身就是一种巨大的无形资产，在双方的贸易中，将恪守"重合同守信用"的原则，维护品牌形象。在网络发达的今天，如果知名商社拖欠一笔货款，那么第二天可能全世

界都知道了,大家都会讨论其财务问题,这是这些商社所不愿见到的事情,所以他们绝不愿意因为拖欠一笔货款被曝光而陷入信誉危机,从而引起真正的财务危机,除非该商社经营发生重大失误,导致破产。那么,如果与这样的商社做生意有必要增加成本去开立信用证吗?例如,我们所知悉的福建某上市公司,长期供货给世界知名的某日本商社,采用的付款方式就是"后T/T45天付款"(结算方式安全系数倒数第一),但几年来,提单日(After B/L Date)后45天的上午9:30左右,该公司财务一定会接到开户银行日元到款报文。这是因为:东京时间比北京时间早一个小时;中国银行RTS系统(区域银行清算系统,由于银行开通这一系统,大大加快了跨国跨地区汇款的速度——可以用"即付即收"来形容);日本大型商社不但信守付款承诺而且是用电脑管理付款的。即使2008年遇到金融危机,该商社亏损两千多亿日元,但只要该商社有承诺,收款一般是有保障的。

在收汇安全上,必须综合考虑各种因素。经历了第二次世界大战后世界经济最长的繁荣期,国际商品市场早已转入买方市场,各国为本国经济的发展千方百计地增加出口。出口商在考虑如何保证安全收汇的问题上,已不仅仅是考虑选择哪一种付款方式,而是针对不同的贸易对象,综合考虑和评价与交易方的关系性质以及最大可能地为对方提供最具竞争力的贸易条件。

(三)贸易主体的变化

随着改革开放的深入,我国对外贸易主体发生巨大变化,三资企业和民营企业(包括上市公司)成为我国对外贸易的主要力量。他们的经营方式给我国对外贸易经营方式特别是结算方式带来新的变化。三资企业总部设在海外,母、子公司之间的结算是不会用信用证的。而据统计,近几年的三资企业的进出口额每年都占全国进出口总额的一半多。这是当前我国信用证结算量下降的主要原因之一。此外,还有以下因素。

(1)开立信用证手续繁杂,还要较长时间占用买方的资金和授信额度,信用证所产生的费用也降低了出口商和进口商的利润,特别是在目前外贸的微利时代,显得特别突出。

(2)信用证付款的一个软肋是:银行付款的依据仅仅是凭单据和信用证的规定表面相符,这就使一些不法分子有机可乘。当前利用信用证牟利甚至诈骗的人越来越多,使人感觉信用证"不信用",从而使用更可靠的结算方式,如前T/T或定金加后T/T。信用证方式实质上是一种"单据买卖",买卖双方依托银行信誉,或者说是在银行担保下履行买卖合同。只要"单单相符,单证相符",出口商如数收到货款是没有问题的,特别是经保兑的、即期的、不可撤销的信用证。但信用证项下的贸易风险在不同的贸易环境下是不一样的。当世界深陷经济危机之时,一些不法分子或一些以前曾经有信誉的老客户,因自身的财务危机、经营困境或者进口国市场变化,钻信用证的空子,摆脱经营亏损的困境或以此牟利甚至不惜铤而走险进行诈骗的情况屡屡发生。最常见的手段就是利用信用证上的软条款或单证上的不符点(实际上进口商要在单证上找一个不符点是件很容易的事,尤其是进口商在开证时就有预谋)拒绝赎单(Not Acceptance),让货物在目的港码头上产生一笔不少的滞港费。当出口商找进口商协商时,出口商已处于被动局面,进口商往往漫天砍价,只肯出一半价钱甚至更低,让出口商没有退路往往只有妥协,有过这种经历的出口商往往不会再选择信用证方式。因此在国际贸易行业,近年来形成这样的一种共识——把支付方式的安全系数按风险从小到大的顺序分为以下等级:

1)100%的预付货款(Payment in Advance),俗称"前T/T",是指进口商在出口装运前,便将货款通过银行汇给出口商,出口商收到款项后,根据双方签订的合同,在约定时间内将货物运交进口商的结算方式,即出口商先收款后交货,收汇风险为零。这是当前国际商品买方市场条件下比较少见的最安全的收汇形式,采用这种支付方式的一般有以下几种情况。

A．买卖双方首次的、小额的贸易；

B．买卖双方多次合作，关系密切，相互信任，同时出口货物紧俏，出口方只接受预付款方式并根据来款先后发货的；

C．出口货物价格趋于坚挺或上涨时，进口商可能会不惜预付货款以抢得商机。

2）30%的前T/T加凭提单传真件70%后T/T（T/T 30% Before Shipment and 70% at Sight the Copy of B/L），是指出口商在出口货物生产前就必须收到买方的30%的货款，以保证生产出来的出口商品有人要，因为这30%的前T/T款就是进口商的收货和付款的保证金，一旦由于进口国市场变化等原因进口商不想要货，进口商就会因首先违约而损失定金。当然，前T/T的"30%"不是绝对的，以够出口货物的来回运费和目的港海关费、码头费为准，并要考虑出口货值的大小。卖方出运后有保证收到全部货款，因此对卖方来说风险较小。对买方来说虽有一定风险，但只需先支付部分定金，资金压力和风险压力不会太大，并且由于是见到提单复印件才付清全部货款，提单上的信息可以登录船公司网站进行比对，一般收货不会落空。这种方式比100%预付对买卖双方更加公平，因此采用越来越普遍，特别是近年来在我国对东南亚、南美、印巴、非洲和中东等国家和地区的出口贸易结算中最为流行。

3）30%的前T/T加70%的即期的、保兑的不可撤销的信用证。同样是30%的前T/T，余款采用信用证支付比第2）项凭提单传真件T/T支付风险大得多。这是因为：在凭提单传真件T/T支付余款方式中，出口商只要凭一张证明，证明货已交运，就可在较短的时间内取得余款，落袋为安，此后再交出"物权凭证"——提单或办理电放。而余款采用信用证支付，则要经过发运、交单，才能办理议付，其间出口商单据如有不符点，就存在迟付、拒付的风险，一旦商品价格大落超过损失定金或进口国政策发生重大变化，客户就可能拒收货物，出口商就可能收不到余款。

4）100%的、即期的、保兑的、不可撤销的信用证加CIF条款。这信用证前的4个定语再加上CIF条款就是信用证收汇的5项保障。"加CIF条款"是指出口商采用信用证收汇方式，还必须有效控制货物，避免钱货两空。国际贸易法赋予了出口商在不能正常收汇时，对货物的权利，这在英国《货物买卖法》的"中途停产权"，以及《国际货物买卖合同公约》的"货物保全权"中都有类似规定，因此一定要避免外商指定境外货代安排运输。如果外商坚持FOB条款并指定船公司和货代安排运输，出口商应指定境外货代的提单必须委托经原外经贸部批准的货运代理企业签发，并掌握货物的控制权，同时由代理签发提单的货代企业出具保函，承诺货到目的港后须凭信用证项下银行流转的正本提单提货。这样在信用证项下如单证无不符合点，收款即有保证。

5）100%的、即期的、保兑的、不可撤销的信用证加FOB条款。此条款存在的主要风险是：如进口商坚持自己租船订舱，或指定货代，就有可能存在贻误船期，或可能出现进口商勾结不法船代骗取货物的风险。

6）D/P付款（付款交单），如进口商不付款就不能取得单据提货和清关，这只能保证出口货物是安全的。它的主要风险在于：由于进口商方面的原因，如进口国市场发生变化、进口商资金短缺等造成进口商不赎单，出口货物就要退运，另找新买家，这样出口商不但赚不到钱，还要倒贴运杂费、码头费、货物改装费等，另外退运货物的清关、返（还退）税手续繁杂，这是出口商最不愿意碰到的事情。在当前经济低迷时期，也有一些进口商以不赎单来要求出口商降价或给折扣，使D/P付款的风险越来越大。

7）其余收汇方式：如D/A付款（承兑交单）、记账付款（Open Account）、分期付款（Instalment）和寄售（Consignment）等为最不安全等级。这些仅凭商业信誉的收汇方式在当前存在着最大的收汇风险。

四、信用证仍是不可替代的付款方式

在这里,尽管我们强调了当前电汇等非信用证支付方式成为主要的支付方式,但由于信用证方式本身具有许多不可替代的功能,信用证付款方式仍是当前外贸支付的最重要的手段之一。主要因为:

(一)信用证支付方式为买卖双方提供了最可靠的融资基础

对进口商来说,凭信托收据制度(Trust Receipt;T/R)开立信用证是一种向银行融资的最方便易行的方式。对出口商来说,用信用证及其配套单据向银行办理押汇、打包贷款、福费廷业务等是最基本的条件,因此很难获得银行融资。

(二)往往大额贸易和买卖双方的首次交易还是借助信用证来完成的

19世纪第一张信用证的诞生引起了国际贸易支付方式的革命,它有史以来第一次使不在现场的交易双方处于平等地位,解决了双方不信任的矛盾,极大地推动了国际贸易的发展。信用证的这一功能在当今的大额贸易和买卖双方的首次交易中仍发挥着重要作用。

(三)信用证种类繁多,许多功能是其他付款方式所无法替代的

如可转让信用证为三方贸易提供了最方便的平台;远期信用证由出口商向进口商提供融资服务,增加了出口商品的竞争力;对开信用证为进料加工提供服务;可循环信用证为分批交货提供方便等,都是其他结算方式做不到的。

第二节 出口核销

一、出口收汇核销概述

出口收汇制度是我国自1991年1月1日起建立的,对企业出口、报关、收汇整个过程实行跟踪的监测管理制度。整个过程以核销单为主线。

出口收汇核销是指企业在货物出口后的一定期限内向当地外汇管理部门办理收汇核销,证实该笔出口价款已经收回或按规定使用。

二、出口收汇核销单

1. 含义

是国家外汇管理局制发的,由出口企业、银行填写(出口单位凭此向海关办理出口报关、向外汇指定银行办理出口收汇、向外汇管理局办理核销、向税务机关和外经贸委办理出口退税和出口贴息申报),海关凭此受理报关,外汇管理部门凭此核销外汇的有顺序号的凭证。

2. 内容

(1)出口单位名称。
(2)出口币种总价。
(3)收汇方式。
(4)预计收款日期。
(5)报关日期。

（6）报关单位备注。

出口收汇核销单 存根		出口收汇核销单 监制章		出口收汇核销单 监制章	
（苏）编号：	出口单位盖章	（苏）编号：	出口单位盖章	（苏）编号：	未经核销此联不得撕开
出口单位：		出口单位：		出口单位：	
单位编码：		单位编码：		单位编码：	
出口币种总价：		银行签注栏：类别｜币种金额｜日期｜盖章		货物名称｜数量｜币种总价	
收汇方式：					
预计收款日期：					
报关日期：		海关签注栏：		报关单编号：	
备注：					
此单报关有效期截止到		外汇局签注栏 年　月　日（盖章）		外汇局签注栏 年　月　日（盖章）	

三、出口收汇核销的程序

（1）申领空白核销单。

1）出口企业到外汇局领取核销单前，须上网向外汇局申请所需领用核销单份数。

2）外汇局确认出口企业已上网申领核销单后，凭出口企业核销员所持本人操作员 IC 卡、核销员证向该核销员发放核销单。

3）外汇局根据出口企业网上申领的核销单份数和外汇局本地核销系统确认的出口企业可领单数两者中的较小数，向出口企业发放核销单。

初次申领出口收汇核销单（以下简称核销单）前应当凭以下材料到外汇局办理登记，即开户：①单位介绍信、申请书；②外经贸部门批准经营进出口业务批件正本及复印件；③工商营业执照副本及复印件；④企业法人代码证书及复印件；⑤海关注册登记证明书复印件；⑥出口合同复印件。

外汇局对上述材料审核无误后为出口单位办理登记手续。

核销单自领单之日起两个月以内报关有效。出口单位应当在失效之日起一个月内将未用的核销单退回外汇局注销。出口单位填写的核销单应与出口货物报关单上记载的有关内容一致。

（2）向海关报关。

1）出口企业到海关报关前，必须上网向报关地海关进行核销单的口岸备案。未进行口岸备案的核销单不能用于出口报关，对已备案成功的核销单，还可变更备案。

2）出口企业应如实向海关申报成交方式（CIF/FOB），按成交方式申报成交总价、运费、保费等，以保证报关数据真实性、完整性。外汇局根据实际成交方式及成交总价办理收汇核销手续。

3）对于预计收汇日期超过报关日期 90 天以上（含 90 天）的远期收汇，出口企业应当在报关后 60 天之内进行网上交单，凭远期备案情况说明（说明远期合同号、出口核销单号、出口报关单号、报关单金额）、远期出口合同、核销单向外汇局备案，并应当在核销单的"收汇方式"栏注明预计远期收汇日期。

（3）凭海关退回的核销单、报关单结汇联进行收汇。

（4）出口单位应当在收到外汇之日起 30 天内凭核销单、银行出具的"出口收汇核销专用联"到外汇局办理出口收汇核销（在核销前要在网上再次进行交单）。

（5）将核销单、报关单整理好，进行退税。
（6）出口核销。

第三节　出口退税

一、出口货物退（免）税的概念

出口货物退（免）税，是指在国际贸易中货物输出国对输出境外的货物免征其在本国境内消费时应缴纳的税金或退还其按本国税法规定已缴纳的税金（增值税、消费税）。

这是国际贸易中通常采用的，并为各国所接受的一种税收措施，目的在于鼓励各国的出口货物公平竞争。根据国际社会通行的惯例和我国现阶段的国情，并参考国际上的通行做法，我国制定并实施了出口货物退（免）税制度以及管理办法。该办法明确规定：有出口经营权的企业出口的货物，除另有规定者外，可在货物报关出口并在财务上做销售后，凭有关凭证按月报送税务机关批准退还或免征增值税和消费税。

二、出口退税的基本制度

我国的出口货物退税制度是根据我国国情建立的、相对独立于其他国内税收管理的一种专项税收制度。1994年我国对工商税制进行了全面改革。根据改革的指导思想，国家税务总局先后制定并颁布了《出口货物退（免）税管理办法》《出口退税电子化管理办法》等规定，对退税范围、计算办法、常规管理、清算检查等做了具体规定。近年来又根据实际情况进行了多次改革和完善。目前，我国出口退税制度的内容主要有：

享有出口退税权的企业，是指经有关部门批准的、有进出口经营权的企业。主要包括外贸公司和外商投资企业，另外，还有出口量较小的一些特殊企业，如外轮供应公司、免税品公司等。目前这类企业约为10万户。今后随着出口经营权的放开，办理出口退税的企业户数将逐渐增加。

享受退税的出口货物，除免税货物、禁止出口货物和明文规定不予退税货物外，其他货物都可享受退税政策。退税的税种为增值税和消费税。从2004年起，增值税的退税率共有5档，分别是17%、13%、11%、8%、5%，平均退税率为12%左右。消费税的退税率按法定的征税率执行。

出口退税主要实行两种办法：一是对外贸企业出口货物实行免税和退税的办法，即对出口货物销售环节免征增值税，对出口货物在生产流通环节已缴纳的增值税予以退税；二是对生产企业自营或委托出口的货物实行免、抵、退税办法，对出口货物本道环节免征增值税，对出口货物所采购的原材料、包装物等所含的增值税允许抵减其内销货物的应缴税款，对未抵减完的部分再予以退税。

出口退税的税款实行计划管理。财政部每年在中央财政预算中安排出口退税计划，同国家税务总局分配下达给各省（区、市）执行。不允许超计划退税，当年的计划不得结转下年使用。

出口企业的出口退税全部实行计算机电子化管理。通过计算机申报、审核、审批，从2003年起启用了"口岸电子执法系统"。对企业申报退税的报关单、外汇核销单等出口退税凭证，实行与签发单证的政府机关信息对审的办法，确保了申报单据的真实性和准确性。

三、出口货物退（免）税的税种分类

根据现行税制规定，我国出口货物退（免）税的税种是流转税（又称间接税）范围内的增值税、

消费税两个税种。

出口货物退（免）税的税款是出口货物在国内生产、流通各个环节已缴纳的增值税和应缴纳的消费税。

1. 流转税

泛指所谓以商品为特征对象的税种。就我国现行的税制而言，流转税包括增值税、营业税、消费税、土地增值税、关税及一些地方性工商税种。

2. 申请办理出口退税登记的条件

（1）必须经营出口产品业务，这是企业申办出口退税登记最基本的条件。

（2）必须持有工商行政管理部门核发的营业执照。营业执照是企业得以从事合法经营，其经营行为受国家法律保护的证明。

（3）必须是实行独立经济核算的企业单位，具有法人地位，有完整的会计工作体系，独立编制财务收支计划和资金平衡表，并在银行开设独立账户，可以对外办理购销业务和货款结算。

凡不同时具备上述条件的企业单位，一般不予以办理出口企业退税登记。

3. 必须了解出口退税的 4 个时限

出口企业在办理出口退税时要特别注意申报程序，注意时间观念，以免造成损失。出口企业在办理出口退税时，应注意 4 个时限规定：

一是"30 天"。外贸企业购进出口货物后，应及时向供货企业索取增值税专用发票或普通发票，属于防伪税控增值税发票，必须在开票之日起 30 天内办理认证手续。

二是"90 天"。外贸企业必须在货物报关出口之日起 90 天内办理出口退税申报手续，生产企业必须在货物报关出口之日起 3 个月后免抵退税申报期内办理免抵税申报手续。

三是"180 天"。出口企业必须在货物报关出口之日起 180 天内，向所在地主管退税部门提供出口收汇核销单（远期收汇除外）。

四是"3 个月"。出口企业出口货物纸质退税凭证丢失或内容填写有误，按有关规定可以补办或更改的，出口企业可在申报期限内向退税部门提出延期办理出口货物退（免）税申报的申请，经批准后，可延期 3 个月申报。

四、出口退税的一般程序及附送资料

（一）出口退税登记的一般程序

1. 有关证件的送验及登记表的领取

企业在取得有关部门批准其经营出口产品业务的文件和工商行政管理部门核发的工商登记证明后，应于 30 日内办理出口企业退税登记。

2. 退税登记的申报和受理

企业领到"出口企业退税登记表"后，即按登记表及有关要求填写，加盖企业公章和有关人员印章后，连同出口产品经营权批准文件、工商登记证明等证明资料一起报送税务机关，税务机关经审核无误后，即受理登记。

3. 填发出口退税登记证

税务机关接到企业的正式申请，经审核无误并按规定的程序批准后，核发给企业"出口退税登记"。

4. 出口退税登记的变更或注销

当企业经营状况发生变化或某些退税政策发生变动时，应根据实际需要变更或注销退税登记。

（二）出口退税附送材料

（1）报关单。报关单是货物进口或出口时进出口企业向海关办理申报手续，以便海关凭此查验和验放而填具的单据。

（2）出口销售发票。是出口企业根据与出口购货方签订的销售合同填开的单证，是外商购货的主要凭证，也是出口企业财会部门凭此记账做出口产品销售收入的依据。

（3）进货发票。提供进货发票主要是为了确定出口产品的供货单位、产品名称、计量单位、数量，是否是生产企业的销售价格，以便划分和计算确定其进货费用等。

（4）结汇水单或收汇通知书。

（5）属于生产企业直接出口或委托出口自制产品，凡以到岸价 CIF 结算的，还应附送出口货物运单和出口保险单。

（6）有进料加工复出口产品业务的企业，还应向税务机关报送进口料件的合同编号、日期，进口料件名称、数量，复出口产品名称，进料成本金额和实纳各种税金额等。

（7）产品征税证明。

（8）出口收汇已核销证明。

（9）与出口退税有关的其他材料。

五、出口退税的范围

我国出口的产品，凡属于已征或应征产品税、增值税和特别消费税的产品，除国家明确规定不予退还已征税款或免征应征税款，出口货物退税（免税）是指国际贸易中按照税法规定缴纳的增值税和消费税，或者免征应缴纳的增值税和消费税。

确定出口货物退税（免税）的范围是确定出口货物退税（免税）政策实施的基本依据。现阶段，我国出口货物退税以海关出口增值税和消费税应税货物为主要对象。

出口产品退税，一般应具备以下 3 个条件：

（1）必须是属于产品税、增值税和特别消费税范围的产品。

（2）必须报关离境。所谓出口，即是输出关口。这是区分产品是否属于应退税出口产品的主要标准之一，以加盖海关验讫章的出口报关单和出口销售发票为准。

（3）必须在财务上做出口销售。

一般来说，出口产品只有在同时具备上述 3 个条件的情况下才予以退税。但是国家对退税的产品也做了特殊规定，特准某些产品视同出口产品予以退税。

特准退税的产品主要有：

1）外轮供应公司销售给外轮、远洋货轮和海员的产品。

2）对外修理、修配业务中所使用的零配件和原材料。

3）对外承包工程公司购买国内企业生产的，专门用于对外承包项目的机械设备和原材料，在运出境外后，凭承包单位出具的购货发票、报关单办理退税。

4）国际招标、国内中标的机电产品。

同时国家也明确规定了少数出口产品即使具备上述 3 个条件，也不予以退税：

1）出口的原油。

2）援外出口产品。

3）国家禁止出口的产品。

4）出口企业收购出口外商投资的产品。

5）来料加工、来料装配的出口产品。

6）军需工厂销售给军队系统的出口产品。
7）军工系统出口的企业范围。
8）对钻石加工企业用国产或进口原钻石加工的钻石直接出口或销售给外贸企业出口。
9）齐鲁、扬子、大庆三大乙烯工程生产的产品。
10）未含税的产品。
11）个人在国内购买、自带出境的商品暂不退税。

六、可以出口退税的企业

（1）具有外贸出口经营权并承担国家出口创汇任务的企业，经过经贸主管部门批准，享有独立对外出口经营权的中央和地方外贸企业、工贸公司和部分工业生产企业。

（2）委托出口的企业主要指具有出口经营权的企业代理出口，承担出口盈亏的企业。

一般贸易出口货物退税计算方法。

目前，外商投资企业出口货物退税办法包括"先征后退"和"免、抵、退"税。

"先征后退"是指生产企业自营出口或委托代理出口的货物，一律先按照增值税暂行条例规定的征税率征税，然后由主管出口退税业务的税务机关在国家出口退税计划内按规定的退税率审批退税。

七、计税依据

"先征后退"办法按照当期出口货物离岸价乘以外汇人民币牌价计算应退税额。

"离岸价"（FOB 价）是装运港船上交货价，但这个交货价属于象征性交货，即卖方将必要的装运单据交给买方按合同规定收取货款，买卖双方风险划分都是以货物装上船为界限。因此，FOB 价是由买方负责租船订舱，办理保险支付运保费。

最常用的 FOB、CFR 和 CIF 价的换算方法如下：

$$FOB 价 = CFR 价 - 运费 = CIF 价 \times (1 - 投保加成 \times 保险费率) - 运费$$

因此，如果企业以到岸价格作为对外出口成交的，在货物离境后，应扣除发生的由企业负担的国外运费、保险费佣金和财务费用；以 CFR 价成交的，应扣除运费。

八、计算方法

一般贸易计算公式：

当期应纳税额＝当期内销货物的销项税额＋当期出口货物离岸价×外汇人民币牌价×征税率－当期全部进项税额

当期应退税额＝出口货物离岸价格×外汇人民币牌价×退税税率

以上计算公式的有关说明：

（1）当期进项税额包括当期全部国内购料、水电费、允许抵扣的运输费、当期海关代征增值税等税法规定可以抵扣的进项税额。

（2）外汇人民币牌价应按财务制度规定的两种办法确定，即国家公布的当日牌价或月初、月末牌价的平均价。计算方法一旦确定，企业在一个纳税年度内不得更改。

（3）企业实际销售收入与出口货物报送单、外汇核销单上记载的金额不一致时，税务机关按金额大的征税，按出口货物报关单上记载的金额退税。

（4）应纳税额小于零的，结转下期抵减应交税额。

举例说明：

某鞋厂 2000 年 3 月出口鞋 30 000 打，其中：① 28 000 打以 FOB 价成交，每打 200 美元，人民币外汇牌价为 1∶8.283 6 元；② 2 000 打以 CIF 价格成交，每打 240 美元，并每打支付运费 20 元、保险费 10 元、佣金 2 元，人民币外汇牌价为 1∶8.283 6 元。当期实现内销鞋 19 400 打，销售收入 34 920 000 元，销项税额为 5 936 400 元，当月可予抵扣的进项税额为 10 800 000 元，鞋的退税率为 13%。用"先征后退"方法计算应交税额和应退税额。

出口自产货物销售收入 = 离岸价格 × 外汇人民币牌价 +（到岸价格 – 运输费 – 保险费 – 佣金）× 外汇人民币牌价 = 28 000×200×8.283 6 + 2 000×（240−20−10−2）×8.283 6 = 49 834 137.60（元）。

当期应纳税额 = 当期内销货物的销项税额 + 当期出口货物离岸价格 × 外汇人民币牌价 × 征税率 – 当期全部进项税额 = 5 936 400 + 49 834 137.60×17%−10 800 000 = 3 608 203.39（元）。

当期应退税额 = 当期出口货物离岸价格 × 外汇人民币牌价 × 退税税率 = 49 834 137.60×13% = 6 478 437.89（元）。

本章训练

一、简述出口收汇的含义及种类。
二、简述出口核销的含义。
三、简述出口退税的含义。
四、请分别简述核销、退税的流程。

第八章 进口单据

Chapter Eight

第一节 进口报检

一、入境货物检验检疫的基本知识

(一)入境货物检验检疫的报检范围

(1)国家法律法规规定必须由出入境检验检疫机构实施检验检疫的。
(2)输入国家或地区规定必须凭检验检疫机构出具的证书方准入境的。
(3)有关国际条约规定须经检验检疫的。
(4)对外贸易合同约定须凭检验检疫机构签发的证书进行交接、结算的。
(5)申请签发一般原产地证明书、普惠制原产地证明书等原产地证明书的。

(二)入境货物的检验检疫工作流程

申请报检—受理报检—办理通关—实施检验检疫—放行。

(1)法定检验检疫入境货物的货主或其代理人首先向卸货口岸或到达站的出入境检验检疫机构申请报检。

(2)提供有关的资料。入境货物报检应提交的证单主要有:入境货物报检单、外贸合同、商业发票、装箱单、提单、提货单、按要求需提交的其他特殊单证。

(3)检验检疫机构受理报检,审核有关资料,符合要求,受理报检并计收费用,转施检部门签署意见,计收费。

(4)对来自疫区的,可能传播传染病、动植物疫情的入境货物交通工具或运输包装实施必要的检疫、消毒、卫生除害后,签发《入境货物通关单》(入境废物、活动物等除外)供报检人办理海关的通关手续。

(5)货物通关后,入境货物的货主或其代理人需在检验检疫机构规定的时间和地点到指定的检验检疫机构联系对货物实施检验检疫。

(6)经检验检疫合格的入境货物签发《入境货物检验检疫证明》放行,经检验检疫不合格的货物签发《检验检疫处理通知书》,需要索赔的签发《检验检疫证书》。

(三)入境报检的分类

1. 进境一般报检

进境一般报检是指法定检验检疫入境货物的货主或其代理人,持有关单证向卸货口岸检验检疫机构申请取得《入境货物通关单》并对货物进行检验检疫的报检。

进境一般报检，《入境货物通关单》的签发和对货物的检验检疫都由口岸检验检疫机构完成。

2．进境流向报检

进境流向报检亦称口岸清关转异地进行检验检疫的报检，指法定入境检验检疫货物的收货人或其代理人持有关证单在卸货口岸向口岸检验检疫机构报检，获取《入境货物通关单》并通关后由进境口岸检验检疫机构进行必要的检疫处理，货物调往目的地后再由目的地检验检疫机构进行检验检疫监管。

"流向报检"与"一般报检"的区别就在于，申请进境流向报检货物的通关地与目的地属于不同辖区。

3．进境异地施检报检

异地施检报检是指已在口岸完成进境流向报检，货物到达目的地后，该批进境货物的货主或其代理人在规定的时间内，向目的地检验检疫机构申请进行检验检疫的报检。进境流向报检和进境异地施检报检属于一批货物进行报检时的两个环节。经过进境流向报检，就要有货物的进境异地施检报检与其相对应。

因进境流向报检只在口岸对装运货物的运输工具和外包装进行了必要的检疫处理，并未对整批货物进行检验检疫，只有当实施检验检疫的机构对货物实施了具体的检验、检疫后，货主才能获得相应的准许进口货物销售使用的合法凭证——《入境货物检验检疫证明》，这样也就完成了进境货物的检验检疫工作，货物可以被自由买卖。在异地施检报检时应提供口岸检验检疫机构签发的《入境货物调离通知单》。

（四）报检的时限与地点

1．报检的时限

（1）输入微生物、人体组织、生物制品、血液及其制品或种畜、禽及其精液、胚胎、受精卵的应当在入境前30天报检。

（2）输入其他动物的，应在入境前15天报检。

（3）输入植物、种子、种苗及其他繁殖材料的，应在入境前7天报检。

（4）入境货物需对外索赔出证的，应在索赔有效期前不少于20天内向到货口岸或货物到达地的检验检疫机构报检。

2．报检的地点

（1）政府有关审批、许可证等批文中已规定检验检疫地点的，在规定的地点报检。

（2）大宗散装商品，易腐烂变质商品，废旧物品，卸货时发现包装破损、数量短缺的商品，必须在卸货口岸检验检疫机构报检。

（3）需结合安装调试进行检验的成套设备、机电仪器产品以及在口岸开件检验后难以恢复包装的商品，应在收货人所在地检验检疫机构报检并检验。

（4）其他入境货物，应在入境前或入境时向报关地检验检疫机构办理报检手续。

（5）入境的运输工具及人员应在入境前或入境时向入境口岸检验检疫机构申报。

二、入境货物报检单的缮制

入境报检采用书面报检单和电子报检信息并存的形式，必须确保书面报检单和电子报检信息完全一致。报检单必须按照所申报的货物内容填写，填写内容必须与随附单据相符，填写必须完整、准确、真实，不得涂改，对无法填写的栏目或无此内容的栏目，统一填写"＊＊＊"。填制完毕的报检单必须加盖报检单位公章或已经向检验检疫机关备案的"报检专用章"。报检人应在签名栏签名，注意必须是本人手签，不得代签。填制完毕的报检单在发送数据和办理报检手续前必须认真审核，检查是否有错填、漏填的栏目及所填写的内容是否与随附单据一致，防止因填单差错而延误办理报检手续。

（1）编号：由检验检疫机构报检受理人员填写，前 6 位为检验检疫机关代码，第 7 位为报检类代码，第 8、9 位为年代码，第 10 至 15 位为流水号。

（2）报检单位：填写报检单位的全称，并加盖"报检专用章"。

（3）报检单位登记号：报检单位在检验检疫机构登记的号码。

（4）联系人：报检人员姓名；报检人员的联系电话。

（5）报检日期：检验检疫机构实际受理报检的日期，由检验检疫机构受理人员填写。

（6）发货人/收货人：是指该批货物的贸易关系人，发货人按合同/信用证的卖方填写，收货人按合同/信用证的买方填写。对于无合同/信用证的，可按发票的买/卖方填写。

（7）货物名称（中/外文）：填写本批货物的品名，应与进口合同、发票名称一致，如为废旧货物应注明。

（8）H.S. 编码：根据所申报的货物，按照当年海关公布的《商品分类及编码协调制度》的分类填写。H.S. 编码涉及报检、计收费、检验检疫、报关等环节，因此必须准确无误。

（9）原产国（地区）：填写申报货物生产/加工的国家或地区。

（10）数/重量：填写申报货物的数/重量，应与合同、发票或报关单上所列的货物数/重量一致，以商品编码分类中标准数/重量为准，并应注明重量单位。

（11）货物总值：填写申报货物的总值及币种，应与合同、发票或报关单上所列的货物总值一致。

（12）包装种类及数量：填写申报货物实际运输包装的种类及数量，应注明包装的材质。

（13）运输工具名称号码：填写运输工具的类型、名称及号码，如船舶填写船名、航次，飞机填写航班号等。如有转运应填写一、二程船名，此栏填写二程船名及航次，一程船名及航次请在备注栏体现。

（14）合同号：填写对外贸易合同、订单或形式发票的号码。

（15）贸易方式：填写申报货物的贸易方式，根据实际情况选填一般贸易、来料加工、进料加工、易货贸易、补偿贸易、边境贸易、无偿援助、外商投资、对外承包工程进出口货物、出口加工区进出境货物、出口加工区进出区货物、退运货物、过境货物、保税区进出境仓储物、转口货物、保税区进出区货物、暂时进出区货物、暂时进出口留购货物、展览品、样品、其他非贸易品、其他贸易性货物。

（16）贸易国别（地区）：填写申报货物的贸易国别（地区）。即合同卖方所属国家（地区）。无签订合同的按发票卖方所属国家（地区）填写。

（17）提单/运单号：货物海运提单号或空运单号，有二程提单的应同时填写。

（18）到货日期：填写货物到达口岸的日期。

（19）起运国家（地区）：填写装运本批货物的交通工具的起运国家或地区。

（20）许可证/审批号：申报涉及需许可/审批的货物应填写相应的许可证/审批号；涉及进口食品标签审核证书、进口化妆品标签审核证书、进口电池产品备案书、进口其他证书（如进口旧机电产品免装运前预检验证明书、进口旧机电产品装运前预检验备案书、进口废物批准证书等）的货物应填写相应的证书号；涉及多个许可证/审批号、证书号无法填写完整的，在报检单的"合同订立的特殊条款以及其他要求"栏备注或以附页的形式申报。

（21）卸毕日期：填写货物卸离运输工具的实际日期。

（22）启运口岸：填写装运申报货物运输工具的启运口岸。

（23）入境口岸：填写装运申报货物的运输工具进境时首次停靠的口岸。

（24）索赔有效期：按贸易合同签订的索赔有效期的天数填写，无签订索赔有效期的无须填写，特别要注明截止日期。

（25）经停口岸：填写所申报货物启运后，到达目的地前中途运输工具在运输中曾经停靠的境外口岸。

（26）目的地：填写货物最终运抵（销售、使用）地。

（27）集装箱规格、数量及号码：货物若以集装箱运输应填写集装箱的规格、数量及号码。

（28）合同订立的特殊条款以及其他要求：合同对检验检疫有相关要求的或收货人对检验检疫有特殊要求的，应在此栏注明。其他检验检疫机构要求特别备注的情况，如入境参展物品备注"入境非销售展览物品、展毕退运出境"；进口旧机电产品，备注"进口旧机电产品登记备案"；进口废物原料，备注"合同卖方的注册编号：***"；可免于标签审核的入境的作为食品工业原料用途的非预包装食品，备注"非预包装"；入境的误发（如货物发错港口、发错收货人等）及其他非不符合检验检疫报检有关规定原因的货物，货主申请同进同出，直接退运出境的，备注"误发货物，申请同进同出，直接退运出境"或者"因***原因，申请同进同出，直接退运出境"。此栏兼做备注栏使用。

（29）货物存放地点：填写本批货物存放的地点，如××仓库、××码头等。

（30）用途：填写本批货物的实际用途，如食用、种用、饲用等。

（31）随附单据：按实际向检验检疫机构提供的单据，在随附单据的种类前画"√"或补填。

（32）标记及号码：即货物的唛头，按合同、发票、装箱单及提单所列的货物唛头填写，对散装、裸装货物或无唛头货物应填写"N/M"。若提单唛头与合同、发票、装箱单不一致，请填写提单唛头。

（33）外商投资财产：由检验检疫机构报检受理人员填写。

（34）报检人郑重声明：由报检人员亲笔签名。

（35）检验检疫费：由检验检疫机构计费人员核定费用后填写。

（36）领取证单：报检人在领取检验检疫机构出具的有关检验检疫证单时填写领证日期及领证人姓名。

三、操作实例

2014年3月15日，广东国际进出口贸易公司（单位登记号：5124785269，联系人：李平）收到提单号为SOCO92588的进口货物到货通知，计划3月20日卸货。公司于3月19日填制入境货物报检单，随附合同、发票箱单及提单向检验机关申请检验。进口商品为AIR CONDITIONER（BREAK BRAND）（BREAK牌空调），海关编码84151021，用于外贸自营内销。本次运输的船名航次为Volendam Voy. 0932，用三个40英尺集装箱装运，现存放于广州市第二码头。合同如下：

CONTRACT

卖方（Sellers）: Contract No.: ___AB44001___
A.B.C., TRADING CO., LTD. Date: ___FEB.12, 2014___
P.O.BOX8935, NEW TERMINAL, LATA. VISTA, OTTAWA, CANADA Signed at: ___
GUANGZHOU

买方（Buyers）：
GUANGDONG FOREIGN TRADE IMP.AND EXP. GRANDTON
267 TIANHE ROAD GUANGZHOU, CHINA
TEL：86-20-31872589

兹经买卖双方同意按下列条款成交：

The undersigned Sellers and Buyers have agreed to close the following transactions according to the terms and conditions stipulated below：

货号 Art. No.	品名及规格 Description	数量 Quantity	单价 Unit Price	金额 AMOUNT
ART NO. P97811 ART NO. P97801	AIR CONDITIONER（BREAK BRAND） KF-23 GW KF-25 GW	500 PCS 500 PCS 1,000 PCS	@USD 1,000.00 @USD 1,000.00	FOBC2 TORONTO USD 500,000.00 USD 500,000.00 USD 1,000,000.00

数量及总值均得有 5% 的增减，由卖方决定。
With 5% more or less both in amount an quantity allowed at the seller's option.

总值
Total Value：USD 1,000,000.00（U. S. Dollars ONE MILLION ONLY）

 中华人民共和国出入境检验检疫

包装
Packing： 1 PC PER CARTON

装运期
Time of Shipment：APR. 30, 2014

装运口岸和目的地
Loading port & Destination：FROM TORONTO TO GUANGZHOU

保险由卖方按发票全部金额 110% 投保至　　为止的　　险。
Insurance：To be effected by the Sellers for 110% of full invoice value covering　　up to　　only.

付款条件：买方须于 2014 年 3 月 10 日前将不可撤销的即期信用证开到卖方，议付有效期延至上列装运期后 15 天在中国到期，该信用证中必须注明允许分运及装运。
Terms of payment：
By Irrevocable, and Divisible Letter of Credit to be available by sight draft to reach the Sellers before MAR. 10, 2014 and to remain valid for negotiation in China until the 15th day after the foresaid Time of Shipment. The L/C must specify that transshipment and partial shipments are allowed.

装船标记
Shipment Mark：A.B.C./GUANGZHOU/NOSI-1000/MADE IN CANADA

开立信用证时请注明成交确认书号码。
When opening L/C, please mention our contract number.

备注
Remarks：THE CREDIT IS SUBJECT TO《UCP600》(2006 REVISION)

THE SELLER：　　　　　　　　　　　　　　　　　　THE BUYER：

广东国际进出口贸易有限公司报检员李平根据合同信息缮制入境货物报检单如下：

入境货物报检单

报检单位（加盖公章）：	广东国际进出口贸易有限公司				*编　号_____	
报检单位登记号：5124785269	联系人：李平		电话：020-31872589		报检日期：2014 年 3 月 19 日	

收货人	（中文）广东国际进出口贸易有限公司	企业性质（画"√"）	□合资	□合作	□外资
	（外文）GUANGDONG FOREIGN TRADE IMP. AND EXP. GRANDTON				
发货人	（中文）ABC 贸易公司				
	（外文）A.B.C. TRADING CO., LTD.				

货物名称（中/外文）	H.S. 编码	原产国（地区）	数/重量	货物总值	包装种类及数量
（BREAK 牌空调） AIR CONDITIONER （BREAK BRAND） ART NO. P97811 KF-23GW ART NO. P97801 KF-25GW	84151021	加拿大	500 PCS 500 PCS	USD 1,000,000.00	1 000 箱

运输工具名称号码		Volendam Voy. 0932		合同号	AB44001
贸易方式	一般贸易	贸易国别（地区）	加拿大	提单/运单号	SOCO92588
到货日期	2014-3-15	启运国家（地区）	加拿大	许可证/审批号	
卸货日期	2014-3-20	启运口岸	多伦多	入境口岸	广州
索赔有效期至		经停口岸		目的地	广州
集装箱规格、数量及号码		3×40 尺集装箱			
合同、信用证订立的检验检疫条款或特殊要求			货物存放地点	广州市第二码头	
			用途	外贸自营内销	

随附单据（画"√"或补填）		标记及号码	*外商投资资产（画"√"）	□是 □否
☑合同 ☑发票 ☑提/运单 □兽医卫生证书 □植物检疫证书 □动物检疫证书 □卫生证书 □原产地证 □许可/审批文件	□到货通知 ☑装箱单 □质保书 □理货清单 □磅码单 □验收报告 □ □ □	A.B.C. GUANGZHOU NOSI-1000 MADE IN CANADA	*检验检疫费 总金额（人民币元） 计费人 收费人	

报检人郑重声明： 1. 本人被授权报检。 2. 上列填写内容正确属实。 　　　　　　　签名：__李平__	领取证单 日期 签名

注：有"*"号栏由出入境检验检疫机关填写　　◆国家出入境检验检疫局制

[1-2（2000.1.1）]

第二节 进口报关

一、一般入境货物的报关流程

通常情况下,一般入境货物的报关流程分为入境申报、查验、纳税及放行4步(见图8-1)。

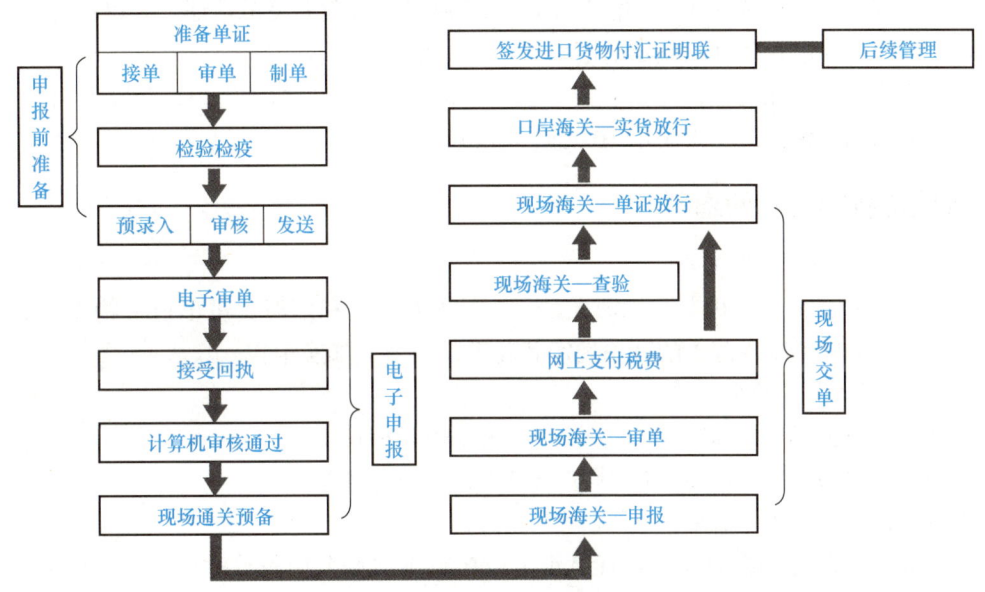

图8-1 一般入境货物报关流程

(一)入境申报

入境申报是指入境货物的收货人或者其委托的代理人在进口货物时,在海关规定的期限内,以书面或电子数据交换(EDI)方式向海关报告其进口货物的情况,并随附有关货运和商业单证,申请海关审查放行,并对所报告内容的真实准确性承担法律责任的行为。

目前,海关接受申报的方式一般有3种:口头申报、书面申报及电子数据交换申报,其中以后两种申报形式为主。

按照我国《海关法》的规定,进口货物的申报期限为自运输工具进境之日起14日内,超过14日期限未向海关申报的,由海关按日征收进口货物CIF(或CIP)价格的0.5‰的滞报金。超过3个月未向海关申报的,除有特殊原因的以外,由海关将货物提取变卖,所得价款在扣除运输、装卸、储存等费用和税款后尚有余款的,自货物变卖之日起1年内,经收货人申请,予以发还;逾期无人申请的,上缴国库。申报的具体手续是:进口货物到货后,申报人根据进口单据填写进口货物报关单向海关申报。

在报关时,报关人除填写进口货物报关单外,还必须向海关交验下列单证:提货单、装货单、运单、发票、装箱单、保险单、进口货物许可证。必要时,还应向海关交验订货合同、产地购运证明及其他文件。海关收到以上单证后,应进行认真审核,以检查所申报的进口货物是否符合国家的有关规定。

(二)查验

查验是指海关在接受报关单位的申报后,依法为确定进境货物的性质、原产地、货物状况、数量和价值是否与货物申报单上已填报的详细内容相符,对货物进行实际检查的行政执法行为。

（三）纳税

进口货物的收货人或其代理人收到海关的税款缴纳证书后，应在规定的期限内缴纳进口税款。我国《海关法》对进口货物纳税期限的规定与出口货物的相同。进口货物以海关审定的正常 CIF 价格为完税价格。CIF 价格不能确定时，完税价格由海关估定。

计算进口关税税款的基本公式是：进口关税税额＝完税价格 × 关税税率。

在计算关税时应注意以下几点：

（1）进口税款缴纳形式为人民币。进口货物以外币计价成交的，由海关按照签发税款缴纳证书之日国家外汇管理部门公布的人民币外汇牌价的买卖中间价折合人民币计征。人民币外汇牌价表未列入的外币，按国家外汇管理部门确定的汇率折合人民币。

（2）完税价格计算到元为止，元以下四舍五入。关税税额计算到分为止，分以下四舍五入。

（3）一票货物的关税税额在人民币 10 元以下的免税。

二、入境货物报关单的缮制

（一）海关对报关单填制的要求

（1）报关人按照《中华人民共和国海关法》《中华人民共和国海关进出口货物申报管理规定》和《进出口货物报关单填制规范》的有关规定和要求，向海关如实申报。

（2）填报必须真实："两个一致"。

1）单证相符：报关单与合同、批文、发票、装箱单等相符。

2）单货相符：报关单所报内容与实际进出口货物的情况相符。

（3）准确、齐全、完整、清楚。

不得用铅笔或红色复写纸填写，若有更正，需在更正项目上加盖校对章。为实现报关自动化，申报单位除填写报关单上的有关项目内容外，还应填上有关项目的代码。

（4）不同批文或合同的货物，同一批货物中不同贸易方式的货物，不同运输工具或相同运输方式但不同航次的货物，均应分别填写报关单。

（5）已申报的报关单，在合理的理由下，可以申请更正，得到核准后，进行更改或撤销。

（二）入境报关单的缮制要求

1. 预录入编号

预录入编号指申报单位或预录入单位对该单位填制录入的报关单的编号，用于该单位与海关之间引用其申报后尚未批准放行的报关单。

2. 海关编号

海关编号指海关接受申报时给予报关单的编号。

3. 进口口岸

指货物实际进入我国关境口岸海关的名称。本栏目应根据货物实际进（出）口的口岸海关选择填报《关区代码表》中相应的口岸海关名称及代码。

4. 备案号

备案号指进出口企业在海关办理加工贸易合同备案或征、减、免税审批备案等手续时，海关给予《进料加工登记手册》《来料加工及中小型补偿贸易登记手册》《外商投资企业履行产品出口合同进口料件及加工出口成品登记手册》《进出口货物征免税证明》或其他有关备案审批文件的编号。

5. 进口日期

进口日期指运载所申报货物的运输工具申报进境的日期。本栏目填报的日期必须与相应的运输工具进境日期一致。

6．申报日期

申报日期指海关接受进口货物的收、发货人或其代理人申请办理货物进口手续的日期。

7．经营单位

经营单位指对外签订并执行进出口贸易合同的中国境内企业或单位。本栏目应填报经营单位中文名称及经营单位编码。

8．运输方式

指载运货物进入关境所使用的运输工具的分类。本栏目应根据实际运输方式按海关规定的《运输方式代码表》选择填报相应的运输方式。

9．运输工具名称

指载运货物入境的运输工具的名称或运输工具编号。

10．提运单号

指进出口货物提单或运单的编号。

11．收货单位

指已知的进口货物在境内的最终消费、使用单位，包括自行从境外进口货物的单位；委托有外贸进出口经营权的企业进口货物的单位。

12．贸易方式

应根据实际情况，并按海关规定的《贸易方式代码表》选择填报相应的贸易方式简称或代码（见表8-1）。

表8-1 海关贸易方式代码表

代码	简称	代码	简称	代码	简称
0110	一般贸易	0815	低值辅料	2025	合资合作设备
0130	易货贸易	1110	对台贸易	2225	外资设备物品
0214	来料加工	1233	保税仓库货物	3010	货样广告品A
0258	来料余料结转	1200	保税间货物	3100	无代价抵偿
0420	加工贸易设备	1427	出料加工	3422	对外承包出口
0513	补偿贸易	1523	租赁贸易	3511	援助物资
0615	进料加工	1616	寄售代销	3612	捐赠物资
0654	进料深加工	1741	免税品	4039	对台小额
0715	进料非对口	1831	外汇商品	9739	其他贸易

13．征免性质

指海关对进出口货物实施征、减、免税管理的性质类别。

14．征税比例

征税比例仅用于"对口合同进料加工"贸易方式下（代码"0715"）进口料、件的进口报关单，填报海关规定的实际应征税比率。

15．许可证号

应申领进口许可证的货物，必须在许可证号栏目填报外经贸部及其授权发证机关签发的进口货物许可证的编号，不得为空。

16．起运国（地区）
指进口货物起始发出直接运抵我国或者在运输中转国（地）未发生任何商业性交易的情况下运抵我国的国家（地区）。

17．装货港
指进口货物在运抵我国关境前的最后一个境外装运港。

18．境内目的地
指已知的进口货物在国内的消费地、使用地或最终运抵地。

19．批准文号
进口报关单栏目用于填报《进口付汇核销单》编号。

20．成交方式
应根据实际成交价格条款，按海关规定的《成交方式代码表》选择填报相应的成交方式代码。

21．运费
用于成交价格中不包含运费的进口货物，应填报该份报关单所含全部货物的国际运输费用。

22．保费
用于成交价格中不包含保险费的进口货物，应填报该份报关单所含全部货物国际运输的保险费用。

23．杂费
指成交价格以外的，应计入完税价格或应从完税价格中扣除的费用，如手续费、佣金、回扣等。

24．合同协议号
应填报进口货物合同（协议）的全部字头和号码。

25．件数
应填报有外包装的进（出）口货物的实际件数。即货物可以单独计数的一个外包装称为一件。

26．包装种类
应填报进口货物的实际外包装种类，按海关规定的《包装种类代码表》选择填报相应的包装种类代码。

27．毛重（千克）
指货物及其包装材料的重量之和。本栏目填报进（出）口货物实际毛重。

28．净重（千克）
指货物的毛重减去外包装材料后的重量，即商品本身的实际重量。

29．集装箱号
是在每个集装箱箱体两侧标示的全球唯一的编号。

30．随附单据
指随进口货物报关单一并向海关递交的单证。合同、发票、装箱单、许可证等必备的随附单证不在本栏目填报。

31．用途
应根据进口货物的实际用途按海关规定的《用途代码表》选择填报相应的用途代码。

32．标记唛码及备注
标记唛码中除图形以外的文字、数字。

33．项号
指同一货物在报关单中的商品排列序号和在登记手册上的商品序号。

34. 商品编号

指按海关规定的商品分类编码规则确定的进口货物的商品编号。

35. 商品名称、规格型号

该栏目分两行填报及打印。第一行打印进（出）口货物规范的中文商品名称，必要时可加注原文。第二行打印规格型号，必要时可加注原文。

36. 数量及单位

指进口商品的实际数量及计量单位。

37. 原产国（地区）

指进口货物的生产、开采或加工制造国家（地区）。

38. 单价

应填报同一项号下进口货物实际成交的商品单位价格的金额。

39. 总价

应填报同一项号下进口货物实际成交的商品总额。

40. 币制

指进（出）口货物实际成交价格的币种。本栏目应根据实际成交情况，按海关规定的《货币代码表》选择填报相应的货币名称或代码。

41. 征免

指海关依法对进口货物进行征税、减税、免税管理的性质类别。

42. 税费征收情况

该栏目供海关批注进口货物税费征收及减免情况。

43. 录入员

用于预录入和 EDI 报关单，打印录入人员的姓名。

44. 申报单位

指报关单左下方用于填报申报单位有关情况的总栏目。自理报关的，应填报进（出）口货物的经营单位名称及代码；委托代理报关的，应填报经海关批准的专业或代理报关企业名称及代码。

三、操作实例

根据发票及下述资料，制作进口货物报关单，要求格式清楚、内容完整。

南京唐朝纺织服装有限公司从加拿大（国家代码：501）蒙特利尔（港口代码：3042）进口的货物于 2005 年 4 月 17 日抵达上海港，公司于 4 月 19 日填制进口货物报关单，向上海海关（口岸代码：2200）进行申报。

相关资料如下：

南京唐朝纺织服装有限公司

地址：南京市管家桥 85 号华荣大厦 2901 室

邮编：210005

联系电话：025-4715004

经办人：李燕

公司海关代码：5230412559

海关预录入编号：DS9110006

船名：Volendam

航次：Voy. 7524

提单号：782-02458690

进口许可证号：CT88661182569

贸易方式：一般贸易，代码（0110）

运输方式：江海运输

征免性质：一般征税，代码（101）

币制：美元，代码（502）

征免方式：照章征税

商品中文名称及规格：女式全棉上衣，100% 棉，40SX20/140X60

商品编号：62043200.90

数量：2 550 件

包装：每 30 件装一纸箱

商品用途：外贸自营内销

ISSUER FASHION FORCE CO., LTD. P.O.BOX 8935 NEW TERMINAL, ALTA, VISTA OTTAWA, CANADA		商业发票 COMMERCIAL INVOICE	
TO NANJING TANG TEXTILE GARMENT CO., LTD. HUARONG MANSION RM2901 NO.85 GUANJIAQIAO, NANJING 210005, CHINA		NO. NT01FF004	DATE Mar. 9, 2005
TRANSPORT DETAILS SHIPMENT FROM MONTREAL TO SHANGHAI BY VESSEL		S/C NO. F01LCB05127	L/C NO. 63211020049
^		TERMS OF PAYMENT L/C AT SIGHT	
Marks and Numbers	Number and kind of package Description of goods	Quantity	Unit Price	Amount
^	^	^	USD	
FASHION FORCE F01LCB05127 CTN NO. SHANGHAI MADE IN CANADA	CIF SHANGHAI, CHINA				
^	LADIES COTTON BLAZER （100% COTTON，40SX20/140X60）	2,550 PCS	USD12.80	USD32,640.00
	Total：	2,550 PCS		USD32,640.00
SAY TOTAL：USD THIRTY TWO THOUSAND SIX HUNDRED AND FORTY ONLY SALES CONDITIONS：CIF SHANGHAI/CHINA SALES CONTRACT NO. F01LCB05127 LADIES COTTON BLAZER（100% COTTON，40SX20/140X60） STYLE NO.　　　　　　PO NO.　　　　QTY/PCS　USD/PC 46-301A　　　　　　　10337　　2550　　12.80 PAKAGE.　　　　　　　N. W.　　　　G. W. 85CARTONS　　　　　　17 KGS.　　　19 KGS TOTAL PACKAGE：85 CARTONS TOTAL MEAS：21.583 CBM 　　　　　　　　　　　　　　　　　　　　FASHION FORCE CO., LTD. 　　　　　　　　　　　　　　　　　　　　*Andy Burns*				

中华人民共和国海关进口货物报关单

预录入编号: DS9110006　　　　　　　　　　　　　　　　　　　海关编号:

进口口岸 上海海关 2200	备案号	进口日期 2005-04-17	申报日期 2005-04-19
经营单位 5230412559 南京唐朝纺织服装有限公司	运输方式 江海运输	运输工具名称 Volendam Voy. 7524	提运单号 782-02458690
收货单位 5230412559 南京唐朝纺织服装有限公司	贸易方式 一般贸易（0110）	征免性质 一般征税（101）	征税比例
许可证号 CT88661182569	起运国（地区） 加拿大（501）	装货港 蒙特利尔（3042）	境内目的地
批准文号	成交方式 CIF	运费	保费　　　杂费
合同协议号 F01LCB05127	件数 85	包装种类 纸箱	毛重（千克）19　净重（千克）17
集装箱号	随附单据		用途 外贸自营内销

标记唛码及备注
FASHION FORCE
F01LCB05127
CTN NO.
SHANGHAI
MADE IN CANADA

项号	商品编号	商品名称、规格型号	数量及单位	原产国（地区）单价	总价	币制 征免
1	62043200.90	女式全棉上衣，100%棉，40SX20/140X60	2 550 件	加拿大（501） 12.80	32 640.00	美元（502） 照章征税

税费征收情况

录入员　录入单位	兹声明以上申报无讹并承担法律责任	海关审单批注及放行日期（签章）
		审单　　　审价
报关员　李燕	申报单位（签章） 南京唐朝纺织服装有限公司	征税　　　统计
单位地址 南京市管家桥 85 号华荣大厦 2901 室		查验　　　放行
邮编 210005　电话 025-4715004　填制日期 2005-04-19		

第三节　进口付汇核销

一、进口付汇核销的概念

"贸易进口付汇核销单（代申报单）"（以下简称核销单）系指由国家外汇管理局监制、保管和发放，进口单位填写，外汇指定银行为进口单位办理贸易进口项下的进口售付汇和核销的凭证。每份进口核销单只能凭以办理一笔售付汇手续。

根据《国际收支统计申报办法实施细则》，进口核销单既用于贸易项下进口售付汇核销，又用于国际收支申报统计。

在填写进口核销单时，应注意各项内容与售付汇情况是否一致。

二、进口付汇核销的基本操作流程

（一）企业登记

未开立经常项目外汇账户的企业凭介绍信、工商营业执照、组织机构代码证进出口企业资格证到外管局登记；已开立经常项目外汇账户的企业凭申请书、进出口经营权备案登记表等相关证明办理登记。外管局将企业信息录入贸易进口付汇监管系统。

（二）办理《进口付汇备案表》

"不在名录""异地付汇"和"由外管局审核真实性的进口单位"付汇，须先持有关材料到外管局办理进口付汇备案手续，领取外管局签发的《进口付汇备案表》后再到外汇指定银行办理开证或购、付汇。

（三）到银行付汇数据录入

进口单位付汇后，根据银行报送的《贸易进口付汇核销单》或《对外付汇承诺通知书》，外管局将付汇单位的付汇数据录入贸易进口付汇监管系统中。

（四）办理进口核销手续

进口单位在有关货物报关一个月内到外管局办理进口核销报审手续（货到付款结算方式的进口付汇除外）。

进口付汇核销流程见图 8-2。

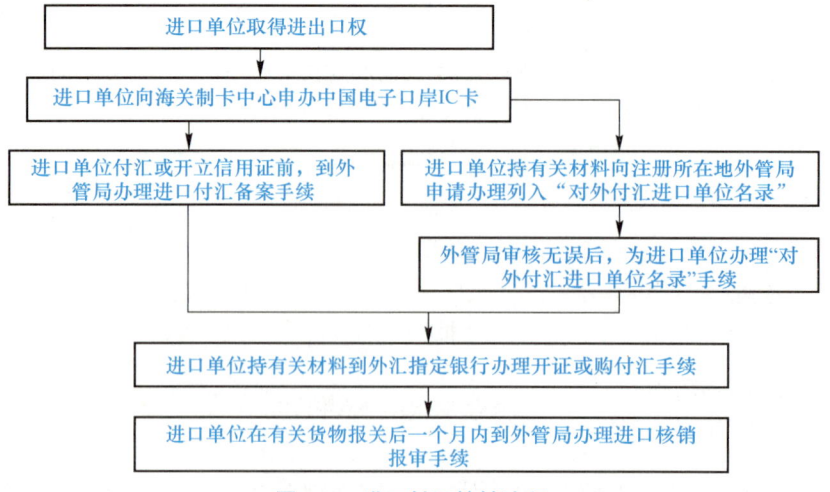

图 8-2　进口付汇核销流程

三、进口单位进口付汇核销报审的申请资料

进口企业在银行办理贸易进口付汇后,应当在有关货物进口报关后一个月内持核销单或者进口付汇项下国际收支申报凭证(目前仅限于招商银行及中国建设银行)、贸易进口付汇到货核销表(以下简称到货核销表,一式两份加盖公司公章)等有效单证到外汇管理部经常项目管理处进口付汇核销科柜台办理核销报审手续,领取了《进口付汇备案表》(以下简称备案表)的企业,还须提交备案表企业留存联。

具体不同结算方式核销报审所需资料要求如下(除特殊注明外,均为原件):

(一)货到汇款项下

(1)在注册地银行办理的货到汇款项下付汇,企业在银行付汇的同时同步核销,无须到外管局办理核销报审。

(2)异地付汇。企业(含保税监管区域内企业)办理了异地付汇的,企业(含保税监管区域内企业)仍须持核销单或进口付汇项下国际收支申报凭证(目前仅限于招商银行及中国建设银行)、到货核销表、进口付汇备案表企业留存联到注册地外管局办理报审手续。

(二)信用证、托收及预付款项下

信用证、托收及预付款项下的进口付汇,持核销单或者进口付汇项下国际收支申报凭证(目前仅限于招商银行及中国建设银行)、到货核销表、进口报关单付汇核销联原件、海关 IC 卡、进口付汇备案表(领取了备案表的付汇提供)到北京外汇管理部经常项目管理处进口付汇核销科柜台办理进口付汇核销报审手续。属下列情况的,还须提交相应的单据资料:代理进口项下经营单位与付汇方不一致的,须提供正本代理进口协议。

(三)转口贸易、境外工程使用物质、退汇项下

提交银行结汇水单或收账通知书原件及两套复印件(收汇凭证上银行须签注"转口贸易收汇""境外工程使用物资收汇"或"进口退汇"等字样,并加盖银行业务章;同时,对于从境内离岸账户汇入境内的外汇,收汇凭证上银行须签注"离岸账户汇入"字样,并加盖银行业务章)、涉外收入申报单及外汇局要求的其他资料。转口贸易、境外工程使用物资项下,收汇金额须大于付汇金额。

进口报关单贸易方式为"有条件对外售(付)汇的贸易方式"类别的,参照《国家外汇管理局、海关总署关于对凭进口货物报关单证明联办理售付汇及核销实行分类管理的通知》(汇发〔2003〕15号)办理。

四、《贸易进口付汇核销单》的内容和缮制要求

(一)印单局代码
为印制本核销单的 6 位外汇局代码。

(二)核销单编号
由各印制本核销单的外汇局自行编制。

(三)单位代码
应根据国家技术监督局颁发的组织机构代码填写。

(四)所在地外汇局名称
系指付汇单位所在地外汇局名称。

(五)付汇银行名称
通常为进口地银行。

(六)收汇人国别
系指该笔对外付款的实际收款人常驻国家,即出口国家,如"China"。

(七) 交易编码

应根据本笔对外付汇交易的性质对应国家外汇管理局国际收支交易编码表填写。

0101 一般贸易

0102 国家间、国际组织无偿援助和赠送的物资

0103 华侨、港澳台同胞、外籍华人捐赠物资

0104 补偿贸易

0105 来料加工装配贸易

0106 进料加工装配贸易

0107 寄售代销贸易

0108 边境小额贸易

0109 来料加工装配进口的设备

0111 租赁贸易

0112 免税外汇商品

0113 出料加工贸易

0114 易货贸易

0115 外商投资企业进口供加工内销的料、件

0116 其他

0201 预付货款

(八) 交易附言

是付款人对该笔对外付款用途的描述，可不填。

(九) 对外付汇币种、报关单币种

应按币种的英文缩写填写，如：USD。

(十) 对外付汇总额、购汇金额、现汇金额、其他方式金额、汇款中报关单"金额"

应用阿拉伯数字填写。

(十一) 人民币账号、外汇账号

应根据如下规定填报：如所付款项系从现汇账户中支出，则在"外汇账号"栏填写该现汇账户的账号；如所付款项系从银行购得的外汇，则在"人民币账号"栏填写其用于购汇的人民币账户的账号。

(十二) 付汇性质

应选择适当的付汇性质打"√"。其中，"正常付汇"系指除不在名录、90天以上信用证、90天以上托收、异地付汇、90天以上到货、转口贸易、境外工程使用物资、真实性审查以外无须办理进口付汇备案业务的付款业务；"90天以上信用证"及"90天以上托收"均系指付汇日期距承兑日期在90天以上的对外付汇业务；除"正常付汇"之外的各付汇性质在标注"√"时，均须对应填写备案表编号。

(十三) 结算方式

应选择适当的结算方式打"√"。其中，90天以内信用证、90天以内托收的付汇日期距该笔付汇的承兑日期均小于90天且含90天；90天以上信用证、90天以上托收的付汇日期距该笔付汇的承兑日期均大于90天；结算方式为"货到付汇"时，应同时填写对应"报关单号""报关日期""报关单币种""金额"。

(十四) 申报号码

共22位。第1至第6位为地区标识码、第7至第10位为银行标识码、第11和第12位为金融机构顺序号、第13至第18位为该笔贸易进口付汇的付汇日期或该笔对外付汇的申报日期，最后4

位为银行营业部门的当日业务流水码。

（十五）其他各栏

均应按栏目提示对应填写。

五、操作实例

根据下述资料，制作进口付汇核销单，要求格式清楚、内容完整。

2005 年 12 月 16 日，南京德尚贸易公司（单位代码：13438589-8）从日本进口空调后，填制编号为 00492425 的进口付汇核销单，向省外汇局申请付汇核销，付款银行为中行江苏省分行。此次付汇金额为 1 728 600.00 日元，全部以购汇方式支付，属正常付汇。

相关资料：

印单局代码：320000

合同号：DS1032E

进口批件号：20313768

预计到货日期：05/12/30

结算方式：即期信用证

付汇日期：05/12/12

贸易进口付汇核销单（代申报单）

印单局代码：320000　　　　　　　　　　　　　　　　　　　　核销单编号：00492425

单位代码 13438589-8		单位名称　南京德尚贸易公司	所在地外汇局名称　省外汇局
付汇银行名称　中行江苏省分行		收汇人国别　日本	交易编码　D S 1 0 3 2 E
收款人是否在保税区：是☐　否☑		交易附言	
对外付汇币种　日元 其中：购汇金额　0 人民币账号		对外付汇总额　　1 728 600.00 　　　现汇金额　1 728 600.00 外汇账号	其他方式金额　0
		付汇性质　　汇购方式	
☑正常付汇 ☐不在名录　　　　　☐90 天以上信用证　　　　☐90 天以上托收　　　　　☑异地付汇 ☐90 天以上到货　　　☐转口贸易 备案表编号			
预计到货日期 05/12/30		进口批件号 20313768	合同/发票号 DS1032E
		结算方式　　即期信用证	
信用证　90 天以内☑　　90 天以上☐		承兑日期　05/12/16　　付汇日期　05/12/16	期限　天
托收　　90 天以内☑　　90 天以上☐		承兑日期　05/12/16　　付汇日期　05/12/16	期限　天
汇款	预付货款☐	货到付汇（凭报关单付汇）☐	付汇日期　05/ 12 /12
	报关单号 00492425	报关日期　05/12/16　报关单币种　日元	金额 1 728 600.00
	报关单号	报关日期　/　/　报关单币种	金额
	报关单号	报关日期　/　/　报关单币种	金额
	报关单号	报关日期　/　/　报关单币种	金额
	报关单号	报关日期　/　/　报关单币种	金额
	（若报关单填写不完，可另附纸）		

续表

其他□	付汇日期 05/12/12	
	以下由付汇银行填写	
申报号码：□□□□□□ □□□□ □□ □□□□□□ □□□□		
业务编号： 审核日期： / /		（付汇银行签章）

进口单位签章

第四节　其他进口单据

一、进口货物托运程序

在 FOB 术语下，由进口商负责办理货物运输和保险手续，在通常情况下，进口商委托货运代理公司办理租船订舱业务。

（1）出口商须在合同规定的时间内备好货物，并在指定交货前的一定时间内，向进口商发出货物备妥通知，将货物备妥日期、货物名称和规格、毛重和体积等信息通知进口商。

（2）进口商接到通知后，联系货代公司，确定装运港、目的港、预计装运时间、舱位等信息，并缮制进口订舱委托书，缮制订舱委托书应写清楚发货人的公司名称、地址、电话、联系人，以便启运港船公司代理及时与出口商联系装运事宜，保证船货能够衔接；进口商如对装运条款有具体要求，应详细书面写出，如对分批装运、转船，甚至对船公司的选择。

二、办理进口货物运输保险

进口货运保险的投保方式：在以 FOB、CFR 等术语签订的进口合同中，由进口商负责办理进口货运保险事宜，进口商在向保险公司投保时，可以采用预约保险和逐笔投保两种方式。

（一）预约保险

预约保险是指由进口商与保险公司签订预约保险合同（Open Policy），并在合同中对进口货物应投保的险别、保险费率、适用的保险条款、保险费及赔款的支付方式做出明确的规定。凡是属于预约保险合同规定范围内的进口货物，一经装船，保险公司即负有自动承保的责任。进口商在收到国外出口商的装运通知后，据此编制进口货物装船通知书，列明合同号、起运口岸、船名、起运日期、航线、货物名称、数量、金额等必要内容，递交保险公司作为投保凭证，即完成了投保手续。空运或邮包运输的货物，也需编制装运通知书并送交保险公司，作为办妥投保手续的证明。

分批交货的进口合同多采用这种投保方式，由我国进口商与保险公司签订运输货物的预约保险合同。

（二）逐笔投保

逐笔投保是指进口商在收到出口商发来的装运通知后，直接向保险公司填写投保单，办理投保手续，保险公司接受投保后，即出具正式保险单给投保人。投保人缴付保险费后，保险单随即生效。

三、操作实例

（1）根据下述资料，制作进口订舱委托书，要求格式清楚、内容完整。

2015年12月13日，上海朗明商贸有限公司填制编号为CT8514895的进口订舱委托书，从日本进口空调。

相关资料：

发货人：上海朗明商贸有限公司

上海市天河路267号，电话：021-58693215，联系人：王明

合同号：03TG28711

品名：AIR CONDITIONER

数量：500台

包装：纸箱

重量：13 kg/台

总体积：43 m^3

船名：KINSTAND

装运要求：从大阪运至上海，2016年2月28日前，不准分批装运和转运

进口订舱委托书

编号：CT8514895　　　　　　　　　　　　　　　　　　　　日期：2015年12月13日

货名（英文）	AIR CONDITIONER		
重量	6,500 KG	尺码	43 m^3
合同号	03TG28711	包装	纸箱
装卸港	大阪	交货期	2016年2月28日
装货条款	从大阪运至上海，2006年2月28日前，不准分批装运和转运		
发货人名称地址	上海朗明商贸有限公司 上海市天河路267号		
发货人电话	021-58693215		
订妥船名	KINSTAND	预抵港口	上海
备注		委托单位	上海朗明商贸有限公司 王明

①危险品须注明性能，重大物件注明每件重量及尺码。

②装货条款须详细注明。

（2）根据下述资料，制作进口货物运输预约保险合同，要求格式清楚、内容完整。

2015年12月17日，上海朗明商贸有限公司的负责人王明与中国人民保险公司上海分公司的负责人张平签订了编号为TT080156的进口货物运输预约保险合同。本次投保货物为分体式空调，海运运输，按发票金额加一成投保一切险（费率0.8%）和战争险（费率0.08%）。合同于当日开始生效。

进口货物运输预约保险合同

合同号 TT080156　　　　　　　　　　　　　　　　　　　2015年12月17日

甲方：上海朗明商贸有限公司

乙方：中国人民保险公司　上海分公司

双方就进口货物的运输预约保险拟定各条以资共同遵守：

一、保险范围

甲方从国外进口全部货物，不论运输方式，凡贸易条件规定由买方办理保险的，都属于本合同范围之内。甲方

应根据本合同规定，向乙方办理投保手续并支付保险费。

乙方对上述保险范围内的货物，负有自动承保的责任，在发生本合同规定范围内的损失时，均按本合同的规定，负责赔偿。

二、保险金额

保险金额以货物的到岸价格（CIF）即货价加运费加保险费为准（运费可用实际运费，亦可由双方协定一个平均运费率计算）。

三、保险险别和费率

各种货物需要投保的险别由甲方选定并在投保单中填明。乙方根据不同的险别规定不同的费率。现暂定如下：

货物种类	运输方式	保险险别	保险费率
分体式空调	海运	一切险、战争险	0.88%

四、保险责任

各种险别的责任范围，以所属乙方制定的"海洋货物运输保险条款""海洋运输货物战争险条款""海运进口货物国内转运期间保险责任扩展条款""航空运输一切险条款"和其他有关条款的规定为准。

五、投保手续

甲方一经掌握货物发运情况，即应向乙方寄送起运通知书，办理投保。通知书一式五份，由保险公司签认后，退回一份。如不办理投保，货物发生损失，乙方不予理赔。

六、保险费

乙方按照甲方寄送的起运通知书照前列相应的费率逐笔计收保费，甲方应及时付费。

七、索赔手续和期限

本合同所保货物发生保险责任范围内的损失时，乙方应按制定的"关于海运进口保险货物残损检验的赔款给付方法"和"进口货物施救整理费用支付方法"迅速处理。甲方应尽力采取防止货物扩大受损的措施，对已遭受损失的货物必须积极抢救，尽量减少货物的损失。向乙方办理索赔的有效期限，以保险货物卸离海港之日起满一年终止。如有特殊需要可向乙方提出延长索赔期。

八、合同期限

自合同签订之日起开始生效。

甲方　　　　　　　　　　　　　　　　乙方
上海朗明商贸有限公司　　　　　　　　中国人民保险公司上海分公司
王明　　　　　　　　　　　　　　　　张平

第五节　进口审单

进口货物单据的审核是进口合同履行过程的重要环节。进口审单是指银行和进口商收到国外寄来的汇票和单据后，对照信用证或合同的规定，审查、核对单据的内容和份数。如果审核无误，即向出口商付款。

一、审单责任人

信用证支付方式下,审单的任务是银行的职责。但是,在我国的进口业务中,审单的任务一般是由开证行和进口公司共同完成的。通常由开证行对单据进行初审,进口公司进行复审。审核单据时,要以信用证和合同为依据。要审查各项单据的具体内容与信用证的具体规定是否完全一致;审查单据的种类、份数是否齐全,签字背书是否合乎要求;要将各种单据以发票为中心进行对照,审查各种单据之间是否一致。

二、审单重点

(1)单据的种类、份数与信用证要求及议付行寄单回函所列是否相符。

(2)汇票、发票上的金额是否一致,与信用证规定的最高金额相比是否超额,与议付行寄单回函所列金额是否一致。

(3)单据中对品名、规格、数量、包装等描述是否与信用证要求相符。

(4)货运单据的出单日期及内容是否与信用证相符。

(5)货运单据及保险单据等其他单据的背书是否有效。

银行对任何单据的格式、完整性、准确性、真实性、伪造、法律效力、单据上的规定、附加的一般及特殊条件一概不负责任;对于任何单据所代表的货物的描述、数量、重量、品质、包装、总值和发货人、承运人、收货人、保险公司或其他当事人的诚信、疏漏、清偿能力、履责能力或资信情况不负责任。相对而言,开证行更关心单证是否一致,单单是否相符。开证行如审单无误,即将上述单证交给进口商进行复审,同时准备履行付款责任。如审单时发现单据表面与信用证规定不符,开证行往往先与进口商联系征求进口商的意见。

本章训练

根据提供的信用证内容审核全套结汇单据,指出单据中的不符点并改正。
相关资料:
发票号码:WHC-09Y2988
发票日期:2019 年 8 月 15 日
FORM A 号码:GZ7/80067/0158
船名:SUISU/SENTOR V.001
产品原材料情况:完全自产品
集装箱号码:TEXU3730336/20
装运港:NANJING
毛重:40.7 KGS/PAPERSACK
净重:40 KGS/PAPERSACK
总尺码:24 CBM
提单号码:GSG09-723858
提单日期:2009 年 9 月 15 日
唛头:H&L/HAMBUGR/NO.1-200
包装:200 PAPERSACK

2009AUG01		LOGICAL TERMINAL E102
MT S700		ISSUE OF A DOCUMENTARY CREDIT PAGE 00001
		FUNC JSRVPR1
USER HEADER		SERVICE CODE 103:（银行盖信用证通知专用章） BANK. PRIORITY 113: MSG USER REF. 108: INFO. FROM CI 115:
SEQUENCE OF TOTAL	*27	1 / 1
FORM OF DOC. CREDIT	*40 A	NON-TRANSFERABLE
APPLICABLE RULES	40E	UCP LATEST VERSION
DOC. CREDIT NUMBER	*20	4006LC129336
DATE OF ISSUE	31 C	190801
EXPIRY	*31 D	DATE 091005 PLACE CHINA
APPLICANT	*50	INTERCOM IMPOTR & EXPORT CO., LTD. 123 FRIEDRICH-EBERT STREET, HAMBURG
BENEFICIARY	*59	NANJING DECHUANGWEIYE IMPORT & EXPORT CO., LTD. HONGWU ROAD 16#, NANJING 210004 P.R.CHINA
AMOUNT	*32 B	CURRENCY USD AMOUNT 32, 400
POS./NEG.TOL. (%)	39 A	03/03
AVAILABLE WITH/BY	*41 D	ANY BANK IN CHINA, BY NEGOTIATION AGAINST THE DOCUMENTS DETAILED HEREIN AND BENEFICIARY'S DRAFT AT 30 DAYS SIGHT DRAWN ON US UNDER L/C NO. 4006LC129336 FOR 100P.C.OF THE INVOICE VALUE.
DRAWEE	42 A	THE CHARTERED BANK AG HAMBURG
PARTIAL SHIPMENTS	43 P	NOT ALLOWED
TRANSSHIPMENT	43 T	NOT ALLOWED
PORT OF LOADING	44 E	CHINA PORT
PORT OF DISCHARGE	44 F	HAMBURG
LATEST SHIPMENT	44 C	AT THE LATEST SEPT. 10, 2019
GOODS DESCRIPT.	45 A	4439 CHINA BLACK TEA BAT.8, 000 KGS @ USD4.05/KG CIF3% HAMBURG（1×20' FCL/200 PAPERSACKS） PACKED IN PAPERSACKS. PALLETIZED AND CUNTAINERIZED AS PER THE SALES CONFIRMATION NO.BT7095 THE PRICE IS TO BE UNDERSTOOD PER KILO NET SHIPPED WEIGHT CIF HAMBURG LESS 3 PERCENT COMISSION.

DOCS REQUIRED	46 A	
		+ SIGNED COMMERCIAL INVOICE IN 4-FOLD.
		+ PACKING LIST IN TRIPLICATE
		+ FULL SET OF CLEAN ON BOARD MARINE BILL OF LADING MADE OUT TO THE ORDER, MARKED FREIGHT PREPAID AND NOTIFY APPLICANT.
		+ CERTIFICATE OF WEIGHT IN 4-FOLD.
		+ GSP CERTIFICATE OF ORIGIN FORM A, CERTIFYING GOODS OF ORIGIN IN CHINA, ISSUED BY COMPETENT AUTHORITIES.
		+ INSURANCE POLICY OR CERTIFICATE COVERING ALL RISKS AND WAR RISK, INCLUDING WAREHOUSE TO WAREHOUSE CLAUSE, ISSUED FOR AT LEAST 110 % OF CIF-VALUE.
ADDITIONAL CONDITION	47 A	
		IF BILL OF LADING ARE REQUIRED ABOVE, PLEASE FORWARD DOCUMENT IN TWO MAILS, ORIGINALS SEND BY COURIER AND DUPLICATES BY REGISTERED AIRMAIL.
DETAILS OF CHARGES	71 B	BANK CHARGES EXCLUDING ISSUING BANKS ARE FOR ACCOUNT OF BENEFICIARY.
PRESENTATION PERIOD	48	DOCUMENTS TO BE PRESENTED WITHIN 15 DAYS FROM SHIPMENT DATE
CONFIRMATION	*49	WITHOUT
INSTRUCTIONS	78	
		DISCREPANT DOCUMENTS, IF ACCEPTABLE, WILL BE SUBJECT TO A DISCREPANCY HANDLING FEE OF USD 50.00 OR EQUIVALENT WHICH WILL BE FOR ACCOUNT OF BENEFICIARY. SPECIAL NOTE : ISSUING BANK WILL DISCOUNT ACCEPTANCES ON REQUEST, FOR A/C FO BENEFICIARY (UNLESS OTHERWISE STATED) AT APPROPRIATE LIBOR RATE PLUS 1.00 PERCENT MARGIN.
SEND. TO REC. INFO.	72	L/C IS SUBJECT TO UCP DC ICC IN USE PLEASE ADVISE URGENTLY TO BEN.
TRAILER		ORDER IS <MAC：><PAC：><ENC：><CHK：><TNG：><PDE：> MAC：E55927A4 CHK：7B505952829A

南京德创伟业进出口有限公司
Nanjing Dechuangweiye Import & Export Co., Ltd.
Hongwu Road 16#, Nanjing 210004 P.R. China

COMMERCIAL INVOICE

Date: 2019.08.15
Invoice No.: WHC-09Y2988
S/C No.: BT7095

Messrs: Intercom Import & Export Co., Ltd.
123 FRIEDRICH-EBERT STREET, HAMBURG

Terms of Payment: L/C AT SIGHT

Marks and Numbers	Description & Quantity	Quantity	Unit Price	Amount
H&L HAMBUGR NO.1-200	4439 CHINA BLACK TEA	8,000 KGS	USD 4.05	USD 32,400.00
			TOTAL: CIF HAMBURG	USD 32,400.00

TOTAL QUANTITY: 8,000 KGS PACKING: 200 PAPERSACKS
TOTAL WEIGHT:
N.W.: 8,000 KGS G.W.: 8,140 KGS
TOTAL US DOLLARS THIRTY TWO THOUSAND FOUR HUNDRED ONLY.
PACKING: IN PAPERSACKS, PALLETIZED AND CUNTAINERIZED INTO 1×20' FCL.

南京德创伟业进出口有限公司
Nanjing Dechuangweiye Import & Export Co., Ltd.
Hongwu Road 16#, Nanjing 210004 P.R. China

CERTIFICATE OF WEIGHT

DATE: 2019.08.15
INVOICE NO.: WHC-09Y2988

LOADING PORT: _____
S/C NO.: BT7095
L/C NO.: 4006LC129336

Shipping Marks	Descriptions of Goods	Quantity	G.W.	N.W.
H&L HAMBUGR NO.1-200	4439 CHINA BLACK TEA 200 PAPERSACKS	8,000 KGS	40.7 KGS/PAPERSACK	40 KGS/PAPERSACK
	TOTAL:	8,000 KGS	8,140 KGS	8,000 KGS

SAY TOTAL: EIGHT THOUSAND KGS ONLY.

ORIGINAL

1. Goods consigned from (Exporter's business name, address, country) NANJING DECHUANGWEIYE IMPORT & EXPORT CO.,LTD. HONGWU ROAD 16#, NANJING 210004 P.R.CHINA	Reference No. GZ7/80067/0158 GENERALIZED SYSTEM OF PREFERENCES CERTIFICATE OF ORIGIN (Combined declaration and certificate)
2. Goods consigned to (Consignee's name, address, country) INTERCOM IMPORT & EXPORT CO.,LTD. 123 FRIEDRICH-EBERT STREET, HAMBURG	FORM A Issued in THE PEOPLE'S REPUBLIC OF CHINA (country) See Notes overleaf
3. Means of transport and route (as far as known) ON/AFTER AUGUST 15, 2009 FROM NANJING PORT TO HAMBURG, GERMANY BY VESSEL	4. For official use

Item number	6. Marks and numbers of packages	7. Number and kind of packages; description of goods	8. Origin criterion (see Notes overleaf)	9. Gross weight or other quantity	10. Number and date of invoices
1	H&L HAMBUGR NO.1-200	(8,000)EIGHT THOUSAND KGS OF 4439 CHINA BLACK TEA ***	"P"	8,140 KGS ****************** TOTAL: 8,140 KGS	WHC-09Y2988 AUG 15, 2019

11. Certification It is hereby certified, on the basis of control carried out, that the declaration by the exporter is correct.	12. Declaration by the exporter The undersigned hereby declares that the above details and statements are correct, that all the goods were produced in **CHINA** (country) and that they comply with the origin requirements specified for those goods in the Generalized System of Preferences for goods exported to **GERMANY**
NANJING, JIANGSU AUG. 20, 2009 Place and date, signature and stamp of certifying authority	NANJING, JIANGSU AUG. 20, 2019 Place and date, signature and stamp of authorized signatory

1. Shipper Insert Name, Address and Phone NANJING DECHUANGWEIYE IMPORT & EXPORT CO.,LTD. HONGWU ROAD 16#,NANJING 210004 P. R. CHINA	B/L No. GSG05-723858
2. Consignee Insert Name, Address and Phone TO THE ORDER	 中远集装箱运输有限公司 COSCO CONTAINER LINES TEL: 33057 COSCO CN FAX: +86(021) 6545 8984
3. Notify Party Insert Name, Address and Phone (It is agreed that no responsibility shall attach to the Carrier or his agents for failure to notify) INTERCOM IMPORT & EXPORT CO.,LTD. 123 FRIEDRICH-EBERT STREET,HAMBURG	 PACIFIC INTERNATION LINES (PTE) LTD (Incorporated in Singapore) COMBINED TRANSPORT BILL OF LADING

Received in apparent good order and condition except as otherwise noted the total number of container or other packages or units enumerated below for transportation from the place of receipt to the place of delivery subject to the terms hereof. One of the signed Bills of Lading must be surrendered duly endorsed in exchange for the Goods or delivery order. On presentation of this document (duly) Endorsed to the Carrier by or on ehalf of the Holder, the rights and liabilities arising in accordance with the terms here of shall (without prejudice to any rule of common law or statute rendering them binding on the Merchant) become binding in all respects between the Carrier and the Holder as though the contract evidenced hereby had been made between them.

SEE TERMS ON ORIGINAL B/L

4. Combined Transport * Pre - carriage by	5. Combined Transport* Place of Receipt
6. Ocean Vessel Voy. No. SUISU/SENTOR V.001	7. Port of Loading NANJING PORT
8. Port of Discharge HAMBURG, GERMANY	9. Combined Transport * Place of Delivery

Marks & Nos. Container / Seal No.	No. of Containers or Packages	Description of Goods (If Dangerous Goods, See Clause 20)	Gross Weight Kgs	Measurement
H&L HAMBUGR NO.1-200	200 PAPERSACKS	4439 CHINA BLACK TEA FREIGHT PREPAID TOTOAL TWO HUNDRED PAPERSACKS ONLY SHIPPED ON BOARD FREIGHT PREPAID	8,140KGS	24CBM

Description of Contents for Shipper's Use Only (Not part of This B/L Contract)

10. Total Number of containers and/or packages (in words)
Subject to Clause 7 Limitation   SAY: TWO HUNDRED PAPERSACKS ONLY

11. Freight & Charges Declared Value Charge	Revenue Tons	Rate	Per	Prepaid	Collect
Ex. Rate:	Prepaid at	Payable at		Place and date of issue NANJING, CHINA	
	Total Prepaid	No. of Original B(s)/L THREE		Signed for the Carrier, COSCO CONTAINER LINES	

LADEN ON BOARD THE VESSEL
DATE   BY

单据审核结果

根据信用证的要求，单据存在如下不符点：
1. 装箱单
装运港未填写，应为"NANJING PORT"。
2. 商业发票
（1）缺含佣金的贸易术语，应在发票上标明"CIF 3% HAMBURG"；
（2）缺佣金的金额，应在发票上标明"LESSC 3% USD 972.00"。
3. FORM A
（1）单据第2项缺进口方的国家名，应增加"GERMANY"；
（2）单据第3项填写的日期有误，应该为"SEPT.1, 2019"；
（3）单据第7项填写内容有误，应改为"TWO HUNDRED（200）PACKAGES OF 4439 CHINA BLACK TEA"。
4. 海运提单
未填写提单签发日期，应为"SEPT.1, 2019"。

第九章 审单操作

Chapter Nine

信用证自 19 世纪出现以来，对国际贸易的发展起到了巨大的推动作用。然而，单据的日渐繁杂也导致了信用证纠纷层出不穷。所以，在信用证付款情况下，企业和银行均要对单单、单证进行全面细致的审核，以达到安全收汇和规避风险的目的。

第一节 审单的依据与原则

由于国际支付方式的不同，审单分为信用证项下的审单和非信用证项下的审单两种方式。在非信用证支付方式成为目前国际贸易主导方式的形势下，非信用证支付方式下的审单更具实践意义。由于信用证支付方式对单据要求最高，涉及的国际贸易知识较多，要求掌握的国际贸易知识面广、程度较深，所以教材仍以信用证项下的审单为主要内容。

一、审单所依据的国际惯例

（一）信用证项下
（1）国际商会出版物《跟单信用证统一惯例》(《UCP600》)。
（2）国际商会第 681 号出版物《关于审核跟单信用证项下单据的国际标准银行实务》(《ISBP》)(ICC681)。

（二）非信用证方式项下
非信用证支付方式主要指托收和 T/T 两种方式，这时审单的依据是国际贸易买卖合同及有关的国际惯例。相关的国际惯例有：
（1）T/T：SWIFT 操作规程。
（2）托收：国际商会第 525 号出版物《跟单信用证项下银行间偿付统一规则》(《URR525》)。

二、审单原则

据统计，在根据《UCP500》操作的信用证业务中，"单证不符"现象超过 65%，甚至高达 80%，有些不法分子经常会利用信用证的"单证一致"付款机制来进行诈骗，严重影响了信用证业务的声誉。《UCP600》较《UCP500》规定了新的审单原则和标准，强调只要单证的内容"不矛盾"或者"不冲突"，即可确定单证相符。

（一）《UCP600》审单原则

《UCP600》的审单标准是"单证相符、单单不得互不一致"，单据之间表面不一致，即视为表面与信用证条款不符，审单标准的"模糊"和对审单"相符"标准的不同理解，成为导致信用证纠纷的主要根源。"单证不符"现象屡见不鲜。

《UCP600》第14条d款规定："审核标准单据中的数据，在与信用证、单据本身以及国际标准银行实务参照解读时，无须与该单据本身中的数据、其他要求的单据或信用证中的数据等同一致，但不得矛盾。"当然该条款并不表明审单放弃了"相符"的原则，只是相对而言更为宽松和灵活。过去银行根据"严格相符"（即便一些微小的拼写错误也构成不符）的原则大量退单，《UCP600》相对更为宽松的审单原则，使得银行在具体业务审单时，更灵活地处理单证。

（二）《ISBP》审单原则

《ISBP》第24条规定的审单标准是："信用证项下提交的单据在表面上不得互相矛盾。"该原则并不要求数据内容完全统一，而仅仅要求单据不得互相矛盾。

（三）最高人民法院规定的审单标准

最高人民法院《关于审理信用证纠纷案件若干问题的规定》确立了"信用证项下单据与信用证条款之间、单据与单据之间在表面上不完全一致，但并不导致相互之间产生歧义的，不应认定为不符点"。其灵活宽松的审单原则，完全符合审单标准发展趋势，摒弃了"严格一致"的机械要求，其规定的审单原则与《UCP600》确定的审单原则本质上一致，极具实践指导性，符合国际发展趋势。

第二节　单据的审核与处理

一、单据审核的要求

（一）企业审单的要求

出口企业审核单据的基本要求如下：

1. 及时性

及时性是指出口企业应及时对有关单据进行审核，如遇单据上出现差错，可以及时发现并更正，以避免因单据审核不及时而导致各项工作陷入被动局面。

2. 全面性

全面性是指出口企业应当从安全收汇和全面履行合同的高度来重视单据的审核工作。一方面，应对照信用证和合同认真审核每一份单证，不放过任何一个不符点；另一方面，要善于处理所发现的问题，加强与各有关部门的联系和衔接，使发现的问题得到及时、妥善的处理。

3. "单单相符、单证相符"

"单单相符、单证相符"是出口企业安全收汇的前提和基础，所提交的单据中存在的任何不符，哪怕是细小的差错都会造成一些难以挽回的损失。

（二）银行审单的要求

（1）遵照《跟单信用证统一惯例》（《UCP600》）和《ISBP》的规定。

（2）遵照信用证所规定的条件、条款。

（3）结合银行的经营策略、操作规程。
（4）遵循普遍联系的观点。
（5）合情、合理、合法。
（6）了解单据的功能及用途。

二、单据审核的方法

（一）企业审单的方法

企业审单的方法包括纵向审核法和横向审核法，实际操作中通常两种方法结合使用。

1．纵向审核法

纵向审核法是指以信用证条款为基础，对规定的各项单据进行逐字逐句的审核，要求有关单据的内容严格符合信用证的规定，做到"单证相符"。

在进行纵向审核时，应注意以下两点：

（1）仔细分析信用证。信用证中每涉及一种单据，即按单据条款核对相对应的单据，以达到单证一致。如果发现有与信用证不一致之处，应做好记录，以免遗漏。

（2）按信用证审核完所有的单据后，剩下的则属于交单人交来的信用证未规定的单据，应选择退还交单人。

2．横向审核法

横向审核法是在纵向审核的基础上，以商业发票为中心审核其他规定的单据，使单据与单据之间所有的项目相互一致，做到"单单相符"。

在进行横向审核时，要注意以发票为中心，将其他单据与发票的相同资料（如发票、装箱单和运输单据上共有的货物的标记、包装、件数等）及有关的项目（如发票的金额与保险单的保险金额）予以核对。

（二）银行审单的方法

银行在收到信用证受益人提交的单据后，也要对单据进行全面细致的审核。银行审单的方法主要有以下几种：

（1）"先数字后文字"法。
（2）"先简后繁"法。
（3）按"装运日期"审单法。
（4）分地区客户审单法。
（5）先读后审法。

三、单据不符的处理

（一）单据相符的重要性

信用证作为迄今为止最受世界各国进出口贸易青睐、使用最广泛的国际结算工具，能够大大提高收汇的安全性。

（二）单据不符的概念及原因

所谓单据不符，是指出口商即信用证受益人向银行提交的单据包含有不符合信用证条款规定的内容，致使单证不符、单单不符或单据本身内容不完整。

单据不符产生原因很多，概括起来主要有以下几种：

（1）制单员的业务知识局限和操作疏忽。
（2）信用证本身的缺陷。信用证本身的缺陷往往会引起致命的不符点：

1）信用证含有软条款。
2）信用证本身的含糊或自相矛盾。
3）信用证的修改。
4）信用证条款与实际操作有冲突。
（3）受益人在经营过程中的脱节。
（4）过分信赖银行。

（三）单据不符的处理办法

1. 议付行对单据不符的处理

议付行对单据不符的处理方法有以下几种：

（1）将单据退回受益人修改。
（2）担保议付。
（3）向开证行发电要求授权议付。
（4）寄单行将单据寄开证行，款项收妥后再付给受益人。
（5）照常议付。

2. 开证行对单据不符的处理

作为开证行，收到议付行（或付款行、承兑行）寄来的单据后也要进行审核，若有不符点决定拒付的，要注意以下几点：

（1）开证行提出的不符点必须明确，且以单据为依据，没有提出具体不符点的拒付不能构成完整的拒付通知。
（2）开证行提出的不符点必须是合理的，即开证行提出的不符点必须是实质性的不符点。
（3）开证行必须以自身的名义提出不符点拒付，不得以开证申请人认为单证有不符点为由提出拒付。
（4）开证行必须在合理的时间内提出拒付，即在收到单据次日起的5个银行工作日内提出拒付。
（5）开证行必须一次性提出所有不符点。
（6）拒付电必须包含拒绝接受的字样，并声明代为保留单据听候处理或径退单。

（四）信用证遭拒付后的处理

信用证遭拒付后，受益人应按以下步骤进行处理。

1. 判断银行拒付是否成立

（1）判断银行拒付的行为是否正当。
（2）判断银行拒付的理由是否成立。

一般来说，银行拒付的理由可能会有以下几种：

1）与《UCP600》的相关规定有出入。
2）要求受益人提交信用证未要求提交的单据。
3）故意行为。

2. 银行拒付成立时的妥善处理

如果信用证遭拒付确实是由于受益人提交的单证不符造成的，则出口商此时应视其具体情况进行适当的处理。

（1）改正不符点并重新寄单。
（2）说服进口商和开证行接受单据。
（3）了解货物情况。
（4）随证托收。

第三节 主要单据的审核方法

一、商业发票的审核

(一) 商业发票的审核要点

(1) 确保商业发票的签发人是信用证的受益人。

Ensure that the drawer of the commercial invoice is the beneficiary of the letter of credit.

(2) 除非信用证另有规定,确保发票的抬头为信用证的申请人。

Unless otherwise stated in the letter of credit, ensure that the applicant is indicated as the invoiced party.

(3) 商品的描述必须完全符合信用证的要求。

The description of the goods must correspond with the merchandise description in the letter of credit.

(4) 不能冠名为"形式发票"或"临时发票"。

Cannot be named "Proforma" or "Provisional" invoice.

(5) 确保没有会对货物状况或价值引起怀疑的任何附加的、不利的对货物的描述。

Ensure that no additional or unfavorable description of goods, which may question their condition or value, is stated.

(6) 未被信用证准许时,银行不接受发票上对货物是"用过的""旧的""重新改造的""修整的"的批注。

When not authorised by the letter of credit, banks will not accept the notation in the invoice that the goods are "used" "secondhand" "rebuilt" "reconditioned".

(7) 信用证中提及的货物、价格和条款等细节必须包含在发票中。

The details of the goods, prices and terms as mentioned in the letter of credit must be contained in the invoice.

(8) 确保发票上提供的其他资料,如唛头、号码、运输资料等与其他单据相一致。

Ensure that other information supplied in the invoice, such as marks, numbers, transportation information.is consistent with that of the other documents.

(9) 确保发票上的货币与信用证货币相一致。

Ensure that the currency of the invoice is consistent with that of the letter of credit.

(10) 发票的金额不得超出信用证的金额。

The value of the invoice should not exceed the available balance of the letter of credit.

(11) 发票的金额必须与汇票金额相一致。

That the value of the invoice must be consistent with that of the draft.

(12) 如不允许分批装运,确保发票必须包括信用证要求的整批装运货物价值。

Ensure that the invoice should contain the complete shipment as required by the credit if partial shipments are prohibited.

(13) 确保信用证要求,发票已被签字、被公证人证实、被合法化、被证明等。

Ensure that the requirement of the letter of credit is fulfilled, including the signing of the invoice, the notarization, legalization and certification of the invoice.

（14）提交正确的正本和副本份数。

That the correct number of original（s）and copy（ies）is presented.

（二）商业发票的常见不符点

（1）发票名称不符合信用证规定。

（2）发票的开立人不是信用证的受益人。

（3）发票的抬头人与信用证要求不符。

（4）进口商名称与信用证上的开证申请人不同。

（5）货物数量、发票金额及单价与信用证不一致或不在信用证允许的增减幅度之内。

（6）发票对货物的描述与信用证中的货物描述不相符。

（7）发票上的装运港或目的港与提单不一致。

（8）发票上的贸易术语与信用证不一致。

（9）发票上的佣金或折扣与信用证或合同的规定不相一致。

（10）遗漏信用证要求表明和证明的内容，或缮制发票时照抄照搬来证中的证明词。

（11）货物包装，注有"用过的""旧的""重新改造的"等字样。

（12）发票未按信用证规定签名盖章。

二、汇票的审核

（一）汇票的审核要点

（1）确保汇票有正确的信用证参考号。

Ensure that the draft bears the correct documentary credit reference number.

（2）确保汇票有当前的日期。

Ensure that the draft has a current date.

（3）汇票的出票人签字和/或名称应与受益人的名称一致。

That the signature and/or the name of the drawer should correspond with the name of the beneficiary.

（4）确保汇票做成正确的付款人，不应以申请人作为汇票付款人。

Ensure that the draft is drawn on the correct drawn, and it should not be drawn on the applicant.

（5）汇票上金额的大、小写必须一致。

That the amount in figures and words spelling must correspond with each other.

（6）付款期限要符合信用证或合同（非信用证付款条件下）规定。

That the tenor should be based on the letter of credit or the contract（if not L/C）.

（7）汇票金额不得超出信用证金额。

That the amount drawn for should not exceed the balance available in the documentary credit.

（8）汇票金额应与发票金额相符。

That the value of the draft must be consistent with the value of the invoice.

（9）确保收款人的名称已被验明。

Ensure that the name of the payee is identified.

（10）确保已按需要正确地背书。

Ensure that the endorsement is proper when required.

（11）没有限制性背书。

There is no restrictive endorsements.

（12）确保它包含信用证要求所必需的条款。

Ensure that it covers any necessary clauses as required by the letter of credit.

（13）除非信用证授权，否则不开立"无追索权"的汇票。

The draft "without recourse" should not be drawn unless authorized by the letter of credit.

（二）汇票的常见不符点

（1）汇票的出票日期迟于有效期。

（2）汇票的金额大于信用证金额。

（3）汇票上的金额大、小写不一致或汇票大写金额不准确，大写金额最后漏填"ONLY"一词。

（4）货币名称与发票或信用证不一致。

（5）汇票的付款期限与信用证规定不符，或未明确付款日期。

（6）出票人未签字。

（7）汇票提交的份数不正确。

（8）未按规定列明"出票条款"。

（9）漏列或错列了信用证号码。

（10）汇票的内容被更改。

三、运输单据的审核

（一）运输单据的审核要点

（1）确保提交全套的正本单据。

Make sure that the full set of originals issued is presented.

（2）除非信用证另有规定，确保它不是"租船合约"的运输单据。

Ensure that it is not a "charter party" transports documents, unless otherwise prescribed in the letter of credit.

（3）应符合《UCP600》相关运输条款的一切其他条件。

Ensure that other conditions stipulated in the appropriate transport articles of *UCP600* are complied with.

（4）运输单据的收货人名称必须符合信用证的要求。

Ensure that the name of the consignee should comply with the requirement in the letter of credit.

（5）在运输单据需要背书时正确背书。

Ensure the appropriate endorsement of the transport documents when it is required.

（6）确保运输单据上载明托运人或其代理人的名称。

Ensure that the name of shipper or his agent is presented in the transport documents.

（7）确保当运输单据有通知人时，其名称、地址按信用证要求填写。

Ensure that the name and address, if any, of the notifying party of the transport documents is filled according to the requirement in the letter of credit.

（8）确保货物的描述与信用证上内容总体一致；如果出现唛头、数量以及其他规格，则必须与其在其他单据上的内容相一致。

Ensure that the description of the goods totally corresponds with the description of the goods as presented in the letter of credit, and that the marks and numbers as well as other specifications, if any, must correspond with those stated on the other documents.

（9）运输单据上的"运费预付"或"运费到付"要与信用证内容相符。

That the term of "freight prepaid" or "freight collect" of the transport documents should be as required in the letter of credit.

（10）确保运输单据不出现使其成为"瑕疵"或"不清洁"的条款。

Ensure that there are no clauses on the transport documents that may render it "foul" or "unclean".

（二）运输单据的常见不符点

（1）运输单据提交的种类与信用证规定不符。

（2）未提交全套有效的提单。

（3）托运人的名称与信用证不一致。

（4）收货人的名称与信用证不一致。

（5）被通知人的名称与信用证规定不符。

（6）未按信用证规定正确背书（如果需要的话）。

（7）提交了不清洁的单据。

（8）运输单据中所列货物的名称、包装、数量等信息与信用证的规定不符。

（9）未按信用证的规定证明运费已付或运费到付。

（10）未注明承运人的名称。

四、保险单据的审核

（一）保险单据的审核要点

（1）确保按照信用证规定提交保险单、保险凭证和保险声明书。

Ensure that the policy, certificate and declaration as required by the letter of credit is presented.

（2）提交全套正本保险单据。

That the full set of the insurance document issued is presented.

（3）确保保险单的签发人是保险公司、保险商或其代理人。

Ensure that the policy is issued and signed by the insurance company or underwriter or their agents.

（4）确保保险单的签发日期或保险责任生效日期最迟在已装船或已发运或接受监管之日。

Ensure that the date of issuance or date from which cover is effective at the latest from the date of loading on board or dispatch or taking in charge of the goods as the case may be.

（5）确保货物投保金额符合信用证要求或符合《UCP600》第28条f款规定。

Ensure that the value of the goods issued is as required by the credit or as defined in *UCP600* sub-article 28f.

（6）除非信用证另有要求，保险单据必须使用与信用证相同的货币表示。

Unless otherwise required by the letter of credit, the insurance documents must be expressed in the same carrency as the letter of credit

（7）确保保险单据上的货物描述与发票上的描述相一致。

Ensure that the description of the goods is consistent with that stated in the invoice.

（8）承保的风险区间至少涵盖从信用证规定的货物接管地或发运地开始到卸货地或最终目的地为止。

That the insurance covers the area from the point of taking in charge of the merchandise or designated port of embarkation to port of discharge or the destination.

（9）已按信用证要求投保了规定的险别并有相应明确表示。

It covers the specified risks as stated in the credit and the risks are clearly defined.

（10）确保保险单据上对货物的描述与运输单据上内容相一致。

Ensure that the description of the goods of the insurance documents is generally consistent with that of the transport document.

（11）若被保险人的名称不是保兑行、开证行或进口商，则应进行相应的背书。

If the name of the insured is not the confirming bank, issuing bank or the importer, it should bear the appropriate endorsement.

（12）保险单据上的所有其他资料与其他单据内容相符。

That all other information appearing in the insurance document should correspond with that of the other documents.

（13）如果单据内容有修改，应被适当地证实。

If any alteration is noted in the document, it should be properly authenticated.

（二）保险单据的常见不符点

（1）保险单的种类不符合信用证规定。

（2）不是由规定的保险公司或保险商出具。

（3）保险货币或金额与信用证规定不符。

（4）保险单上对货物的描述与信用证不符。

（5）保险金额大、小写不一致或大写金额不正确。

（6）起运港或卸货港与信用证规定不符。

（7）保险单的投保险别与信用证规定不符，如误把交货不到险当成偷窃、提货不着险。

（8）未提供全套保险单据。

（9）保险单未经背书或背书不正确。

（10）保险日期迟于提单日期。

五、装箱单、重量单的审核

（1）单据的名称和份数必须和信用证相符。

（2）货物的名称、规格、数量以及唛头等必须与其他单据相符，可以互为补充但不得矛盾。

（3）数量、重量必须与提单、发票等单据相符。

（4）单据的份数不得小于信用证规定提供的数量。

六、商检证书的审核

（1）商检证书上的检验机构必须符合信用证的规定。

（2）商检证书必须由检验机构签字。

（3）检验的内容、项目必须与信用证相符。

（4）检验日期不得迟于提单日期。

（5）检验证书的份数不得少于信用证规定的数量。

七、原产地证书的审核

（1）原产地证书必须由信用证规定的机构出具，如信用证未做规定，可由受益人或其他的任何人出具。

（2）原产地证书必须签字。
（3）内容必须符合信用证的要求，与其他单据不矛盾。
（4）原产地国家必须符合信用证要求，原厂地证的日期不得迟于提单日期。
（5）份数不得少于信用证规定的数量。

八、其他单据的审核

均须先与信用证的条款进行核对，再与其他有关单据核对，求得单证一致，单单一致。

九、单证不符的补救方法

在实际业务中，由于种种原因，单证不符情况时有发生。如果信用证的交单期允许，应及时修改单据，使之与信用证的规定一致。如果不能及时改证，进出口企业应视具体情况，选择如下处理方法：

（一）表提

当议付行审单发现不符点时，如情节不严重，在征得进口商同意后，出口商可向议付行出具担保书，要求凭担保议付。这时，议付行向开证行寄单时，在随单据的表盖（Covering Schedule）上注明单证不符点和"凭保议付"字样。此种做法称为"担保议付"，也被称为"表盖提出"（简称表提）。

（二）电提

当出口商所交单据与信用证的规定存在不符的情况时，可由议付行先用电报或电传向开证行列明不符点，待开证行确认接受后，再将单据寄出。"电提"的目的是在尽可能短的时间内了解开证行对单证不符的态度。

（三）改为跟单托收

如出现单证不符，议付行又不愿采用"电提"或"表提"的做法，出口商只能采用托收方式，委托银行寄单收款。由于这种托收与原信用证有关，为了使进口商易于了解该项托收业务的来由，托收行仍以原信用证的开证行作为代收行，请其代为收款。

值得注意的是，以上三种处理办法，实际上已将银行信用改为商业信用，开证行已不再承担信用证项下的付款责任，致使出口商完全陷于被动地位。因此，除非万不得已，不要轻易采用上述三种补救措施，而应该认真缮制单据，仔细预审单据，将问题在货物出运之前解决。

本章训练

一、审单的依据是什么？
二、有几种审单方法？
三、商业发票的常见不符点有哪些？
四、单据发生不符点后，如何进行补救？

第十章 理论练习

Chapter Ten

第一套　基础理论题

一、单项选择题（60 小题，每小题 1 分，共计 60 分）

1. 拍卖是（　　）。
   A. 看货买卖　　　　　　　　　　B. 凭卖方样品买卖
   C. 凭买方样品买卖　　　　　　　D. 凭对等样品买卖

2. 在国际贸易中，中间商的收入被称为（　　）。
   A. 服务费　　　　　　　　　　　B. 收益
   C. 佣金　　　　　　　　　　　　D. 折扣

3. 下列支付方式属于顺汇方式的是（　　）。
   A. 汇付　　　　　　　　　　　　B. 托收
   C. 信用证　　　　　　　　　　　D. 银行保函

4. 一张商业汇票见票日为 1 月 31 日，见票后 1 个月付款，则到期日为（　　）。
   A. 2 月 28 日　　　　　　　　　 B. 3 月 1 日
   C. 3 月 2 日　　　　　　　　　　D. 3 月 3 日

5. 信用证规定货物从中国港口运至美国港口，不允许分批，提交正本海运提单，最迟装期为 2011 年 8 月 8 日。同时提交两套提单。第一套提单：PORT OF LODAING：SHANGHAI OCEAN VESSEL：FREEDOM V.123 PORT OF DISCHARGE：NEW YORK ON BOARD DATE：AUG. 7，2011。第二套提单：PORT OF LODAING：GUANGZHOU OCEAN VESSEL：FREEDOM V.123 PORT OF DISCHARGE：NEW YORK ON BOARD DATE：AUG. 8，2011。根据《UCP600》，以下关于提单的陈述，正确的是（　　）。
   A. 分批装运，理由是提交了两套提单
   B. 分批装运，理由是两套提单的装运港和装船日期不同
   C. 未产生分批装运，理由是两套提单的目的地相同
   D. 未产生分批装运，理由是两套提单的装运船只、航程及目的地相同

6. 进口商在货物到达目的港后，应在运输工具进境之日起（　　）天内向海关申报。
   A. 3　　　　　　　　　　　　　　B. 7
   C. 14　　　　　　　　　　　　　 D. 15

7. 在企业对外洽谈业务时，常有重新发盘之说，它是指（　　）。
   A. 二次发盘
   B. 原发盘人对已失效的发盘向对方重申原发盘有效之意
   C. 与原来发盘完全不一致的一项新发盘
   D. 以上都不正确

8. 以下关于海运提单制作的描述错误的是（　　）。
   A. 提单必须表面上看来显示承运人名称
   B. 提单必须用装船批注来表明货物已经在信用证规定的装运港装载上具名船只
   C. 可以由船长或其代理人签发提单
   D. 信用证规定"运输行提单可以接受"时，提单可以由运输行以运输行的身份签发

9. 发盘应向一个或一个以上特定的人提出来是指（　　）。
   A. 向有名有姓的公司或个人提出
   B. 把发盘同普通商业广告及向广大公众散发的商品价目单广告等行为等同起来
   C. 把发盘和询盘等同起来
   D. 把发盘和还盘等同起来

10. 补偿贸易方式有直接产品补偿、间接产品补偿、劳务补偿三种方式。在补偿贸易业务中，购进技术设备的一方用该技术设备投产后生产出来的产品偿还技术设备的价款或购买技术设备所用贷款的本息，这种方式称作（　　）。
    A. 直接补偿　　　　　　　　　　B. 间接补偿
    C. 综合补偿　　　　　　　　　　D. 产品补偿

11. 海关发票是由（　　）制定的一种特殊发票格式。
    A. 出口方　　　　　　　　　　　B. 进口方
    C. 出口国海关　　　　　　　　　D. 进口国海关

12. 在航空运单中的"Executed on date"栏目表示的日期，一般应是（　　）。
    A. 航空公司接受托运货物的日期
    B. 签发航空运单的日期
    C. 信用证规定的最后装运日期
    D. 实际起飞的日期

13. 在进出口业务中，能够作为物权凭证的运输单据是（　　）。
    A. 铁路运单　　　　　　　　　　B. 海运提单
    C. 航空运单　　　　　　　　　　D. 邮包收据

14. 出口商办理装运后，向船公司换取正式提单的凭证是（　　）。
    A. 装货单　　　　　　　　　　　B. 大副收据
    C. 商检证书　　　　　　　　　　D. 保险单

15. 某批货物的保险金额为USD110,000.00，货物在运输途中一共损失了USD5,000.00，且属于保险公司的承保范围。如果是分别按下列三种情况投保：irrespective of percentage, in excess of 2.5%, with 2.5% franchise，那么这次出险保险公司各应该赔付的金额是（　　）。
    A. USD5,000；USD2,250；USD5,000
    B. USD2,250；USD5,000；USD5,000
    C. USD5,000；USD5,000；USD2,250
    D. USD5,000；USD5,000；USD2,750

16. 下列信用证有关费用的条款，要求卖方负担有关费用的是（　　）。
    A．All banking charges for seller's account
    B．Port congestion surcharges, if any, at the time of shipment is for opener's account
    C．All banking charges outside Hongkong are for account of accountee
    D．Drawee bank's charges and acceptance commission are for the Buyer's account

17. 我国海运货物保险条款中基本险的责任起讫采用（　　）条款。
    A．OCP　　　　　　　　　　　　　　B．仓至仓
    C．港至港　　　　　　　　　　　　　D．门到门

18. 根据《UCP600》，信用证中不表明需要提交至少一份正本的措辞是（　　）。
    A．in duplicate　　　　　　　　　　　B．in two fold
    C．in two copies　　　　　　　　　　 D．in two photocopies

19. 出口商委托货代向船运公司办理租船订舱，出口商须填写（　　）。
    A．海运货物运输合同　　　　　　　　B．海运货物委托书
    C．海运单　　　　　　　　　　　　　D．装货单

20. 航空运单正本按国际惯例为（　　）。
    A．一式两份　　　　　　　　　　　　B．一式三份
    C．一份　　　　　　　　　　　　　　D．一式六份

21. 承兑是（　　）对远期汇票表示承担到期付款责任的行为。
    A．付款人　　　　　　　　　　　　　B．收款人
    C．出口人　　　　　　　　　　　　　D．议付银行

22. 对卖方而言，如果计价货币是软币，支付货币是硬币，则（　　）。
    A．他所收入硬币就会增加
    B．他所收入硬币就会减少
    C．他所收入硬币不增不减
    D．他所收入硬币在一些情况下增加，在另一些情况下减少

23. 凡属法定检验的货物进口到达后，海关凭（　　）印章验放。
    A．检验检疫机构在进口报关单上加盖"已接受登记"
    B．卖方在进口报关单上加盖"已接受登记"
    C．买方在进口报关单上加盖"已接受登记"
    D．船方在进口报关单上加盖"已接受登记"

24. 按 FOB 条件成交时，卖方在将货物备妥后，一般按约定向买方发出（　　）。
    A．装运通知　　　　　　　　　　　　B．转运通知
    C．保险通知　　　　　　　　　　　　D．提货通知

25. 卖方审核后有不能接受之处应向（　　）提出修改。
    A．开证行　　　　　　　　　　　　　B．开证申请人
    C．通知行　　　　　　　　　　　　　D．付款行

26. 进出口货物是收、发货人或其代理人向海关申报，交验规定的单据和证件，请求办理海关放行手续的行为被称为（　　）。
    A．报关　　　　　　　　　　　　　　B．放行
    C．通关　　　　　　　　　　　　　　D．结关

27. 订立国际贸易合同中不可缺少的基本环节是（　　）。

A. 发盘与还盘　　　　　　　　　　　　B. 还盘与接受
C. 发盘与接受　　　　　　　　　　　　D. 询盘与发盘

28. 在中国海洋运输货物保险中，共同海损的分类（　　）。
A. 是部分损失的一种
B. 是全部损失的一种
C. 有时是全部损失，有时是部分损失
D. 既不是部分损失，也不是全部损失

29. 海运提单的签发日期是指（　　）。
A. 货物实际装船完毕的日期　　　　　　B. 托运人填写托运单的日期
C. 货物开始装船的日期　　　　　　　　D. 托运人办理报关的日期

30. 国际货物买卖合同是对合同当事人双方有约束力的法律文件，因此（　　）。
A. 履行合同是一种法律行为　　　　　　B. 履行合同是一种信誉行为
C. 履行合同是一种道德行为　　　　　　D. 以上皆不是

31. 若在信用证申请书中的金额前加上 about，approximately，circa 等词语，根据《UCP600》，允许有（　　）的金额增减幅度。
A. 3%　　　　　　　　　　　　　　　　B. 5%
C. 10%　　　　　　　　　　　　　　　 D. 15%

32. A 公司 6 月 7 日向 B 公司发盘，限 6 月 14 日复到有效。A 公司向 B 公司发盘的第二天，A 公司收到 B 公司 6 月 6 日发出的，内容与 A 公司发盘内容完全相同的交叉发盘，此时（　　）。
A. 合同即告成立
B. 合同无效
C. A 向 B 或 B 向 A 表示接受，当接受送达对方时，合同成立
D. 必须是 A 公司向 B 公司表示接受，当接受通知送达 B 公司时，合同成立

33. 保险的赔付地点一般填写（　　）。
A. 起运港（地）　　　　　　　　　　　B. 目的港（地）
C. 投保人所在地　　　　　　　　　　　D. 保险公司所在地

34. 销售包装一般具有（　　）功能。
A. 保护商品　　　　　　　　　　　　　B. 美化商品
C. 方便运输　　　　　　　　　　　　　D. 三者都不是

35. 某商品每箱毛重 40 千克，体积 0.05 立方米。在运费表中的计费标准为 W/M，每运费吨基本运费率为 200 美元，另收燃油附加费 10%，则每箱运费为（　　）美元。
A. 10　　　　　　　　　　　　　　　　B. 11
C. 220　　　　　　　　　　　　　　　 D. 8.8

36. 信用证条款中，"Latest date of shipment" 的意思是（　　）。
A. 信用证到期日　　　　　　　　　　　B. 信用证最晚交单日
C. 信用证最早交单日　　　　　　　　　D. 信用证最迟装运日

37. 我方与德商签订一笔进口机器零件的合同。合同签订以后，德商的两间工厂都投入了生产。在生产过程中，其中一间工厂由于意外事故导致火灾，完全丧失了生产能力，德商（　　）。
A. 因遇不可抗力事故，可要求解除合同
B. 因遇不可抗力事故，可要求延期履行合同，但我方有索赔的权利
C. 因遇不可抗力事故，可要求延期履行合同

D. 不属于不可抗力事故，我方应要求德商按期履行合同

38. 某公司于6月6日向一日商发盘，限25日复到有效。16日接日商回电："接受你方6日发盘，以取得进口许可证为准"，这是（　　）。

　　A. 有条件的接受　　　　　　　　　　B. 有效的接受
　　C. 还盘　　　　　　　　　　　　　　D. 递盘

39. According to *INCOTERMS 2010*, when the Seller only makes the goods available to the Buyer at the Seller's premises, the corresponding trade term is (　　).

　　A. DAT　　　　　　　　　　　　　　B. EXW
　　C. FOB　　　　　　　　　　　　　　D. DDP

40. 按《2010通则》，DAP与DAT的不同之处为（　　）。

　　A. 货物到达指定地点后，DAP卖方要负责卸货，DAT卖方不需要负责卸货
　　B. 货物到达指定地点后，DAP卖方要负责进口报关，DAT卖方不需要负责进口报关
　　C. 货物到达指定地点后，DAP卖方要负责报检，DAT卖方不需要负责报检
　　D. 货物到达指定地点后，DAP卖方不需要负责卸货，DAT卖方要负责卸货

41. 信用证项下汇票的付款人一般为（　　）。

　　A. 开证行　　　　　　　　　　　　　B. 通知行
　　C. 开证行或指定付款行　　　　　　　D. 开证申请人

42. 某公司向欧洲某客户出口一批食品，该公司于3月16日发盘，限3月20日复到有效。3月18日接对方来电称："你方16日电接受，希望在5月装船。"我方未提出异议，于是（　　）。

　　A. 这笔交易达成　　　　　　　　　　B. 需经该公司确认后交易才达成
　　C. 属于还盘，交易未达成　　　　　　D. 属于有条件接受，交易未达成

43. 我国进口贸易通常以FOB条件成交，一般须经过多个环节，其中肯定不包括（　　）。

　　A. 申请开证　　　　　　　　　　　　B. 议付交单
　　C. 付款赎单　　　　　　　　　　　　D. 接货报关

44. If a Credit requires "an inspection certificate issued by a well-known inspector", (　　).

　　A. the certificate may be issued by anyone
　　B. the certificate may be issued by the beneficiary
　　C. the certificate must be signed, dated and issued in one original and one copy
　　D. the certificate must not be issued by the beneficiary and must appear to comply with the other terms and conditions of the Credit

45. 属于汇票必要项目的是（　　）。

　　A. "付一不付二"的注明　　　　　　　B. 付款时间
　　C. 对价条款　　　　　　　　　　　　D. 禁止转让的文字

46. 在我国进出口合同中，关于仲裁地点的规定，我们应力争在（　　）仲裁。

　　A. 我国　　　　　　　　　　　　　　B. 被告国
　　C. 双方同意的第三国　　　　　　　　D. 对卖方有利的国家

47. 新加坡一公司于8月10日向我方发盘欲购某货物一批，要求8月16日复到有效，我方8月11日收到发盘后，未向对方发出接受通知，而是积极备货，于8月13日将货物运往新加坡。不巧，遇到市场行情变化较大，该货滞销，此时，（　　）。

　　A. 因合同未成立，新加坡客商可不付款
　　B. 因合同已成立，新加坡客商应付款

C. 我方应向新加坡客商发出接受通知后，再发货
D. 我方应赔偿该批货物滞销给新加坡客商带来的损失

48. 在信用证的汇票条款中注明"Drawn on us"，出口商缮制汇票时，应将付款人做成（　　）。
    A. 开证行　　　　　　　　　　　　　　B. 议付行
    C. 进口商　　　　　　　　　　　　　　D. 通知行

49. 采用 L/C，D/P，D/A 三种支付方式结算货款，就卖方的收汇风险而言，从小到大依次为（　　）。
    A. D/P，D/A 和 L/C　　　　　　　　　B. D/A，D/P 和 L/C
    C. L/C，D/P 和 D/A　　　　　　　　　D. D/P，L/C 和 D/A

50. 以下不能单独投保的险别是（　　）。
    A. 平安险　　　　　　　　　　　　　　B. 水渍险
    C. 一切险　　　　　　　　　　　　　　D. 战争险

51. 如果发票的货物涉及不止一个合约，发票上显示合约号必须包括全部合约。在信用证方式下（　　）。
    A. 信用证号码可以标明，也可以省略　　B. 必须标明该笔交易中的信用证号码
    C. 必须标明该笔信用证的性质　　　　　D. 必须标明该笔信用证对所有单据的要求

52. 结汇单证中的汇票，指用于托收和信用证收汇方式中，出口商向进口商或银行签发的，要求后者即期或在一个固定的日期或在可以确定的将来时间，对某人或某指定人或持票人支付一定金额的无条件的书面支付命令。大部分情况下，使用（　　）。
    A. 光票　　　　　　　　　　　　　　　B. 跟单汇票
    C. 银行汇票　　　　　　　　　　　　　D. 商业承兑汇票

53. 滞期费只能发生在（　　）合同中。
    A. 班轮运输　　　　　　　　　　　　　B. 定期租船
    C. 定程租船　　　　　　　　　　　　　D. 租船运输

54. 关于信用证修改业务，以下表述错误的是（　　）。
    A. 受益人不能部分接受信用证修改内容
    B. 受益人可以用交单的方式来表示是否接受信用证的修改内容
    C. 受益人可以用书面方式通知银行是否接受信用证的修改内容
    D. 受益人如果不用书面方式通知银行是否接受信用证的修改内容，则视为接受

55. 出口某商品 100 公吨，报价每公吨 USD1，850FOB 上海，客户要求改报 CFR 伦敦价，已知该货为 6 级货，计费标准为 W，每运费吨运费 USD70。若要保持外汇净收入不变，应对外报（　　）。
    A. 1 920 美元 / 吨　　　　　　　　　　B. 1 900 美元 / 吨
    C. 1 850 美元 / 吨　　　　　　　　　　D. 1 930 美元 / 吨

56. 在有关贸易术语的国际贸易惯例中，影响最大、使用范围最广的是（　　）。
    A.《华沙—牛津规则》　　　　　　　　　B.《美国对外贸易定义》
    C.《国际贸易术语解释通则》　　　　　　D.《国际货物销售合同公约》

57. 根据《跟单信用证统一惯例》的规定，在分批装运中，如果卖方在发货过程中，任何一批没有按信用证规定发货，那么（　　）。
    A. 卖方可以按发货数量收汇，但需在以后的发货中调整数量
    B. 信用证对这批货物失效，以后各批货物仍然有效
    C. 卖方只能重新再发一次该批货物以取得相应货款

D．信用证对这批货物和以后各批货物均告失效

58．《UCP600》规定，凡未注明"可否转让"的信用证，理解为（　　）。

A．可转让　　　　　　　　　　　　B．不可转让

C．两者皆可　　　　　　　　　　　D．以上都不对

59．按《联合国国际货物销售合同公约》的解释，如违约的情况尚未达到根本性违反合同的规定，则受损害的一方（　　）。

A．只可宣告合同无效，不能要求赔偿损失

B．只能提出损害赔偿的要求，不能宣告合同无效

C．不但有权向违约方提出损害赔偿的要求，而且可宣告合同无效

D．可根据违约情况选择以上答案

60．我方出口大宗商品，按 CIF 新加坡术语成交，合同规定采用租船运输，如我方不想负担卸货费用，我方应采用的贸易术语变形是（　　）。

A．CIF Liner Terms Singapore　　　　B．CIF Landed Singapore

C．CIF Ex Ship's Hold Singapore　　　D．CIF Ex Tackle Singapore

二、多项选择题（15 小题，每小题 2 分，共计 30 分）

61．下列表述正确的是（　　）。

A．航空运单不是物权凭证

B．航空运单是物权凭证

C．航空运单不可转让

D．航空运单经背书后可以转让

E．航空运单可以代替保险单

62．国际货物买卖中，卖方的基本义务是（　　）。

A．提交合格的货物　　　　　　　　B．提交合格的单据

C．办理运输　　　　　　　　　　　D．办理保险

E．支付货款

63．班轮提单的作用是（　　）。

A．物权凭证

B．承运人签发给托运人的货物收据

C．承运人与托运人之间运输契约的证明

D．托运人申请租船订舱的证明

E．出口人纳税的依据

64．海运提单的性质与作用主要有（　　）。

A．它是海运单据的唯一表现形式

B．它是承运人或其代理人出具的货物收据

C．它是代表货物所有权的凭证

D．它是承运人与托运人之间订立的运输契约的证明

E．它与航空运单性质相同

65．开证行可以拒付的理由为（　　）。

A．单单不符　　　　　　　　　　　B．货与合同不符

C．信用证与合同不符　　　　　　　D．单证不符

E．开证人审核结果不符

66. 涉及国际货物买卖的索赔通常有（　　）。
   A. 买卖双方之间的索赔 B. 向保险公司索赔
   C. 向运输部门索赔 D. 向托运人索赔
   E. 向商检部门索赔

67. 根据国家市场监督管理总局的规定，出境货物报验时须提交的有关单据是（　　）。
   A. 外贸合同（确认书） B. 信用证
   C. 提单 D. 发票
   E. 汇票

68. 开证人申请开立信用证时，应向开证银行交付（　　）。
   A. 押金 B. 开证手续费
   C. 货款 D. 邮电费
   E. 货款的一部分

69. 根据《联合国国际货物销售合同公约》规定，受盘人对（　　）内容提出添加或更改，均作为实质性变更发盘条件。
   A. 价格 B. 付款
   C. 品质 D. 数量
   E. 交货时间与地点

70. 假远期信用证的主要特点是（　　）。
   A. 由开证行开出延期付款信用证
   B. 由受益人开出远期汇票
   C. 由指定的付款行负责贴现汇票
   D. 由进口人负担贴现利息和费用
   E. 与远期信用证相同

71. 下列贸易术语中，（　　）风险划分以货交第一承运人为界，并适用于各种运输方式。
   A. FAS B. CPT
   C. CIF D. FCA
   E. DDP

72. 根据《UCP600》的规定，如果海运提单表面注明承运人名称，则（　　）。
   A. 签署人需要表明其身份
   B. 签署人不需要表明其身份
   C. 若为代理人签署，还必须表明被代理人身份
   D. 若为代理人签署，无须表明被代理人身份
   E. 视情况而定

73. 合同洽商的一般程序中最重要的环节是（　　）。
   A. 询盘 B. 发盘
   C. 还盘 D. 接受
   E. 虚盘

74. 制单原则中所说的"正确"，其含义有（　　）。
   A. 单单相符
   B. 单证相符
   C. 单同相符

D．符合有关国际惯例和进口国有关法令法规
E．符合国际统一格式

75．按照《INCOTERMS 2010》的规定，在下列贸易术语中适用于多种运输方式的是（　　）。
A．EXW　　　　　　B．FCA　　　　　　C．FAS　　　　　　D．DAT
E．DAP

三、判断题（20 小题，每小题 0.5 分，共计 10 分）

76．票据是一种流通证券，所有票据都可经过背书转让。（　　）

77．各种结汇单证签发日期应先后有序，才不致造成逻辑上的混乱和单单不符。这就是：商检证应先于保险单，保险单不应迟于提单，发票不应迟于汇票。（　　）

78．按照国际惯例，凡信用证中没有注明可否转让字样的，即视为可转让信用证。（　　）

79．在 FOB 进口业务中，为减少我方为卖方承担装船前的卖方利益险，我方不应在货物未离开装运地仓库前就投保。（　　）

80．为了适应国际市场的需要，我方出口贸易中，应争取按买方样品达成交易。（　　）

81．我方按 FOB 条件出口某项商品，约定的装运期已到，但买方迟迟未将已派船通知我方。为了遵守重合同和守信用原则，我方只好按期代买方租船付运费，发运货物，事后没有向买方要求返还运费。这种做法符合 FOB 术语惯例。（　　）

82．航空运单的货物运价细目，当一票货物中含有两种或两种以上不同运价类别计费的货物时应分别填写，每填一项另起一行，如果含有危险品，则该危险货物应列在第一项。（　　）

83．如采用对自身不利的货币成交，应当把汇率变动的风险考虑到货价中去，即适当提高出售价格或压低购买价格。（　　）

84．正本海运提单上批注有"TOTAL FIVE HUNDRED CARTONS ONLY BUT TEN BROKEN CARTONS"，若来证对提单没有特别要求，银行将不接受该提单。（　　）

85．买卖双方为了解决争议而提起仲裁，必须向仲裁机构提交仲裁协议，否则仲裁机构不予受理。（　　）

86．出口方或托运人可以凭收货单向船公司或其代理人换取正式提单。（　　）

87．某公司出口手套 15 000 打，装货时发现有 1 000 打不合格，因装运期将至，来不及改证，且该证注明受《UCP600》约束，公司以装量可有 5% 伸缩，故改装 14 000 打。这样处理，符合规定。（　　）

88．汇付条款内容一般包括汇款金额、汇款日期、汇款人和收款人等内容。（　　）

89．L/C 规定装运期为 after 15th April, 2011 until 30th April, 2011，我方实际提单日期为 15th April, 2011 或 30th April, 2011，这是可以的。（　　）

90．在独家代理方式下，只要在指定地区和期限内做成指定商品的交易，无论是由代理商做成，还是由出口企业自己做成，代理商均有权获得佣金。（　　）

91．采用汇款支付方式，单证的交付是指出口商在货物出运之后，将进口商所需要的各种单据提交出口地银行，通过出口地银行寄给进口商，以便进口商收货付款。（　　）

92．本票可以签发一式两份或多份。（　　）

93．保兑信用证中的保兑行负第一性的付款责任。（　　）

94．按 CIF 术语成交，如果我方提交的提单日期是 2011 年 3 月 5 日，保险单日期为 2011 年 3 月 6 日，则不会影响我方安全迅速收汇。（　　）

95．根据海关的现行规定，进口货物的收货人向海关报关期限为货物到达第一进境地口岸之日起 14 天内。（　　）

第一套　习题答案

一、单项选择题

1．A　2．C　3．A　4．A　5．D　6．C　7．C　8．B　9．A　10．A　11．D　12．B
13．B　14．B　15．A　16．A　17．B　18．D　19．B　20．B　21．A　22．B　23．A
24．A　25．B　26．A　27．C　28．A　29．A　30．A　31．C　32．C　33．B　34．B
35．B　36．D　37．C　38．A　39．B　40．D　41．C　42．A　43．B　44．D　45．B
46．A　47．B　48．A　49．C　50．B　51．B　52．B　53．C　54．D　55．A　56．C
57．D　58．B　59．B　60．C

二、多项选择题

61．AC　62．AB　63．ABC　64．BCD　65．AD　66．ABC　67．AB　68．AB
69．ABCDE　70．BCD　71．BD　72．AC　73．BD　74．ABCD　75．ABDE

三、判断题

76．×　77．√　78．×　79．×　80．×　81．×　82．√　83．√　84．√　85．√
86．√　87．×　88．√　89．×　90．√　91．√　92．×　93．√　94．×　95．√

第二套　基础理论题

一、单项选择题（60 小题，每小题 1 分，共计 60 分）

1．在国际贸易中，中间商的收入被称为（　　）。

A．服务费　　　　　　　　　　　　　B．收益
C．佣金　　　　　　　　　　　　　　D．折扣

2．我方出口孟加拉国一批货物，以 CFR 价格条件成交，该货于 8 月 15 日开始装船，8 月 18 日装毕，8 月 20 日起航，9 月 6 日抵达目的港，9 月 8 日客户提货，我方交货日期是（　　）。

A．8 月 15 日　　　　　　　　　　　B．8 月 18 日
C．8 月 20 日　　　　　　　　　　　D．9 月 6 日

3．在海运业务中，倒签提单表示（　　）。

A．货物尚未装船托运人要求船方或承运人签发的提单
B．货物已经装船完毕但是已经过了合同装运期，托运人要求船方或承运人签发的提单
C．装载船只到达港口托运人要求船方或承运人签发的提单
D．以上三种情况都有可能

4．某货轮在航行途中，A 舱触礁入水，船长误以为危及 B 舱货物，命令对两舱同时施救。A 舱货物为东北大米，全部被海水浸泡，完全损失；B 舱货物为棉织被单，全部遭受抛货。则（　　）。

A．A 舱、B 舱货物都属于单独海损
B．A 舱、B 舱货物都属于共同海损
C．A 舱货物属于共同海损，B 舱货物属于单独海损

D. A 舱货物属于单独海损，B 舱货物属于共同海损

5. 投标是指投标人（卖方）应招标人的邀请，按照招标的要求和条件，在规定的时间内（　　）。

　　A. 向投标人递价，争取中标的行为

　　B. 向承包人递价，争取中标的行为

　　C. 向招标人递价，争取中标的行为

　　D. 以上说法均不正确

6. 来证规定"COMMERCIAL INVOICE IN TRIPLICATE CERTIFYING THAT THE GOODS HEREIN ARE IN ACCORDANCE WITH THOSE SPECIFIED IN THE S/C NO.9857"，制作发票时应（　　）。

　　A. 商业发票一式两份，然后在发票上注明"COMMERCIAL INVOICE IN TRIPLICATE CERTIFYING THAT THE GOODS HEREIN ARE IN ACCORDANCE WITH THOSE SPECIFIED IN THE S/C NO.9857"

　　B. 商业发票一式三份，然后在发票上注明"COMMERCIAL INVOICE IN TRIPLICATE CERTIFYING THAT THE GOODS HEREIN ARE IN ACCORDANCE WITH THOSE SPECIFIED IN THE S/C NO.9857"

　　C. 商业发票一式三份，然后在发票上注明"WE CERTIFY THAT THE GOODS HEREIN ARE IN ACCORDANCE WITH THOSE SPECIFIED IN THE S/C NO.9857"

　　D. 商业发票一式两份，然后在发票上注明"WE CERTIFY THAT THE GOODS HEREIN ARE IN ACCORDANCE WITH THOSE SPECIFIED IN THE S/C NO.9857"

7. 某外商欲购我方"东风"牌电热水器，但要求改用"荷花"商标，并不得注明产地和厂商名称。外商这一要求属于下列包装的是（　　）。

　　A. 无牌中性包装　　　　　　　　　B. 定牌中性包装

　　C. 运输包装　　　　　　　　　　　D. 销售包装

8. 不能作为明确商品品质的标准，因而对买卖双方都没有约束力的样品是（　　）。

　　A. 参考样　　　　　　　　　　　　B. 对等样

　　C. 买方样　　　　　　　　　　　　D. 卖方样

9. 对于某些品质变化较大而难以规定统一标准的农副产品，其表示品质的方法通常为（　　）。

　　A. 看货买卖　　　　　　　　　　　B. 凭样品买卖

　　C. 良好平均品质　　　　　　　　　D. 上好可销品质

10. 开证行、保兑行审核票据的最长期限为收到单据翌日起第（　　）个银行工作日。

　　A. 5　　　　　　　　　　　　　　B. 7

　　C. 9　　　　　　　　　　　　　　D. 10

11. 进出口许可证制度是一种管理进出口贸易的手段，就其职能和实施范围来说（　　）。

　　A. 它只能限制进出口商品的数量

　　B. 它只能限制进出口商品的质量

　　C. 它既能限制进出口商品的数量，又能限制进出口商品的质量

　　D. 它既能限制进出口商品的数量，又能限制价格、市场等方面

12. 为了预防、减少贸易纠纷和酌情妥善处理争议，在买卖合同中，（　　）。

　　A. 不必事先订立索赔，不可抗力和仲裁条款

　　B. 在仲裁庭同意情况下订立索赔，不可抗力和仲裁条款

　　C. 必须事先订立索赔，不可抗力和仲裁条款

D. 以上都不正确

13. 按照国际保险市场的惯例，投保时的保险加成率一般为（　　）。
   A. 2%
   B. 5%
   C. 10%
   D. 没有惯例

14. 出口企业在收到信用证后，应对照合同和（　　）对信用证内容进行审核。
   A.《联合国国际货物销售合同公约》
   B.《跟单信用证统一惯例》
   C.《2010通则》
   D. 我国的《合同法》(已随民法典施行而废止)

15. 在我国，凡属法定检验范围的商品，在办理进出口清关手续时，（　　），海关方给予验放。
   A. 必须向船方提供检验检疫机构签发的检验证书
   B. 必须向保险公司提供检验检疫机构签发的检验证书
   C. 必须向海关提供检验检疫机构签发的检验证书
   D. 以上皆不正确

16. 卖方备货的实际品质，（　　）。
   A. 低于合同规定是违约行为；高于合同规定是可以接受的
   B. 高于合同规定是违约行为；低于合同规定是可以接受的
   C. 低于合同规定是违约行为；高于合同规定，有时也可能构成违约
   D. 以上说法均不正确

17. 违约金数额与实际损失是否存在与损失的大小（　　）。
   A. 有直接的关系
   B. 没有关系
   C. 有间接的关系
   D. 是否有关系看具体情况而定

18. 若货物从广州运往荷兰的鹿特丹港口后，再运至德国一内陆城市SCHORNDORF，贸易术语为CIF ROTTERDAM，则托运单的目的港应填（　　）。
   A. ROTTERDAM
   B. NETHERLAND
   C. SCHORNDORF
   D. GERMANY

19. 在信用证申请书中汇票的付款人应填为（　　）。
   A. 开证申请人
   B. 开证行或指定付款行
   C. 通知行
   D. 受益人

20. 下列品质规定方法，正确的是（　　）。
   A. 彻底消灭褶皱的某某牌皮鞋
   B. 荞麦水分10%、杂质3%
   C. 木薯片1998年产，大路货，水分最高10%
   D. 柳酸甲醇，按英国药典规定

21. 国际贸易交易双方都要遵守（　　）。
   A. 买方所在国的国内法
   B. 各自所在国的国内法
   C. 卖方所在国的国内法
   D. 第三国的国内法

22. "德州扒鸡"中用来表明商品品质的方法是（　　）。
   A. 凭商标或品牌
   B. 凭标准
   C. 凭规格
   D. 凭产地名称

23. 货物在装运港装运前双方约定的检验机构对货物进行检验，该机构出具的检验证书作为决定交货质量、重量和数量的（　　）。
   A. 初始依据
   B. 最后依据

C. 粗略依据 　　　　　　　　　　　　　D. 次要依据

24. 出口合同中的"三平衡"是（　　）的综合平衡。
   A. 货、证、船　　　　　　　　　　　B. 货、证、款
   C. 船、证、款　　　　　　　　　　　D. 货、船、款

25. 备用 L/C 是（　　）。
   A. 跟单 L/C 的一种　　　　　　　　 B. 一种特殊形式的光票 L/C
   C. 既可是跟单 L/C，又可是光票 L/C　 D. 以上皆不对

26. 在下列业务中，不属于托收行责任的是（　　）。
   A. 对邮寄单据遗失负责
   B. 按委托人指示办事
   C. 按业务常规选择代收行
   D. 以应有的勤勉和谨慎处理业务

27. 解决争议的方式一般有（　　）。
   A. 友好协商、调解和索赔
   B. 友好协商、法院和仲裁
   C. 友好协商、调解、仲裁或诉讼
   D. 以上皆不正确

28. 商业发票的内容主要包括（　　）。
   A. 发票编号、开制日期、数量、包装、单价
   B. 发票编号、开制日期、数量、包装、单价、总值
   C. 发票编号、开制日期、数量、包装、单价、总值和支付
   D. 发票编号、开制日期、数量、包装

29. 制定进口国检验条款时，卖方实际上须承担（　　）。
   A. 到货品质、数量（重量）的责任
   B. 到货品质、运费支付的责任
   C. 到货品质、保险费支付的责任
   D. 到货商品价格、佣金的支付责任

30. 一张汇票的收款人抬头注明"PAY TO THE ORDER OF ABC CO"，即表示（　　）。
   A. 该汇票只能由 ABC 公司收取货款
   B. 该汇票不能转让
   C. 该汇票可以转让，但只能转让一次
   D. 该汇票可以转让，而且可以一直转让下去

31. "你方 20 日电我方接受，即开证，望尽早装运。"这一电文属（　　）。
   A. 询盘　　　　　　　　　　　　　　B. 发盘
   C. 还盘　　　　　　　　　　　　　　D. 接受

32. 仲裁条款中一般规定仲裁费的承担者是（　　）。
   A. 败诉方　　　　　　　　　　　　　B. 胜诉方
   C. 仲裁方　　　　　　　　　　　　　D. 提起仲裁方

33. 国际货物买卖合同是对合同当事人双方有约束力的法律文件，因此（　　）。
   A. 履行合同是一种法律行为　　　　　B. 履行合同是一种信誉行为
   C. 履行合同是一种道德行为　　　　　D. 以上皆不是

34．全式提单和简式提单（　　）。
   A．具有同等法律效力　　　　　　　　B．全式提单才具有法律效力
   C．简式提单才具有法律效力　　　　　D．在某些情况下简式提单没有法律效力

35．在补偿贸易条件下，一般最适宜采用（　　）。
   A．对开信用证　　　　　　　　　　　B．保兑信用证
   C．循环信用证　　　　　　　　　　　D．议付信用证

36．班轮从价运费的计算是按货物的（　　）。
   A．CIF价　　　　　　　　　　　　　　B．FOB价
   C．CFR价　　　　　　　　　　　　　　D．进货成本

37．销售包装一般具有（　　）功能。
   A．保护商品　　　　　　　　　　　　B．美化商品
   C．方便运输　　　　　　　　　　　　D．三者都不是

38．按照一般国家的银行做法，委托人在委托银行办理托收时，（　　），并在其中明确提出各种指示。
   A．须附一份合同　　　　　　　　　　B．须附一份发票
   C．须附一份托收委托书　　　　　　　D．须附一份申请书

39．一般情况下，发票金额应与（　　）一致。
   A．合同金额　　　　　　　　　　　　B．信用证金额
   C．保险金额　　　　　　　　　　　　D．汇票金额

40．按惯例，若买卖合同未对溢短装部分的作价方法做出规定，则应（　　）。
   A．按合同价格计算　　　　　　　　　B．按装运时某种市价计算
   C．按到货时某种市价计算　　　　　　D．双方商定

41．在航空货物运输中，下列表述不正确的是（　　）。
   A．货物抵达目的地机场后，承运人或其代理人向收货人发出"到货通知书"，收货人凭"到货通知书"提货
   B．玩具的运费是在正常运价基础上附减一定的百分比
   C．对于活体动物的托运，货主必须提前订舱且尽可能配直达航班
   D．航空货物运输的报关与其他货物运输方式的报关是不相同的

42．报检单位应在（　　）检验检疫机构办理备案登记手续。
   A．报检地　　　　　　　　　　　　　B．报关地
   C．工商注册地　　　　　　　　　　　D．以上三项均是

43．在下列国际贸易术语中，应该由卖方办理进口报关手续的是（　　）。
   A．FOB　　　　　　　　　　　　　　　B．EXW
   C．DAT　　　　　　　　　　　　　　　D．DDP

44．根据《UCP600》规定，如果信用证规定诸如"in triplicate""in three fold""in three copies"等用语要求提交多份单据，则至少提交（　　）正本，其余使用副本即可满足要求，除非单据本身另有说明。
   A．一份　　　　　　　　　　　　　　B．二份
   C．三份　　　　　　　　　　　　　　D．四份

45．在信用证的汇票条款中注明"Drawn on us"，出口商缮制汇票时，应将付款人做成（　　）。
   A．开证行　　　　　　　　　　　　　B．议付行

C．进口商 D．通知行

46．某开证行 2010 年 3 月 1 日（周一）收到 A 公司交来的单据，根据《UCP600》规定，最迟的审单时间应截止到（　　）。

A．3 月 3 日 B．3 月 4 日
C．3 月 5 日 D．3 月 6 日

47．关于汇票的付款时间，如果提示日为 2009 年 4 月 20 日，票面上写明"At 90 days from sight"，则到期付款日为（　　）。

A．7 月 18 日 B．7 月 19 日
C．7 月 20 日 D．7 月 21 日

48．在使用下列何种贸易术语进行交易时，卖方及时向买方发出"已装船通知"至关重要？因为它将直接影响买卖双方对运输途中的风险承担。（　　）

A．CIP B．DAT
C．FCA D．CFR

49．下列单证不属于包装单据的是（　　）。

A．重量单 B．尺码单
C．装货单 D．装箱单

50．凡"约""大概""大约"或类似的词语，用于信用证数量时，应理解为（　　）。

A．有关数量不超过 10% 的增减幅度
B．有关数量不超过 15% 的增减幅度
C．有关数量的增减幅度可双方协议
D．有关数量的增减幅度可按单方要求来定

51．山东食品进出口有限公司出口 20 吨大葱到日本三启株式会社，单价为 0.5 美元/千克，FOB 青岛，信用证金额为 10 000 美元。则该公司最多能装运多少数量，最多能收入多少美元？最少能装运多少数量，最少能收入多少美元？（　　）

A．20 吨，10 000 美元；20 吨，10 000 美元
B．20 吨，10 000 美元；19 吨，9 500 美元
C．21 吨，10 000 美元；19 吨，9 500 美元
D．21 吨，10 500 美元；19 吨，9 500 美元

52．海运提单收货人栏记载"TO ORDER"，这表明该提单是（　　）。

A．不可转让 B．经背书才能转让
C．不经背书即可转让 D．可以由持有人提货

53．非信用证支付方式下，制单和审单的首要依据是（　　）。

A．信用证 B．买卖合同
C．往来函电 D．有关商品的原始资料

54．A 公司于 9 月 2 日向 B 公司发盘出售某商品，规定有效期为 14 天，9 月 14 日 A 公司获悉该商品涨价，同时又收到 B 公司表示接受的传真并表示其已做好履行合同的准备，15 日，A 公司通知 B 公司要求商品涨价 30%，B 公司未同意，后 A 公司便将该商品转卖给了另一家公司。关于 15 日 A 公司通知 B 公司提价的说法正确的是（　　）。

A．A 公司的做法属于对原发盘的合法撤回
B．A 公司的做法属于对原发盘的合法撤销
C．A 公司有权撤销其原来的发盘

D．A 公司无权撤销其原来的发盘

55．在 FOB 条件下，海运提单的运费支付栏中，一般应填（　　）。

A．Freight Prepaid
B．Freight Collect
C．Freight Paid
D．Freight Payable at Loading Port

56．计算汇票付款具体时间时，必须包括（　　）。

A．见票日
B．出票日
C．提单日
D．付款日

57．在凭卖方样品交易时，卖方为防止日后出现有关品质的异议，通常备份一些样品，以作为品质评定的依据。这些样品被称作（　　）。

A．对等样品
B．参考样品
C．留存复样
D．回样

58．按《联合国国际货物销售合同公约》的解释，如违约的情况尚未达到根本性违反合同的规定，则受损害的一方（　　）。

A．只可宣告合同无效，不能要求赔偿损失
B．只能提出损害赔偿的要求，不能宣告合同无效
C．不但有权向违约方提出损害赔偿的要求，而且可宣告合同无效
D．可根据违约情况选择以上选项

59．在国际货物买卖合同中，对于货物检验的时间和地点的规定方法中，使用较多的是（　　）。

A．在出口国检验
B．在进口国检验
C．在出口国装运港检验，进口国目的港复验
D．在第三国检验

60．提单 CONSINEE 栏载明 TO ORDER 时，第一背书人为（　　）。

A．CARRIER　　　　B．ISSUING　　　　C．SHIPPER　　　　D．CONSINEE

二、多项选择题（15 小题，每小题 2 分，共计 30 分）

61．按照《2010 通则》的解释，FOB、CFR、CIF 的共同之处表现在（　　）。

A．均适合水上运输方式
B．风险转移均为装运港船舷
C．买卖双方责任划分相同
D．交货地点均为装运港
E．使用单据相同

62．在使用提单的正常情况下，收货人要取得提货的权利，必须（　　）。

A．将全套提单交回承运人
B．将任一份正本提单交回承运人
C．提单必须正确背书
D．付清应支付的费用
E．出具保函

63．票据的性质有（　　）。

A．有价性
B．要式性
C．流通性
D．命令性
E．条件性

64．按照我国《海洋货物运输保险条款》的规定，以下险别属于特殊附加险的是（　　）。

A．偷窃提货不着险
B．交货不到险
C．甲板险
D．舱面险
E．罢工险

65．关于形式发票，下列说法正确的是（　　）。

A．形式发票不是一种正式发票

B. 能用于托收和议付，正式成交后不需要另外重新缮制商业发票

C. 形式发票与商业发票的关系密切，信用证在货物描述后面常有"按照某月某日之形式发票"等条款

D. 假如来证附有形式发票，则形式发票构成信用证的组成部分，制单时要按形式发票内容全部打上

E. 形式发票就是一种正式发票

66. 当来证规定"INVOICE MUST SHOW CIF VALUE INCLUDING 5% COMMISSION AT THE TIME OF NEGOTIATION, 5% COMMISSION MUST BE DEDUCTED FROM DRAWINGS UNDER THIS CREDIT"，那么汇票金额应该（　　）。

  A. 小于发票金额   B. 大于发票金额

  C. 是不含佣的 CIF 价   D. 是含佣的 CIF 价

  E. 以上选项皆不正确

67. 下列有关象征性交货叙述正确的是（　　）。

  A. 其英文为 Physical Delivery

  B. 卖方履行交单义务后，不必履行交货义务

  C. 卖方须向买方提交有关单据，如物权凭证

  D. 卖方按期完成装运并提交合同规定全套合格单据，就算完成交货义务

  E. 一旦卖方按期将货物完好无损运抵目的港，买方则须支付货款

68. 开证人申请开立信用证时，应向开证银行交付（　　）。

  A. 押金   B. 开证手续费

  C. 货款   D. 邮电费

  E. 货款的一部分

69. 如果货物运输的装运港为 GUANGZHOU，目的港为 LONDON，转运港为 HONGKONG，且合同和信用证没有对提单中的转运港有特别要求，那么，海运提单对转运港的标示方式可采用（　　）。

  A. 在装运港栏目填写 GUANGZHOU/HONGKONG

  B. 在目的港栏目填写 LONDON W/T HONGKONG

  C. 在目的港栏目填写 LONDON VIA HONGKONG

  D. 在海运提单上注明 FROM GUANGZHOU TO LONDON VIA HONGKONG

  E. 以上均不正确

70. 下列贸易术语中，（　　）风险划分以货交第一承运人为界，并适用于各种运输方式。

  A. FAS   B. CPT

  C. CIF   D. FCA

  E. DDP

71. 根据《UCP600》的规定，如果海运提单表面注明承运人名称，则（　　）。

  A. 签署人需要表明其身份

  B. 签署人不需要表明其身份

  C. 若为代理人签署，还必须表明被代理人身份

  D. 若为代理人签署，无须表明被代理人身份

  E. 视情况而定

72. 根据我国现行《海洋货物运输保险条款》的规定，下列损失中，属于水渍险承保范围的有

( )。
   A．由海啸造成的被保货物的损失
   B．由于下雨造成的被保货物的损失
   C．由于船舱淡水水管渗漏造成的被保货物的损失
   D．由于船舶搁浅造成的被保货物的损失
   E．由于雷电造成的被保货物的损失

73．按照《2010通则》，DAT术语是（   ）。
   A．指定目的港交货　　　　　　　　B．指定目的地交货
   C．目的地交货　　　　　　　　　　D．运输终端交货

74．以下关于保险凭证描述正确的是（   ）。
   A．俗称小保单，是一种简化的保险单　　B．既有正面内容，又有背面条款
   C．与保险单具有同等效力　　　　　　　D．在实务中，保险凭证可以代替保险单

75．以下属于构成发盘要件的是（   ）。
   A．发盘内容明确　　　　　　　　　　　B．表明是不可撤销的、一定执行的
   C．表明一旦对方接受即受其约束　　　　D．必须是向特定人发出的

三、判断题（20小题，每小题0.5分，共计10分）

76．出口成本价格就是出口成交价格。（   ）

77．在进出口业务中，进口方收货后，发现货物与合同不符合，在任何时候都可向供货方索赔。（   ）

78．在FOB进口业务中，为减少我方为卖方承担装船前的卖方利益险，我方不应在货物尚未离开装运地仓库前就投保。（   ）

79．出口人开具的汇票，如开证行付款后向开证人提示遭拒付时，开证行有权行使追索权。（   ）

80．为了适应国际市场的需要，我方出口贸易中，应争取按买方样品达成交易。（   ）

81．信用证中43P域为prohibited，44E域为Chinese port，那么如果货物在中国A港没装够，同一艘船同一航次到中国B港装足信用证所要求数量的货物后同一航线到达同一目的地，在A港与B港取得的两套提单同时交给银行，银行认为这样的交单行为虽然符合《UCP600》第31条b款规定，但却不符合信用证本身44E域的单一港口要求，故不能接受这样的单据。（   ）

82．《ISO14000》是国际化标准组织推出的重量管理和重量保证系列标准。（   ）

83．我方三月中旬收到国外来证，证内规定" shipment to become within April"。2011.经查，三月份正好有班轮直达合同规定的目的港，同时货已如约备妥。在有船有货的情况下，为争取早日收汇，我方可于三月份装船出运。（   ）

84．信用证不准分批，又没有数量增减条款，则实际装运数量允许有5%的增减幅度。（   ）

85．根据《跟单信用证统一惯例》的规定，凡信用证上未注明可否转让字样，即视为可转让信用证。（   ）

86．国际贸易买卖合同的有关规定必须与有关国际贸易惯例的规定相符，否则仲裁机构或法院有权根据有关惯例的规定解释合同条款。（   ）

87．根据《2020通则》，在FAS贸易术语下，如买方所派的船不能靠岸，则卖方只要将货物装上驳船即可。（   ）

88．在押汇业务中，议付行向受益人垫付资金。买入跟单汇票，但不是汇票持有人，只能代受益人凭汇票向付款行索取票据。（   ）

89. 按《2020通则》解释，商检费是为了保障买方利益而发生的费用，在任何条件下均应由买方负担。   (   )

90. 在 FOB、CFR 和 CIF 之后加注的港口名称有的是装运港，有的是目的港，但其交货地点都是在装运港。   (   )

91. 汇票、本票、支票都可以分为即期和远期。   (   )

92. 信用证的开证行是第一付款人，因此开证行的资历和信用是出口商出运货物是否能如期收回货款的主要因素。   (   )

93.《2020通则》中的11个贸易术语，买方承担责任最大的是 EXW，最小的是 DDP。 (   )

94. 采用延期付款信用证的结算方式时，受益人必须开具远期汇票及随附单据向开证行或指定付款行索款。   (   )

95. 除非汇票上注明"Without Recourse"，否则汇票经背书后，其收款权利转让给被背书人，如该汇票日后遭到拒付，被背书人可向前手行使追索权。   (   )

第二套　习题答案

一、单项选择题

1．C 2．B 3．B 4．C 5．C 6．C 7．B 8．A 9．C 10．B 11．D 12．C
13．C 14．B 15．C 16．C 17．B 18．A 19．B 20．C 21．B 22．D 23．B
24．A 25．B 26．A 27．C 28．B 29．A 30．D 31．D 32．A 33．A 34．A
35．A 36．B 37．B 38．C 39．D 40．A 41．D 42．C 43．D 44．A 45．A
46．C 47．B 48．D 49．C 50．A 51．C 52．C 53．B 54．D 55．B 56．D
57．C 58．B 59．C 60．C

二、多项选择题

61．ABD 62．BCD 63．ABC 64．BDE 65．ACD 66．AC 67．CD 68．AB
69．ABCD 70．BD 71．AC 72．ADE 73．ABD 74．AC 75．ACD

三、判断题

76．× 77．× 78．× 79．× 80．× 81．× 82．× 83．× 84．× 85．×
86．× 87．× 88．× 89．× 90．√ 91．× 92．√ 93．√ 94．× 95．√

第三套　基础理论题

一、单项选择题（60小题，每小题1分，共计60分）

1．持票人将汇票提交付款人要求付款或承兑的行为是（　　）。
A．转让   B．出票
C．见票   D．提示

2．《联合国国际货物销售合同公约》规定，卖方的基本义务是（　　）。
A．向买方提供运输   B．向银行提交合格的单据

C. 向买方提交合格的货物和单据 　　D. 向买方提交官方批准文件

3. 以下属于副本单据的是（ ）。
   A. 打字机打的单据 　　B. 复印出来再手签
   C. 复印件 　　D. 出具（或复印）在原始函电用纸上

4. 在国际货物保险中，不能单独投保的险别是（ ）。
   A. 平安险 　　B. 水渍险
   C. 战争险 　　D. 一切险

5. 国际贸易支付工具一般包括（ ）。
   A. 货币和票据 　　B. 股票和汇票
   C. 现金和股票 　　D. 贷款和货币

6. 汇票的号码一般填写（ ）。
   A. 合同号码 　　B. 商业发票号码
   C. 提单号码 　　D. 装箱单号码

7. 某国外超市总部与中国某大型日用品生产工厂签订采购合同，所购商品用于供应其中国门店，那么采用下列哪个贸易术语较为合适？（ ）
   A. EXW 　　B. DEQ
   C. FOB 　　D. DDP

8. 合同规定按 CIF 价成交，已知总 CIF 价为 USD17,200，运费为 USD2,528，保险费为 3%，来证要求分别注明 FOB 价、运费、保险费，那么制作发票时填写正确的是（ ）。
   A. TOTAL FOB VALUE USD14,156.00
      FREIGHT USD2,528.00
      INSURANCE USD516.00
      TOTAL CIF VALUE USD17,200.00
   B. TOTAL CIF VALUE USD17,200.00
   C. TOTAL FOB VALUE USD13,956.00
      FREIGHT USD2,528.00
      INSURANCE USD716.00
      TOTAL CIF VALUE USD17,200.00
   D. TOTAL FOB VALUE USD13,956.00
      FREIGHT USD2,528.00
      INSURANCE USD716.00

9. 普惠制是（ ）对发展中国家出口产品给予的一种关税优惠制度。
   A. 发达国家 　　B. 发展中国家
   C. 美国 　　D. 欧盟

10. 对于某些品质变化较大而难以规定统一标准的农副产品，其表示品质的方法通常为（ ）。
    A. 看货买卖 　　B. 凭样品买卖
    C. 良好平均品质 　　D. 上好可销品质

11. 对于大批量的散装货，因较难掌握商品的数量，通常在合同中规定（ ）。
    A. 品质公差条款 　　B. 溢短装条款
    C. 立即装运条款 　　D. 不可抗力条款

12. 我方向马来西亚客户出口机器 600 台，来证规定不得转运，并受《UCP600》约束。但我方的机器 300 台在大连，300 台在天津，适有船从大连开往马来西亚，途经天津停靠，我方可（   ）。

  A．请客户改证允许分批装运   B．将大连的 300 台机器运天津装船

  C．在大连、天津分别装上这一航次的轮船   D．以上都不对

13．就卖方承担的风险而言，（   ）。

  A．CIF 比 CFR 大   B．CFR 比 CIF 大

  C．CIF 与 CFR 相同   D．具体情况不同，承担风险不同

14．按照《跟单信用证统一惯例》的规定，受益人最后向银行交单议付的期限是不迟于提单签发日的（   ）天。

  A．11   B．15

  C．21   D．25

15．根据《UCP600》，信用证中不表明需要提交至少一份正本的措辞是（   ）。

  A．in duplicate   B．in two fold

  C．in two copies   D．in two photocopies

16．下列各种单证中，不属于申报人办理出口报关必备单证的是（   ）。

  A．发票   B．箱单

  C．装货单   D．原产地证

17．在其他条件相同的前提下，（   ）的远期汇票对收款人最为有利。

  A．出票后 30 天后付款   B．提单签发日后 30 天付款

  C．见票后 30 天付款   D．货到目的港后 30 天付款

18．在交易磋商中，有条件的接受是（   ）。

  A．还盘的一种形式   B．接受的一种形式

  C．发盘的一种形式   D．发盘的邀请

19．承运人收到托运货物，但尚未装船时，向托运人签发的提单是（   ）。

  A．已装船提单   B．指示提单

  C．备运提单   D．倒签提单

20．我国是《万国邮政公约》的签约国之一，根据这一公约的规定，进出境邮递物品的"报税单"和"绿色标签"应随同物品通过（   ）或当事人呈递给海关。

  A．报关企业   B．国际货运代理公司

  C．邮政企业或快递公司   D．收货人 / 发货人

21．国际贸易交易双方都要遵守（   ）。

  A．买方所在国的国内法   B．各自所在国的国内法

  C．卖方所在国的国内法   D．第三国的国内法

22．签发多式联运提单的承运人的责任是（   ）。

  A．只对第一程运输负责   B．必须对全程运输负责

  C．对运输不负责   D．只对最后一程运输负责

23．一张每期用完一定金额后，须等开证行通知到达，才能恢复到原金额继续使用的信用证是（   ）。

  A．非自动循环信用证   B．半自动循环信用证

  C．自动循环信用证   D．有时自动，有时非自动

24．国际货物买卖合同是对合同当事人双方有约束力的法律文件，因此（   ）。

A. 履行合同是一种法律行为 B. 履行合同是一种信誉行为
C. 履行合同是一种道德行为 D. 以上皆不是

25. 信用证是进口商根据买卖合同规定的业务向银行申请开立的，信用证的第一付款人是（　　）。

A. 进口商 B. 议付行
C. 视信用证的具体规定而定 D. 开证银行

26. 根据《UCP600》，商业发票的抬头人应填写（　　）。

A. 受益人 B. 开证行
C. 通知行 D. 开证申请人

27. 若信用证同时列明三个装运港 XINGANG/QINHUANGDAO/TANGSHANG，在填制托运单时应填（　　）。

A. XINGANG/QINHUANGDAO/TANGSHANG
B. XINGANG
C. 根据 L/C 提供的港口，只填写实际装运港的名称
D. GUANGZHOU

28. According to *UCP600*, which of the following words used in connection with the amount of the Credit or the quantity or the unit price stated in the Credit are NOT construed as allowing a difference not to exceed 10% more or less in the amount or the quantity or the unit price to which they refer?（　　）

A. Circa B. Approximately
C. Circus D. About

29. 提单上若注明了"10 件包装破损"，则该提单是（　　）。

A. 清洁提单 B. 不清洁提单
C. 指示提单 D. 已装船提单

30. 按《联合国国际货物销售合同公约》规定，一项发盘在尚未送达受盘人之前，是可以阻止其生效的，这叫发盘的（　　）。

A. 撤回 B. 撤销
C. 还盘 D. 接受

31. 下列有关日期表述正确的是（　　）。

A. 保险单的出单期可以晚于已装船提单的出单期
B. 提单签发日可以迟于信用证或合同规定的装期
C. 汇票签发日期可以比发票日期早
D. 发票日期一般比其他议付单据的日期早

32. According to *INCOTERMS 2010*, the trade terms — means that the Seller delivers the goods, cleared for export, to the carrier nominated by the buyer at the named place.（　　）

A. FCA B. EXW
C. CFR D. DAP

33. 根据《2010 通则》解释，按 C 字头贸易术语签订的合同（　　）。

A. 均属于到达合同
B. 均属装运合同
C. 有时属于到达合同，有时属于装运合同，视情况不同而定
D. 以上都不对

34. 商品运输包装上的"Handle with Care"属于（　　）。

A．警告性标志 B．指示性标志
C．唛头 D．危险性标志

35．According to *UCP600*, which of the following documents must be issued/drawn by the beneficiary unless otherwise stipulated by the Credit?（ ）

A．packing list B．draft
C．inspection certificate D．form A

36．在信用证支付方式下，象征性交货意指卖方的交货义务是（ ）。

A．不交货 B．仅交单
C．凭单交货 D．实际性交货

37．（ ）又可分为保兑和不保兑信用证两种。

A．议付信用证 B．背对背信用证
C．不可撤销信用证 D．可撤销信用证

38．在托运、报检和报关的单证中，由出口商出具的有关单证有（ ）。

A．发票、报关单、报检单和提单 B．发票、装箱单、报检单和通关单
C．发票、报关单、装箱单和提单 D．发票、装箱单、报检单和托运单

39．青岛某公司向朝鲜平壤某公司售出一批水果，采用DAP术语、铁路运输。DAP术语后应列明（ ）。

A．青岛 B．丹东（我国国境站）
C．新义州（朝鲜国境站） D．平壤

40．When the credit calls for a draft drawn on the applicant, according to *UCP600*, how will banks treat such draft?（ ）

A．Banks may disregard such requirement

B．Banks may accept a draft drawn on the issuing bank in lieu of one drawn on the applicant

C．Banks will consider the draft as an additional document

D．Banks will try to persuade the applicant to amend the Credit to delete such requirement

41．关于信用证修改业务，以下表述错误的是（ ）。

A．受益人不能部分接受信用证修改内容

B．受益人可以用交单的方式来表示是否接受信用证的修改内容

C．受益人可以用书面方式通知银行是否接受信用证的修改内容

D．受益人如果不用书面方式通知银行是否接受信用证的修改内容，则视为接受

42．A公司于9月2日向B公司发盘出售某商品，规定有效期为14天，9月14日A公司获悉该商品涨价，同时又收到B公司表示接受的传真并表示其已做好履行合同的准备，15日，A公司通知B公司要求商品涨价30%，B公司未同意，后A公司便将该商品转卖给了另一家公司。关于15日A公司通知B公司提价的说法正确的是（ ）。

A．A公司的做法属于对原发盘的合法撤回

B．A公司的做法属于对原发盘的合法撤销

C．A公司有权撤销其原来的发盘

D．A公司无权撤销其原来的发盘

43．卖方在8月11日向国外某买方发盘，并称："限买方8月15日复到卖方有效。"8月13日接到买方复电称："你11日电接受，以获得进口许可证为准。"该接受（ ）。

A．在卖方缄默的情况下，则视为有效接受 B．相当于还盘

C. 属有效的接受 D. 属于一份非实质性改变发盘条件的接受

44. GSP Form A 是（ ）。
   A. 一般原产地证明书 B. 普惠制原产地证明书
   C. 欧盟纺织品专用原产地证明书 D. 动植物检疫证明书

45. 当采用 CIP、CPT、FCA 贸易术语成交时，就卖方承担的费用而言，下列排列顺序正确的是（ ）。
   A. CIP 大于 CPT 大于 FCA B. CPT 大于 FCA 大于 CIP
   C. FCA 大于 CIP 大于 CPT D. CIP 大于 FCA 大于 CPT

46. 根据《URC522》的分类，（ ）属于进口方要求说明货物及相关情况的单据。
   A. 原产地证明 B. 海关发票
   C. 装运通知 D. 领事发票

47. 下列不属于报关基本单证的是（ ）。
   A. 发票 B. 装箱单
   C. 提单 D. 进口货物许可证

48. 在出口业务中，若预测到本币汇率上升，计价外币汇率下降，出口商应争取（ ）。
   A. 提前付款 B. 提前收款
   C. 推迟付款 D. 推迟收款

49. 贸易术语 FOB 后面应该是（ ）。
   A. point of origin B. port of importation
   C. port of discharge D. port of exportation

50. 贸易术语 CFR 后面应该是（ ）。
   A. point of origin B. port of shipment
   C. port of destination D. port of exportation

51. 某出口公司对外报盘某产品，根据《联合国国际货物销售合同公约》的规定，下列（ ）情况下，一经受盘人有效接受，双方即可达成交易。
   A. 各项交易条件，但并未规定成交的数量
   B. 发盘中规定了各项交易条件，同时注明"以我方最后确认为准"
   C. 发盘中只规定了商品的名称、数量及价格，同时向 A，B 两个公司发出
   D. 发盘以平邮方式发出，但在当天，发盘人又以传真方式要求撤回发盘

52. 一般不以自己的名义与第三者签订合同的是（ ）。
   A. 包销 B. 代理
   C. 寄售 D. 以上均不是

53. 计算汇票付款具体时间时，必须包括（ ）。
   A. 见票日 B. 出票日
   C. 提单日 D. 付款日

54. 合同中的数量条款为"1,000 M/T with 5% more or less at the Seller's option"，则卖方交货数量可以是（ ）。
   A. 950 M/T B. 1,000 M/T
   C. 1,050 M/T D. 950 M/T 到 1,050 M/T 之间

55. 关于租船装卸费用划分问题，使用较多的是（ ）。
   A. FO B. FIO
   C. FOB Liner Terms D. FI

56. 经过背书才能转让的提单是（ ）。
   A. 指示提单　　　　　　　　　　B. 不记名提单
   C. 记名提单　　　　　　　　　　D. 清洁提单

57. 信用证修改通知书的内容在两项以上者，受益人（ ）。
   A. 要么全部接受，要么全部拒绝　　B. 可选择接受
   C. 必须全部接受　　　　　　　　D. 只能部分接受

58. 信用证是依据买卖合同开立的，出口商要保证安全收汇，必须做到（ ）。
   A. 提交的单据与买卖合同规定相符
   B. 提交的单据与信用证规定相符
   C. 提交的单据既要与买卖合同规定相符，又要与信用证规定相符
   D. 当信用证与买卖合同规定不一致时，提交的单据应以买卖合同规定为主，适当参照信用证有关规定

59. 小件急需品和贵重货物，最佳的运输方式是（ ）。
   A. 海洋运输　　　　　　　　　　B. 邮包运输
   C. 航空运输　　　　　　　　　　D. 公路运输

60. 对于规格复杂、精密程度高，需要在一定操作条件下用精密仪器或设备检验的货物一般在（ ）进行检验。
   A. 生产设备的工厂　　　　　　　B. 设备在装运港装船前
   C. 进口国卸货地　　　　　　　　D. 最终用户所在地

二、多项选择题（15 小题，每小题 2 分，共计 30 分）

61. 土产公司出口肠衣一批，为防止在运输途中容器损坏而引起渗漏，应投（ ）。
   A. 渗漏险　　　　　　　　　　　B. 一切险
   C. 一切险加渗漏险　　　　　　　D. 水渍险加渗漏险
   E. 战争险

62. 构成共同海损的条件有（ ）。
   A. 必须是确实遭遇危难
   B. 必须是自然灾害造成的损失
   C. 必须是有意的、合理的措施造成的损失
   D. 必须是为船、货共同安全而采取的措施
   E. 必须是属于非常性质的损失

63. FOB 与 FCA 相比较，其主要区别有（ ）。
   A. 适用的运输方式不同
   B. 风险划分的界限不同
   C. 交货地点不同
   D. 出口清关手续及费用的承担方不同
   E. 进口清关手续及费用的承担者不同

64. 商检证书的作用有（ ）。
   A. 是证明卖方所交货物符合合同规定的依据
   B. 是海关放行的依据
   C. 是卖方办理货款结算的依据
   D. 是办理索赔和理赔的依据

E．是银行付款的依据

65．构成一项有效接受必须具备的条件是（   ）。

A．接受必须由合法的受盘人做出

B．接受必须是无条件地接受

C．接受必须在发盘有效期内做出

D．接受的传递方式应符合发盘的要求

E．接受必须以传真的形式传递

66．信用证中，表示受益人的单词或词组有（   ）。

A．Beneficiary
B．In favour of
C．Opener
D．In your favour
E．Applicant

67．对于保兑信用证，承担第一性付款责任的有（   ）。

A．通知行
B．议付行
C．开证行
D．保兑行
E．代理行

68．信用证有关条款："ISSUING BANK：XYZ BANK APPLICANT：ABC CO. BENEFICIARY：GD TRADING CO., LTD. DOCUMENTS REQUIRED：FULL SET OF CLEAN ON BOARD BILL OF LADING MADE OUT TO ORDER OR TO OUR ORDER, MARKED FREIGHT PREPAID NOTIFY APPLICANT."信用证未对提单做任何其他规定，则提单的收货人应为（   ）。

A．TO ORDER

B．TO ORDER OF XYZ BANK

C．TO ORDER OF ABC CO.

D．TO ORDER OF GD TRADING CO., LTD.

E．以上选项皆不正确

69．下列哪些单据是《UCP600》述及的运输单据？（   ）

A．航空运单
B．提单
C．电放提单
D．海运单
E．都没有述及

70．依据《2010通则》的要求，每个术语后应有一个指定的地点。这个地点既是交货地点又是风险转移地点的术语有（   ）。

A．E字头术语
B．F字头术语
C．C字头术语
D．D字头术语
E．以上全部

71．下列（   ）属于共同海损。

A．船舱着火，船长和船员忙着救火，致使部分货物受潮造成损失

B．机舱外烟雾弥漫，船长误认为船舱着火，号召大家救火，致使部分货物受潮造成损失

C．船因故搁浅，船长为脱浅，将部分货物抛入海中造成的部分货物的损失

D．船在航行中推进器失灵，船舶失控，船长向附近港口要求排拖轮而产生的拖轮费用

E．船搁浅，船壳钢板出现裂缝需修船，为此必须将货卸至岸上。卸货过程中部分货物受损

72．按照《2010通则》的规定，在下列贸易术语中适用于多种运输方式的是（   ）。

A．EXW
B．FCA

C. FAS D. DAT
E. DAP

73. 投保海运一切险后，以下（　　）可不用加保。
A. 偷窃、提货不着险 B. 交货不到险
C. 淡水雨淋险 D. 战争险
E. 罢工险

74. 国际标准化组织推荐的标准运输标志，应该包括（　　）。
A. 收货人名称的缩写或简称 B. 参考号（订单、发票号）
C. 目的地 D. 件号或箱号
E. 产地标志

75. 根据我国票据法规定，汇票必须记载的事项除汇票金额外，还有（　　）。
A. 汇票字样 B. 无条件支付命令
C. 付款人名称 D. 收款人名称
E. 出票日期和出票人签章

三、判断题（共 20 小题，每小题 0.5 分，共计 10 分）

76. 在出口业务中，卖方履行合同的基本义务是向买方提交符合合同规定的货物。（　　）

77. 我国常设的仲裁机构主要是中国国际经济贸易仲裁委员会和海事仲裁委员会；中国国际经济贸易仲裁委员会仲裁机构地点在北京、上海和深圳，海事仲裁委员会仲裁机构地点在北京和广州。（　　）

78. 出口人开具的汇票，如开证行付款后向开证人提示遭拒付时，开证行有权行使追索权。（　　）

79. 背对背信用证与未经保兑的可转让信用证一样对供货方有利。（　　）

80. ISO14000 是国际化标准组织推出的重量管理和重量保证系列标准。（　　）

81. "出口国检验，进口国复验"是国际货物买卖合同中最常见的一种规定检验时间和地点的方法。（　　）

82. 如原料为本国产品，则外汇成本可按原料的 CIF 出口价计算；如原料是进口的，可按原料的 FOB 价计算。（　　）

83. 一项发盘如果表明是不可撤销的，则意味着发盘人无权撤销该发盘。（　　）

84. 在票汇的情况下，买方购买银行汇票径寄卖方，因采用的是银行汇票，故这种付款方式属于银行信用。（　　）

85. 采用定牌出口商品时，除非买卖双方另有规定，一般都应在商品包装上注明"中国制造"字样。（　　）

86. 根据《INCOTERMS 2010》的解释，按 EXW 条件成交时，如果卖方代办出口手续，货物被禁止出口的风险由卖方承担。（　　）

87. 在 CIF 条件下，卖方办理保险，在 CFR 条件下，买方办理保险，因此在货运过程中货物发生损失，前者由卖方负责，后者由买方负责。（　　）

88. 根据《UCP600》规定，信用证项下单据应在信用证有效期和交单期内向银行提交。如果信用证对交单期未作规定，则交单期不得迟于运输单据日期后的 15 天，并且不得迟于信用证的有效期。（　　）

89. 提单的签发人通常应为托运人。（　　）

90. 保险单的签发日期可以与运输单据的开航日期相同。（　　）

91. 若进口商发现提单是伪造的,可以向当地法院申请止付令,阻止开证行付款。（ ）

92. 在独家代理方式下,只要是在指定地区和期限内做成的指定商品的交易,无论是由代理商做成,还是由出口企业自己做成,代理商均有权获得佣金。（ ）

93. 从商业观点来看,可以说 CFR 合同的目的不是货物,而是与货物有关的单据的买卖。（ ）

94. 某商品 100 箱,每箱尺寸 10×20×30 CM,每箱毛重 30 公斤,如果海运费计收标准按 M/W（1 立方米＝1 运费吨）,则承运人按重量吨计收运费。（ ）

95. 票据金额以中文大写和数字同时记载的,两者必须一致,如果不一致时,按我国《票据法》的解释,以中文大写金额为准。（ ）

第三套　习题答案

一、单项选择题

1．D　2．C　3．C　4．C　5．A　6．B　7．A　8．A　9．A　10．C　11．B　12．C
13．C　14．C　15．D　16．D　17．B　18．A　19．C　20．C　21．B　22．B　23．A
24．A　25．D　26．D　27．C　28．C　29．B　30．A　31．D　32．A　33．B　34．B
35．B　36．C　37．C　38．D　39．D　40．D　41．D　42．D　43．D　44．B　45．A
46．C　47．D　48．B　49．D　50．C　51．C　52．B　53．D　54．D　55．B　56．A
57．A　58．B　59．C　60．D

二、多项选择题

61．BD　62．ACDE　63．ABC　64．ABCD　65．ABCD　66．ABD　67．CD　68．AB
69．ABD　70．ABD　71．ACDE　72．ABDE　73．AC　74．ABCD　75．ABCDE

三、判断题

76．×　77．√　78．×　79．×　80．×　81．√　82．×　83．√　84．×　85．√
86．×　87．×　88．√　89．×　90．√　91．√　92．√　93．√　94．×　95．×

第四套　基础理论题

一、单项选择题（60 小题,每小题 1 分,共计 60 分）

1．舱面险属于（　　）。

　A．一切险　　　　　　　　　　　　　B．平安险
　C．水渍险　　　　　　　　　　　　　D．附加险

2．适用于在造型上有特殊要求或具有色、香、味等方面特征的商品表示品质的方式是（　　）。

　A．凭等级买卖　　　　　　　　　　　B．凭样品买卖
　C．凭商标买卖　　　　　　　　　　　D．凭说明书买卖

3．远期票据的持有人将未到期的票据提早向银行兑现,银行扣除贴现息后,把票款净值付给票据持有人,这种业务称为（　　）。

　A．出口押汇　　　　　　　　　　　　B．贴现

C. 议付 D. 结汇

4. 在国外来证中规定：数量为 20 000 公吨的散装货物，总金额 100 万美元，未表明可否溢短装，不准分批装运。根据《跟单信用证统一惯例》规定，卖方发货的（　　）。

   A. 数量和总金额均不能增减

   B. 数量和总金额均可增减 10% 以内，但金额不得超过 90 万美元

   C. 数量和总金额均增减 5% 以内，但金额不得超过 95 万美元

   D. 数量和总金额均增减 20% 以内，但金额不得超过 80 万美元

5. 汇票的号码一般填写（　　）。

   A. 合同号码 B. 商业发票号码

   C. 提单号码 D. 装箱单号码

6. 商业汇票是指汇票的（　　）为商业企业的汇票。

   A. 受票人 B. 收款人

   C. 付款人 D. 出票人

7. 下列不在一切险承保范围内的险别是（　　）。

   A. 偷窃、提货不着险 B. 渗漏险

   C. 交货不到险 D. 碰损险

8. 一张有效的信用证，必须规定一个（　　）。

   A. 装运期 B. 有效期

   C. 交单期 D. 议付期

9. 某公司签发一张汇票，上面注明 "At 90 days after sight"，则这是一张（　　）。

   A. 即期汇票 B. 远期汇票

   C. 光票 D. 跟单汇票

10. 当信用证规定 "DRAWN ON US"，那么汇票应该（　　）。

    A. 在付款人栏目外填写 "US"

    B. 在收款人栏目外填写 "US"

    C. 在付款人栏目处填写 "开证行名称及地址"

    D. 在付款人栏目外填写 "开证申请人名称及地址"

11. 下列发盘有效的是（　　）。

    A. 请改报装运期 10 日内复到有效

    B. 你 20 日电每吨 500 美元 25 日复到有效

    C. 你 20 日电可供 200 套参考价每套 75 美元

    D. 你 20 日电接受，但以 D/A 替代 L/C

12. 以下关于信用证修改业务的描述正确的是（　　）。

    A. 由申请人向原开证行提出修改要求

    B. 修改通知书的传递途径和方式可以与原证不同

    C. 受益人对修改通知必须明确表示是否接受

    D. 受益人可以部分接受修改书内容

13. 海运提单中的 Through B/L 是指（　　）。

    A. 直达提单 B. 联运提单

    C. 指示提单 D. 转船提单

14. 在海洋运输货物保险业务中，共同海损（　　）。

A. 是部分损失的一种 B. 是全部损失的一种
C. 有时是部分损失，有时是全部损失 D. 两者都不是

15. 按照《跟单信用证统一惯例》的规定，受益人最后向银行交单议付的期限是不迟于提单签发日的（　　）天。
   A. 11 B. 15
   C. 21 D. 25

16. 下列事故不被列入不可抗力事故范围的是（　　）。
   A. 自然灾害 B. 汇率变动
   C. 暴动、战乱 D. 调整政策制度

17. 在信用证申请书中汇票的付款人应填为（　　）。
   A. 开证申请人 B. 开证行或指定付款行
   C. 通知行 D. 受益人

18. 某公司出口大豆100吨，在海运途中遭受暴风雨，海水涌入舱内，致使一部分大豆发霉变质，这种损失属于（　　）。
   A. 实际全损 B. 推定全损
   C. 共同海损 D. 单独海损

19. 下列贸易术语中，全部在出口国交货的是（　　）。
   A. FCA、FAS、DEQ B. EXW、FOB、CIF
   C. CFR、CPT、DDU D. DAF、DES、CIP

20. 在托收项下，单据的缮制通常以（　　）为依据。如有特殊要求，应参照相应的文件或资料。
   A. 信用证 B. 发票
   C. 合同 D. 提单

21. 若货物从广州运往荷兰的鹿特丹港口后，再运至德国一内陆城市SCHORNDORF，贸易术语为CIF ROTTERDAM，则托运单的目的港应填（　　）。
   A. ROTTERDAM B. NETHERLAND
   C. SCHORNDORF D. GERMANY

22. 保兑行对保兑信用证承担的付款责任是（　　）。
   A. 第一性的 B. 第二性的
   C. 第三性的 D. 第四性的

23. 象征性交货意指卖方的交货义务是（　　）。
   A. 不交货 B. 既交单又实际性交货
   C. 凭单交货 D. 实际性交货

24. "德州扒鸡"中用来表明商品品质的方法是（　　）。
   A. 凭商标或品牌 B. 凭标准
   C. 凭规格 D. 凭产地名称

25. 商业发票的内容主要包括（　　）。
   A. 发票编号、开制日期、数量、包装、单价等内容
   B. 发票编号、开制日期、数量、包装、单价、总值等内容
   C. 发票编号、开制日期、数量、包装、单价、总值和支付等内容
   D. 发票编号、开制日期、数量、包装等内容

26. 下列说法不正确的是（　　）。

A. 开立信用证时，进口商应向银行交付保证金
B. 开证行根据合同开立信用证
C. 开证后，银行的权利和义务只限于信用证的规定，只对信用证负责
D. 开证后，银行的权利和义务还要受到合同的约束

27. 备用 L/C 是（　　）。
 A. 跟单 L/C 的一种 　　B. 一种特殊形式的光票 L/C
 C. 既可是跟单 L/C，又可是光票 L/C 　　D. 以上皆不对

28. 按《2010通则》解释，与 CPT 相比，CIP 条件下卖方需要多提交的单据是（　　）。
 A. 运输单据 　　B. 有关商业发票及电子单证
 C. 保险单据 　　D. 出口许可证

29. "你方20日电我方接受，即开证，望尽早装运。"这一电文属（　　）。
 A. 询盘 　　B. 发盘
 C. 还盘 　　D. 接受

30. 信用证的50域中有开证申请人的电话，但实际上却是个空号（开证申请人在开证时笔误造成的），信用证中的提单要求 notify applicant，那么根据《UCP600》，下列叙述正确的是（　　）。
 A. 实际缮制提单时被通知人栏无须填列该电话号码
 B. 实际缮制提单时被通知人栏只需把正确号码填列即可（虽然其他可以错，但被通知人一栏必须正确）
 C. 实际缮制发票时抬头人栏无须填列电话号码
 D. 实际缮制发票时抬头人栏必须填列该电话号码，否则将被银行视为存在不符

31. 如信用证没有特别规定，按国际保险市场惯例，保险金额一般在发票金额的基础上（　　）填写。
 A. 加一成 　　B. 加两成
 C. 加三成 　　D. 加四成

32. 在我国出具不可抗拒事件证明文件的机关是（　　）。
 A. 商务部 　　B. 出入境检验检疫局
 C. 海关 　　D. 贸易促进委员会

33. 国际贸易中使用的金融票据主要有（　　）。
 A. 汇票、本票和发票 　　B. 汇票、支票和发票
 C. 汇票、本票和支票 　　D. 汇票、发票和支票

34. "以毛作净"实际上就是（　　）。
 A. 以净重作为毛重作为计价的基础 　　B. 按毛重计算重量作为计价的基础
 C. 按理论重量作为计价的基础 　　D. 按法定重量作为计价的基础

35. 信用证条款中，"Latest date of shipment"的意思是（　　）。
 A. 信用证到期日 　　B. 信用证最晚交单日
 C. 信用证最早交单日 　　D. 信用证最迟装运日

36. 下列对比包销、代理的描述中，正确的是（　　）。
 A. 包销商、独家代理商均享有指定商品的专营权
 B. 包销商、代理商均得到货物实体
 C. 包销商、代理商均得到货物的所有权
 D. 包销商、代理商经营的目的均为获取佣金

37. 采用CIF贸易术语成交时，按《2010通则》解释，买卖双方风险划分是以货物（　　）为界。
   A. 离岸 B. 越过船舷
   C. 交承运人 D. 装上船

38. 以下最适合凭产地名称来表示商品质量的是（　　）。
   A. 土特产 B. 电脑
   C. 纺织品 D. 大型机械

39. 在航空货物运输中，下列表述不正确的是（　　）。
   A. 货物抵达目的地机场后，承运人或其代理人向收货人发出"到货通知书"，收货人凭"到货通知书"提货
   B. 玩具的运费是在正常运价基础上附减一定的百分比
   C. 对于活体动物的托运，货主必须提前订舱且尽可能配直达航班
   D. 航空货物运输的报关与其他货物运输方式的报关是不相同的

40. 海运提单之所以能够向银行办理抵押贷款，是因为（　　）。
   A. 海运提单是承运人签发的货物收据 B. 海运提单可以转让
   C. 海运提单是运输契约的证明 D. 海运提单具有物权凭证的性质

41. 在商业单据中，处于中心地位的单据是（　　）。
   A. 商业发票 B. 海关发票
   C. 海运提单 D. 保险单

42. If a Credit requires "an inspection certificate issued by a well-known inspector", (　　).
   A. the certificate may be issued by anyone
   B. the certificate may be issued by the beneficiary
   C. the certificate must be signed, dated and issued in one original and one copy
   D. the certificate must not be issued by the beneficiary and must appear to comply with the other terms and conditions of the Credit

43. 审核信用证的依据是（　　）。
   A. 开证申请书 B. 一整套单据
   C. 合同 D. 商业发票

44. 假如在一笔未规定最迟交单期限的交易中，提单日期为2011年8月15日，信用证有效期为2011年9月15日。按《UCP600》，受益人最迟向银行交单的期限为（　　）。
   A. 2011年8月15日 B. 2011年9月5日
   C. 2011年9月15日 D. 2011年9月6日

45. 在信用证的汇票条款中注明"Drawn on us"，出口商缮制汇票时，应将付款人做成（　　）。
   A. 开证行 B. 议付行
   C. 进口商 D. 通知行

46. 小陈在搬运货物的过程中看到货物的外包装上有一只酒杯图形，这种标志属于（　　）。
   A. 危险性标志 B. 指示性标志
   C. 警告性标志 D. 易燃性标志

47. 根据《UCP600》的解释，信用证的第一付款人是（　　）。
   A. 进口人 B. 开证行
   C. 议付行 D. 通知行

48. 下列危险属于自然灾害的是（　　）。
    A．海啸 B．触礁
    C．失踪 D．失火

49. 根据《UCP600》的解释，开证行开立的信用证不会是（　　）。
    A．可撤销信用证 B．议付信用证
    C．跟单信用证 D．转让信用证

50. 收到国外来证两份：①棉布 10 万码，每码 0.40 美元，信用证总金额 42 000 美元；②服装 1 000 套，每套 20.00 美元，信用证总金额 21 000 美元。据此，两证出运的最高数量和金额可分别掌握为（　　）。
    A．棉布 100 000 码，40 000 美元；服装 1 000 套，20 000 美元
    B．棉布 105 000 码，42 000 美元；服装 1 050 套，21 000 美元
    C．棉布 105 000 码，42 000 美元；服装 1 000 套，20 000 美元
    D．棉布 100 000 码，40 000 美元；服装 1 050 套，21 000 美元

51. CFR 合同下，如果卖方装船后未及时向买方发出装船通知，致使买方未能办理货运保险，则运输途中的风险由（　　）。
    A．买方承担 B．卖方承担
    C．承运人承担 D．买卖双方各承担一半

52. 在 FOB 条件下，海运提单的运费支付栏中，一般应填（　　）。
    A．Freight Prepaid B．Freight Collect
    C．Freight Paid D．Freight Payable at Loading Port

53. 贸易术语 DAT 后面应该是（　　）。
    A．point of origin B．port of loading
    C．place of destination D．port of shipment

54. 承兑人对出票人指示不加限制地同意确认，这是（　　）。
    A．一般承兑 B．特别承兑
    C．普通承兑 D．限制承兑

55. 在有关贸易术语的国际贸易惯例中，影响最大、使用范围最广的是（　　）。
    A．《华沙—牛津规则》 B．《美国对外贸易定义》
    C．《国际贸易术语解释通则》 D．《国际货物销售合同公约》

56. 某公司出口电扇 1 000 台用纸箱装，合同和信用证都规定不准分批装运，装船时有 40 台包装破裂，风罩变形，不能出口，根据《UCP600》规定，只要货款不超过信用证总金额，交货数量允许有 5% 的增减。据此，发货人（　　）。
    A．可以装运 960 台 B．可以装运 950 台
    C．可以装运 1 000 台 D．可以装运 850 台

57. 合同中的数量条款为"1,000 M/T with 5% more or less at the Seller's option"，则卖方交货数量可以是（　　）。
    A．950 M/T B．1,000 M/T
    C．1,050 M/T D．950 M/T 到 1,050 M/T 之间

58. 某商品出口总成本为 1 500 000 元人民币，出口后外汇净收入为 220 000 美元，按近期中国银行的外汇牌价 100 美元折合人民币 799 元，则出口盈亏率为（　　）。
    A．14.7% B．15.8%

C. 17.2% D. 19.1%

59. 相当于银行保函的信用证是（　　）。
A. 对开信用证 B. 不可撤销信用证
C. 循环信用证 D. 备用信用证

60. 计算汇票付款具体时间时，必须包括（　　）。
A. 见票日 B. 出票日
C. 提单日 D. 付款日

二、多项选择题（15 小题，每小题 2 分，共计 30 分）

61. 以下属于运输包装标志的是（　　）。
A. 运输标志 B. 条形码
C. 指示性标志 D. 警告性标志
E. 指导性标志

62. 在下列集装箱运输的情况下，船公司无法提供"门到门"服务的条件是（　　）。
A. FCL/FCL B. FCL/LCL
C. LCL/FCL D. LCL/LCL
E. 以上都无法提供

63. 信用证规定"SHIPMENT TO BE EFFECTED ON OR ABOUT AUGUST 25, 2011; DOCUMENTS REQUIRED：AWB CONSIGNED TO THE APPLICANT"，没有其他特别要求，空运单显示不正确的是（　　）。
A. ISSUING DATE：AUG. 30，2011，FLIGHT DATE：AUG. 31，2011
B. ISSUING DATE：AUG. 18，2011，FLIGHT DATE：AUG. 25，2011
C. ISSUING DATE：AUG. 18，2011，FLIGHT DATE：AUG. 19，2011
D. ISSUING DATE：AUG. 20，2011，FLIGHT DATE：AUG. 31，2011
E. ISSUING DATE：AUG. 20，2011，FLIGHT DATE：AUG. 25，2011

64. 根据伦敦保险协会制定的《协会货物条款》，以下险别能单独投保的有（　　）。
A. ICC（A） B. ICC（B）
C. 战争险 D. 恶意损害险

65. 出口成交价为 CIFC 价格时，计算外汇收入需扣除的是（　　）。
A. 国内运费 B. 国外佣金
C. 国外运费 D. 国外保险费
E. 国内保险费

66. 下列出口商品单价表示正确的是（　　）。
A. 每箱 150 欧元 FOB DALIAN B. 每吨 200 美元 CIF SHANGHAI
C. 每箱 100 英镑 FOB TIANJIN D. 每箱 100 欧元 FOB Rotterdam
E. 每箱 150 欧元 CIF GUANGZHOU

67. 有关发盘撤回与撤销叙述正确的有（　　）。
A. 发盘撤回是指发盘生效后将其取消，使其失去效力
B.《联合国国际货物销售合同公约》规定不可撤销发盘是不能撤回的
C. 英美法和大陆法对发盘撤回问题的认识基本一致
D. 德国法律规定发盘在有效期内不得随意撤销
E.《联合国国际货物销售合同公约》规定部分发盘是不可撤销的

68. 在我国海洋运输货物保险业务中，下列险别可适用"仓至仓"条款的有（   ）。
   A．ALL RISKS   B．W. A. or W. P. A
   C．F. P. A   D．T. P. N. D
   E．WAR RISK

69. 在下列贸易术语中，货交承运人时风险转移的术语有（   ）。
   A．EXW   B．FCA   C．CIF   D．CPT
   E．CIP

70. 以下对可转让信用证表述正确的是（   ）。
   A．可转让信用证只能转让一次
   B．可转让信用证可转让二次
   C．可转让信用证必须注明"transferable"字样
   D．如第二受益人无法履约，可将信用证转回给第一受益人
   E．可转让信用证第二受益人可将信用证转让给其后的第三受益人

71. 不可抗力的构成条件是（   ）。
   A．事故发生在合同订立以后
   B．发生了合同当事人无法预见、无法预防、无法避免和无法控制的客观情况
   C．事故的发生使合同不能履行或不能如期履行
   D．遭遇意外事故的一方负全责
   E．满足索赔条件

72. 国际商务单证工作的意义有（   ）。
   A．结算的基本工具   B．履行贸易合同的必要手段
   C．企业经营管理的重要环节   D．一项政策性很强的涉外工作
   E．企业公共关系的渠道

73. 以下关于保险凭证说法正确的是（   ）。
   A．俗称小保单，是一种简化的保险单   B．既有正面内容，又有背面条款
   C．与保险单具有同等效力   D．在实务中，保险凭证可以代替保险单

74. 国际标准化组织推荐的标准运输标志，应该包括（   ）。
   A．收货人名称的缩写或简称   B．参考号（订单、发票号）
   C．目的地   D．件号或箱号
   E．产地标志

75. 根据情况的不同，买卖合同中溢短装条款的选择权（   ）。
   A．只能归买方   B．一般归卖方
   C．必要时可以归承运人   D．不可以归承运人
   E．由保险公司决定

三、判断题（10小题，每小题0.5分，共计10分）

76. 以FOB价格成交，成交价即为外汇净收入。   （   ）
77. 良好平均品质（FAQ）是指一定时期内某地出口货物的平均品质水平一般是指中等货物而言。   （   ）
78. 根据《URC522》的规定，未经银行事先同意，货物不能直接发给银行，也不能缮制成以银行为收货人的记名提单。否则，由发货人自行承担货物的风险和责任。   （   ）
79. 信用证中注明"invoice in three copies"，受益人向银行交单时，提供了三张副本发票。这

样做违反了信用证规定。( )
80. 开证行在接受开证申请书时，应查验申请人同时提供的有效文件，如进口许可证、贸易进口付汇核销单、有关部门的登记文件等。( )
81. 出口货物检验后应在有效期内出运，如果超出期限，应重新报验。( )
82. 备用信用证条件下，如果开证申请人按期履行了合同的义务，则该信用证必须被使用。( )
83. 如果信用证修改通知中将装运期和提单的内容进行了修改，那么出口方可以接受装运期部分的修改，而拒绝接受提单内容的修改。( )
84. 以 FOB 价格成交，成交价即为外汇净收入。( )
85. 根据《INCOTERMS 2010》的解释，采用 C 组贸易术语成交时，卖方订立运输合同、自负风险和费用将货物运抵指定目的地。( )
86. 仲裁条款是合同中解决争议的条款。( )
87. 我出口某大宗商品，如按 CIF 班轮条件成交时，我方必须用班轮装运货物。( )
88. 跟单信用证开立的基础是销售合约，因此信用证下当事人不仅受信用证条款的约束，而且同时受销售合约条款的约束。( )
89. 不论按何种贸易术语成交的业务，凡在中国人民保险公司投保的，如发生保险索赔，均应在中国境内办理。( )
90. 按照我国商检法规定，法定检验的商品仅指《商检机构实施检验的进出口商品种类表》中的商品。( )
91. 如果买卖双方事先没有协议，也未在书面合同中订明交货数量毛重或净重计价时，应按净重计价。( )
92. Both transferable L/C and back-to-back L/C involve a middleman as a seller and substitution of documents. ( )
93. 在商业发票上必须明确显示数量、单价、总值和贸易术语等主要内容。( )
94. "出境货物通关单"和"入境货物通关单"都由报关地检验检疫机构签发。( )
95. 发票不必印有"Invoice"或"Commercial Invoice"字样。( )

第四套　习题答案

一、单项选择题

1. D　2. B　3. B　4. C　5. B　6. D　7. C　8. B　9. B　10. C　11. B　12. A
13. B　14. A　15. C　16. B　17. B　18. D　19. B　20. C　21. A　22. A　23. C
24. D　25. B　26. D　27. B　28. C　29. D　30. C　31. A　32. D　33. C　34. B
35. D　36. A　37. B　38. A　39. D　40. D　41. A　42. D　43. C　44. B　45. A
46. B　47. C　48. C　49. C　50. C　51. B　52. B　53. C　54. C　55. C　56. C
57. D　58. C　59. C　60. D

二、多项选择题

61. ACD　62. BCD　63. BCE　64. ABCD　65. BCD　66. AC　67. DE　68. ABCD
69. BDE　70. ACD　71. ABC　72. ABCD　73. AC　74. ABCD　75. BC

三、判断题

76. √ 77. √ 78. √ 79. √ 80. √ 81. √ 82. × 83. × 84. √ 85. ×
86. √ 87. × 88. × 89. × 90. × 91. √ 92. √ 93. √ 94. √ 95. ×

第十一章 综合实训训练操作题

第一节 实训题目

一、开证申请训练题

样题一：

1. 基础信息

根据以下基本信息，填写开证申请书。

信息1：

开证日期：2023年3月23日

信用证有效期和有效地：2023年5月23日，上海

单据要求：

（1）商业发票正本3份，副本4份，显示信用证号和合同号。

（2）全套清洁海运提单，注明收货人凭指示，空白背书，运费预付，通知方为开证申请人。

（3）受益人开具的重量证书正本1份，副本4份。

（4）受益人开具的质量证书正本1份，副本4份。

（5）受益人开具的原产地证书正本1份，副本4份。

信息2：供货合同1份。

信息3：开证申请书空白1份。

2. 销货合同

销货合同 SALES CONTRACT				
卖方 SELLER：	DESUN TRADING CO., LTD. HUARONG MANSION RM2901 NO.85 GUANJIAQIAO, SHANGHAI 210005, CHINA TEL：0086-25-4715004 FAX：0086-25-4711363	编号 NO.：	NEO2017026	
^	^	日期 DATE：	Feb. 28, 2023	
^	^	地点 SIGNED IN：	SHANGHAI, CHINA	
买方 BUYER：	NEO GENERAL TRADING CO. P.O. BOX 99552, RIYADH 22766, KSA TEL：00966-1-4659220 FAX：00966-1-4659213			

续表

买卖双方同意以下条款达成交易：			
This contract is made by and agreed between the BUYER and SELLER, in accordance with the terms and conditions stipulated below.			
1. 品名及规格 Commodity & Specification	2. 数量 Quantity	3. 单价及价格条款 Unit Price & Trade Terms	4. 金额 Amount
		CFR DAMMAM PORT, SAUDI ARABIA	
ABOUT 1,700 CARTONS CANNED MUSHROOMS PIECES & STEMS 24 TINS×425 GRAMS NET WEIGHT (D.W. 227 GRAMS) AT USD7.80 PER CARTON. ROSE BRAND.	1,700 CARTONS	USD7.80	USD13,260.00
Total:	1,700 CARTONS		USD13,260.00
允许 With	溢短装，由卖方决定 More or less of shipment allowed at the sellers' option		
5. 总值 Total Value	SAY U.S. DOLLARS THIRTEEN THOUSAND TWO HUNDRED AND SIXTY ONLY.		
6. 包装 Packing	EXPORTED BROWN CARTON		
7. 唛头 Shipping Marks	ROSE BRAND 178/2017 RIYADH		
8. 装运期及运输方式 Time of Shipment & means of Transportation	Not Later Than Apr. 30, 2017 BY VESSEL		
9. 装运港及目的地 Port of Loading & Destination	From: SHANGHAI PORT, CHINA To: DAMMAM PORT, SAUDI ARABIA		
10. 保险 Insurance	TO BE COVERED BY THE BUYER.		
11. 付款方式 Terms of Payment	The Buyers shall open through a bank acceptable to the Seller an Irrevocable Letter of Credit payable at sight of reach the seller 30 days before the month of shipment, valid for negotiation in China until the 15th day after the date of shipment.		
12. 备注 Remarks			
The Buyer NEO GENERAL TRADING CO. （进口商签字盖章）		The Seller DESUN TRADING CO., LTD. （出口商签字盖章）	

3. 开证申请书

IRREVOCABLE DOCUMENTARY CREDIT APPLICATION

TO: BANK OF CHINA BEIJING BRANCH		Date:	
☐ Issue by airmail ☐ With brief advice by teletransmission		Credit No.	
☐ Issue by express delivery			
☐ Issue by teletransmission (which shall be the operative instrument)		Date and place of expiry	
Applicant		Beneficiary (Full name and address)	

续表

Advising Bank		Amount
Partial shipments	Transhipment	Credit available with
☐ allowed ☐ not allowed	☐ allowed ☐ not allowed	By
Loading on board/dispatch/taking in charge at/from		☐ sight payment ☐ acceptance ☐ negotiation
		☐ deferred payment at
not later than		against the documents detailed herein
For transportation to:		☐ and beneficiary's draft (s) for ___% of invoice value
☐ FOB ☐ CFR ☐ CIF		at sight
☐ or other terms		drawn on
Documents required: (marked with X)		
1. ( ) Signed commercial invoice in _____ copies indicating L/C No. and Contract No.		
2. ( ) Full set of clean on board Bills of Lading made out to order and blank endorsed, marked "freight [ ] to collect / [ ] prepaid [ ] showing freight amount" notifying _____.		
( ) Airway bills/cargo receipt/copy of railway bills issued by _____ showing "freight [ ] to collect/[ ] prepaid [ ] indicating freight amount" and consigned to _____.		
3. ( ) Insurance Policy/Certificate in _____ copies for _____ % of the invoice value showing claims payable in _____ in currency of the draft, blank endorsed, covering All Risks, War Risks and _____.		
4. ( ) Packing List/Weight Memo in _____ copies indicating quantity, gross and weights of each package.		
5. ( ) Certificate of Quantity/Weight in _____ copies issued by _____.		
6. ( ) Certificate of Quality in _____ copies issued by [ ] beneficiary/[ ] public recognized surveyor _____.		
7. ( ) Certificate of Origin in _____ copies.		
8. ( ) Beneficiary's certified copy of fax / telex dispatched to the applicant within _____ days after shipment advising L/C No., name of vessel, date of shipment, name, quantity, weight and value of goods.		
Other documents, if any		
Description of goods:		
Additional instructions:		

1. ( ) All banking charges outside the opening bank are for beneficiary's account.	
2. ( ) Documents must be presented within ___ days after date of issuance of the transport documents but within the validity of this credit.	
3. ( ) Third party as shipper is not acceptable, Short Form/Blank back B/L is not acceptable.	
4. ( ) Both quantity and credit amount _____ % more or less are allowed.	
5. ( ) All documents must be sent to issuing bank by courier/speed post in one lot.	
( ) Other terms, if any	

样题二：

1．基础信息

根据以下基本信息，填写开证申请书。

信息1：

开证日期：2023年3月23日

信用证有效期和有效地：2023年5月23日，上海

单据要求：

（1）商业发票正本3份，副本4份，显示信用证号和合同号。

（2）全套清洁海运提单，注明收货人凭指示，空白背书，运费预付，通知方为开证申请人。

（3）受益人开具的重量证书正本1份，副本4份。

（4）受益人开具的质量证书正本1份，副本4份。

（5）受益人开具的原产地证书正本1份，副本4份。

信息2：供货合同1份。

信息3：开证申请书空白1份。

2．销售合同

明基贸易有限公司

MJ TRADE CO., LTD.

12F 7BLDG SHATOUJIAO FREE TRADE ZONE, YANTIAN, SHENZHEN, CHINA 416061

销售合同

SALE CONTRACT

To:

COMPANHIA BRASILEIRA DE
DISTRIBUICAO ROD. ANHANGUERA, KM 17, 8
OSASCO-SP-BRASIL

Contract No.: TR100566

Date: 16 JULY, 2023

This sales contract is made between the sellers and buyers whereby the seller agree to sell and the buyers agree to buy the undermentioned goods according to the terms and conditions stipulated below:

Description of Goods	Quantity	Unit Price	Amount
PENGUIM HUMIDIFIER（BLACK BODY-WHITE DETAIL）-127V	1,280 PCS	@USD13.70/PC	CIF SANTOS PORT USD17,536.00
PENGUIM HUMIDIFIER（BLACK BODY-WHITE DETAIL）-220V	600 PCS	@USD13.70/PC	USD8,220.00
	TOTAL:	1,880 PCS	USD25,756.00
5% MORE OR LESS AMOUNT AND QUANTITY ARE ALLOWED			

续表

TOTAL AMOUNT IN WORDS: SAY U. S. DOLLARS TWENTY FIVE THOUSAND SEVEN HUNDRED AND FIFTY SIX ONLY.

PACKING: 4 PCS IN ONE CTN, TOTAL PACKED IN 470 CTNS.

DELIVERY: SEA FREIGHT FROM SHANGHAI TO SANTOS ALLOWING PARTIAL SHIPMENTS AND TRANSSHIPMENTS.

SHIPPING MARK: MJ HONGKONG /100566/SANTOS.1-470

TIME OF SHIPMENT: ON OR BEFORE 12 SEP., 2017

TERMS OF PAYMENT: BY 100 PCT IRREVOCABLE LETTER OF CREDIT IN FAVOUR OF THE SELLER TO BE AVAILABLE. BY DARFTS AT SIGHT TO OPEN AND TO REACH THE SELLER BEFORE 25 JULY, 2017 AND TO REMAIN VALID FOR NEGOTIATION IN CHINA UNTIL THE 15TH DAYS AFTER THE FORESAID TIME OF THE SHIPMENT. THE L/C MUST MENTION THIS CONTRACT NUMBER. ALL BANKING CHARGES OUTSIDE BRASIL ARE FOR OF THE BENEFICIARY.

INSURANCE: TO BE EFFECTED BY THE SELLERS FOR 110 PCT OF THE INVOICE VALUE COVERING ALL RISKS AND WAR RISK OF INSTITUTE CARGO CLAUSE (A).

DOCUMENTS REQUIRED

1. SIGNED INVOICE IN 3 ORIGINALS PLUS 1 COPY.
2. FULL SET OF CLEAN ON BOARD BILL OF LADING MADE OUT TO ORDER BLANK ENDORSED AND NOTIFY THE BUYER.
3. INSURANCE POLICY IN DUPLICATE.
4. PACKING LIST IN 3 ORIGINALS PLUS 1 COPY.
5. CERTIFICATE OF ORIGIN IN DUPLICATE.

THE SELLER	THE BUYER
MJ Trade Co., Ltd.	COMPANHIA BRASILEIRA
签字 张三	Signature **HARK**

补充资料如下：

开证日期：2017年7月20日

信用证有效期：2017年9月29日

开户行及账号：BANK OF BRAZIL RIO DE JANEIRO, 2357924680

法人代表：HARK

开证方式：电开

3. 开证申请书

IRREVOCABLE DOCUMENTARY CREDIT APPLICATION

TO: BANK OF BRAZIL RIO DE JANEIRO		Date:
Beneficiary (Full name and address)	L/C No.	
	Ex-Card No.	
Contract No.		
Date and place of expiry of the credit		

续表

Partial shipments		Transhipment	☐ Issue by airmail ☐ With brief advice by teletransmission	
☐ allowed ☐ not allowed		☐ allowed ☐ not allowed	☐ Issue by express delivery	
			☐ Issue by teletransmission（which shall be the operative instrument）	
Loading on board/dispatch/taking in charge at/from				
			Amount（both in figures and words）	
not later than				
For transportation to：				
Credit available with ☐ by sight payment ☐ by acceptance ☐ by negotiation				
Description of goods：			☐ by deferred payment at	
☐ and beneficiary's draft（s）for ___% of invoice value at on			against the documents detailed herein	
Packing：			☐ FOB ☐ CFR ☐ CIF	
			☐ or other terms	
Documents required：（marked with X）				
1.（　）Signed commercial invoice in ____ copies indication				
2.（　）Full set of clean on board Bills of Lading made out ____ and [ ] blank endorsed, marked "freight [ ] to collect / [ ] prepaid notify _____".				
3.（　）Airway bills showing "freight [ ] to collect/[ ] prepaid [ ] indicating freight amount" and consigned to				
4.（　）We normal issued by consigned to				
5.（　）Insurance Policy/Certificate in ____ copies for 110% of the invoice value showing claims payable in china in currency of the draft, blank endorsed, covering [ ] Ocean Marine Transportation / [ ] Air Transportation / [ ] Over land Transportation [ ] All Risks, War Risks.				
6.（　）Packing List in ____ copies indicating quantity, gross and net weights of each package and packing conditions as called for by the L/C.				
7.（　）Certificate of Quantity / Weight in ____ copies issued by an independent surveyor at the loading port, indicating the actual surveyed quantity / weight of shipped goods as well as the packing condition.				
8.（　）Certificate of Quality in ____ copies issued by [ ] manufacturer/ [ ] public recognized surveyor/ [ ].				
9.（　）Beneficiary's Certified copy of cable / telex dispatched to the accountees within ____ hours after shipment advising [ ] name of vessel / [ ] fight No. / [ ] wagon No., date, quantity, weight and value of shipment.				
10.（　）Beneficiary's Certificate Certifying that extra copies of the documents have been dispatched according to the contract terms.				

续表

11. (　) Shipping Co's certificate attesting that the carrying vessel is chartered or booked by accountee or their shipping agents：
12. (　) Other documents, if any
Additional instructions：
1. (　) All banking charges outside the opening bank are for beneficiary's account.
2. (　) Documents must be presented within _____ days after date of issuance of the transport documents but within the validity of this credit.
3. (　) Third party as shipper is not acceptable, Short Form/Blank back B/L is not acceptable.
4. (　) Both quantity and credit amount _____ % more or less are allowed.
5. (　) Prepaid freight drawn in excess of L/C amount is acceptable against presentation of original charges voucher issued by (　) shipping Co / Air Line / or it's agent.
6. (　) All documents to be for warded in one cover, unless otherwise stated above
7. (　) Other terms, if any

Account No.：	with_____(name of bank)
Transacted by：	
Telephone No.：	(Applicant：name signature of authorized person)
	(with seal)

试题一：

1. 基础信息

开证日期：2017年3月23日

信用证有效期和有效地：2017年5月23日，上海

单据要求：

（1）商业发票正本3份，副本4份，显示信用证号和合同号。

（2）全套清洁海运提单，注明收货人凭指示，空白背书，运费预付，通知方为开证申请人。

（3）受益人开具的重量证书正本1份，副本4份。

（4）受益人开具的质量证书正本1份，副本4份。

（5）受益人开具的原产地证书正本1份，副本4份。

2. 开证申请书

IRREVOCABLE DOCUMENTARY CREDIT APPLICATION

TO： BANK OF CHINA BEIJING BRANCH		Date：	
☐ Issue by airmail　☐ With brief advice by teletransmission	Credit No.		
☐ Issue by express delivery			
☐ Issue by teletransmission (which shall be the operative instrument)	Date and place of expiry		
Applicant	Beneficiary (Full name and address)		

续表

Advising Bank		Amount	
		Credit available with	
Partial shipments	Transhipment		
☐ allowed ☐ not allowed	☐ allowed ☐ not allowed	By	
Loading on board/dispatch/taking in charge at/from		☐ sight payment ☐ acceptance ☐ negotiation	
		☐ deferred payment at	
not later than		against the documents detailed herein	
For transportation to：		☐ and beneficiary's draft（s）for ___% of invoice value	
☐ FOB ☐ CFR ☐ CIF		at sight	
☐ or other terms		drawn on	

Documents required：（marked with X）

1.（ ）Signed commercial invoice in ____ copies indicating L/C No. and Contract No.

2.（ ）Full set of clean on board Bills of Lading made out to order and blank endorsed, marked "freight [ ] to collect / [ ] prepaid [ ] showing freight amount" notifying _____.

（ ）Airway bills/cargo receipt/copy of railway bills issued by showing "freight [ ] to collect/[ ] prepaid [ ] indicating freight amount" and consigned to_____.

3.（ ）Insurance Policy/Certificate in _____ copies for _____% of the invoice value showing claims payable in _____ in currency of the draft, blank endorsed, covering All Risks, War Risks and _____.

4.（ ）Packing List/Weight Memo in ____ copies indicating quantity, gross and weights of each package.

5.（ ）Certificate of Quantity/Weight in _____ copies issued by _____.

6.（ ）Certificate of Quality in _____ copies issued by [ ] beneficiary/[ ] public recognized surveyor _____.

7.（ ）Certificate of Origin in _____ copies.

8.（ ）Beneficiary's certified copy of fax / telex dispatched to the applicant within _____ days after shipment advising L/C No., name of vessel, date of shipment, name, quantity, weight and value of goods.

Other documents, if any

Description of goods：

Additional instructions：

1.（ ）All banking charges outside the opening bank are for beneficiary's account.

续表

2. （　　）Documents must be presented within ＿＿＿＿ days after date of issuance of the transport documents but within the validity of this credit.

3. （　　）Third party as shipper is not acceptable, Short Form/Blank back B/L is not acceptable.

4. （　　）Both quantity and credit amount ＿＿＿＿ % more or less are allowed.

5. （　　）All documents must be sent to issuing bank by courier/speed post in one lot.

（　　）Other terms, if any

3. 销货合同

销货合同 SALES CONTRACT			
卖方 SELLER:	DESUN TRADING CO., LTD. HUARONG MANSION RM2901 NO.85 GUANJIAQIAO, SHANGHAI 210005, CHINA TEL: 0086-25-4715004 FAX: 0086-25-4711363	编号 NO.:	NEO2017026
^	^	日期 DATE:	Feb. 28, 2017
^	^	地点 SIGNED IN:	SHANGHAI, CHINA
买方 BUYER:	NEO GENERAL TRADING CO. P.O. BOX 99552, RIYADH 22766, KSA TEL: 00966-1-4659220 FAX: 00966-1-4659213		

买卖双方同意以下条款达成交易：
This contract is made by and agreed between the BUYER and SELLER, in accordance with the terms and conditions stipulated below.

1. 品名及规格 Commodity & Specification	2. 数量 Quantity	3. 单价及价格条款 Unit Price & Trade Terms	4. 金额 Amount
		CFR DAMMAM PORT, SAUDI ARABIA	
ABOUT 1,700 CARTONS CANNED MUSHROOMS PIECES & STEMS 24 TINS×425 GRAMS NET WEIGHT (D.W. 227 GRAMS) AT USD7.80 PER CARTON. ROSE BRAND.	1,700 CARTONS	USD7.80	USD13,260.00
Total:	1,700 CARTONS		USD13,260.00
允许 With	溢短装，由卖方决定 More or less of shipment allowed at the sellers' option		
5. 总值 Total Value	SAY U.S. DOLLARS THIRTEEN THOUSAND TWO HUNDRED AND SIXTY ONLY.		
6. 包装 Packing	EXPORTED BROWN CARTON		
7. 唛头 Shipping Marks	ROSE BRAND 178/2017 RIYADH		
8. 装运期及运输方式 Time of Shipment & means of Transportation	Not Later Than Apr. 30, 2017 BY VESSEL		
9. 装运港及目的地 Port of Loading & Destination	From: SHANGHAI PORT, CHINA To: DAMMAM PORT, SAUDI ARABIA		

续表

10. 保险 Insurance	TO BE COVERED BY THE BUYER.
11. 付款方式 Terms of Payment	The Buyers shall open through a bank acceptable to the Seller an Irrevocable Letter of Credit payable at sight of reach the seller 30 days before the month of shipment, valid for negotiation in China until the 15th day after the date of shipment.
12. 备注 Remarks	
The Buyer	The Seller
NEO GENERAL TRADING CO. （进口商签字盖章）	DESUN TRADING CO., LTD. （出口商签字盖章）

试题二：

1．开证申请书

IRREVOCABLE DOCUMENTARY CREDIT APPLICATION

TO: BANK OF BRAZIL RIO DE JANEIRO		Date:	
Beneficiary（Full name and address）		L/C No.	
		Ex-Card No.	
Contract No. Date and place of expiry of the credit			
Partial shipments	Transhipment	☐ Issue by airmail　☐ With brief advice by teletransmission	
☐ allowed　☐ not allowed	☐ allowed ☐ not allowed	☐ Issue by express delivery	
		☐ Issue by teletransmission（which shall be the operative instrument）	
Loading on board/dispatch/taking in charge at/from			
		Amount（both in figures and words）	
not later than			
For transportation to:			
		Credit available with	
		☐ by sight payment　☐ by acceptance　☐ by negotiation	
		☐ by deferred payment at	
Description of goods:		against the documents detailed herein	
		☐ and beneficiary's draft（s）for ＿% of invoice value	
		at	
		on	

续表

Packing:	☐ FOB ☐ CFR ☐ CIF
	☐ or other terms

Documents required: (marked with X)
1. (　) Signed commercial invoice in ＿＿ copies indication
2. (　) Full set of clean on board Bills of Lading made out ＿＿ and [　] blank endorsed, marked "freight [　] to collect / [　] prepaid notify ＿＿＿".
3. (　) Airway bills showing "freight [　] to collect/[　] prepaid [　] indicating freight amount" and consigned to
4. (　) We normal issued by ＿＿＿＿ consigned to
5. (　) Insurance Policy/Certificate in ＿＿ copies for 110% of the invoice value showing claims payable in china in currency of
the draft, blank endorsed, covering [　] Ocean Marine T / [　] Air Transportation / [　] Over land
Transportation [　] All Risks, War Risks.
6. (　) Packing List in ＿＿ copies indicating quantity, gross and net weights of each package and packing conditions as
called for by the L/C.
7. (　) Certificate of Quantity / Weight in ＿＿ copies issued by an independent surveyor at the loading port, indicating the actual surveyed
quantity / weight of shipped goods as well as the packing condition.
8. (　) Certificate of Quality in ＿＿ copies issued by [　] manufacturer/ [　] public recognized surveyor/ [　].
9. (　) Beneficiary's Certified copy of cable / telex dispatched to the accountees within ＿＿ hours after shipment advising [　] name of
vessel / [　] fight No. / [　] wagon No., date, quantity, weight and value of shipment.
10. (　) Beneficiary's Certificate Certifying that extra copies of the documents have been dispatched according to the contract terms.
11. (　) Shipping Co's certificate attesting that the carrying vessel is chartered or booked by accountee or their shipping agents:
12. (　) Other documents, if any
Additional instructions:
1. (　) All banking charges outside the opening bank are for beneficiary's account.
2. (　) Documents must be presented within ＿＿ days after date of issuance of the transport documents but within the validity of this credit.
3. (　) Third party as shipper is not acceptable, Short Form/Blank back B/L is not acceptable.
4. (　) Both quantity and credit amount ＿＿ % more or less are allowed.
5. (　) Prepaid freight drawn in excess of L/C amount is acceptable against presentation of original charges voucher issued by(　) shipping
Co / Air Line / or it's agent.
6. (　) All documents to be for warded in one cover, unless otherwise stated above
7. (　) Other terms, if any

Account No.:	with ＿＿＿＿＿＿＿ (name of bank)

Transacted by:	
Telephone No.:	(Applicant: name signature of authorized person)
	(with seal)

2. 销售合同

明基贸易有限公司

MJ TRADE CO., LTD.

12F 7BLDG SHATOUJIAO FREE TRADE ZONE, YANTIAN, SHENZHEN, CHINA 416061

销售合同

SALE CONTRACT

To:

COMPANHIA BRASILEIRA DE
DISTRIBUICAO ROD. ANHANGUERA, KM 17, 8
OSASCO-SP-BRASIL

Contract No.: TR100566
Date: 16 JULY, 2017

This sales contract is made between the sellers and buyers whereby the seller agree to sell and the buyers agree to buy the undermentioned goods according to the terms and conditions stipulated below:

Description of Goods	Quantity	Unit Price	Amount
PENGUIM HUMIDIFIER (BLACK BODY-WHITE DETAIL) - 127V	1,280 PCS	@USD13.70/PC	**CIF SANTOS PORT** USD17,536.00
PENGUIM HUMIDIFIER (BLACK BODY-WHITE DETAIL) - 220V	600 PCS	@USD13.70/PC	USD8,220.00
TOTAL:	1,880 PCS		USD25,756.00
5% MORE OR LESS AMOUNT AND QUANTITY ARE ALLOWED			

TOTAL AMOUNT IN WORDS: SAY U.S. DOLLARS TWENTY FIVE THOUSAND SEVEN HUNDRED AND FIFTY SIX ONLY.

PACKING: 4 PCS IN ONE CTN, TOTAL PACKED IN 470 CTNS.

DELIVERY: SEA FREIGHT FROM SHANGHAI TO SANTOS ALLOWING PARTIAL SHIPMENTS AND TRANSSHIPMENTS.

SHIPPING MARK: MJ HONGKONG /100566/SANTOS.1-470

TIME OF SHIPMENT: ON OR BEFORE 12 SEP., 2017

TERMS OF PAYMENT: BY 100 PCT IRREVOCABLE LETTER OF CREDIT IN FAVOUR OF THE SELLER TO BE AVAILABLE. BY DARFTS AT SIGHT TO OPEN AND TO REACH THE SELLER BEFORE 25 JULY, 2017 AND TO REMAIN VALID FOR NEGOTIATION IN CHINA UNTIL THE 15TH DAYS AFTER THE FORESAID TIME OF THE SHIPMENT. THE L/C MUST MENTION THIS CONTRACT NUMBER. ALL BANKING CHARGES OUTSIDE BRASIL ARE FOR OF THE BENEFICIARY.

INSURANCE: TO BE EFFECTED BY THE SELLERS FOR 110 PCT OF THE INVOICE VALUE COVERING ALL RISKS AND WAR RISK OF INSTITUTE CARGO CLAUSE (A).

DOCUMENTS REQUIRED

1. SIGNED INVOICE IN 3 ORIGINALS PLUS 1 COPY.
2. FULL SET OF CLEAN ON BOARD BILL OF LADING MADE OUT TO ORDER BLANK ENDORSED AND NOTIFY THE BUYER.
3. INSURANCE POLICY IN DUPLICATE.
4. PACKING LIST IN 3 ORIGINALS PLUS 1 COPY.
5. CERTIFICATE OF ORIGIN IN DUPLICATE.

| THE SELLER | THE BUYER |
| MJ Trade Co., Ltd. | COMPANHIA BRASILEIRA |

签字 **张三**　　　　　　　　　Signature **HARK**

补充资料如下：
开证日期：2017 年 7 月 20 日
信用证有效期：2017 年 9 月 29 日
开户行及账号：BANK OF BRAZIL RIO DE JANEIRO，2357924680
法人代表：HARK
开证方式：电开

二、审单训练题

样题一：

1．基本要求与资料

根据给定的基本信息和资料审核提单一份。

信息 1：

发票号码：HS17E0428　　　发票日期：2017 年 4 月 28 日
提单号码：COS1705851　　　提单日期：2017 年 5 月 10 日
船名：ZHEN HUA V. 007S　　原产地证号：6838992
商品编号：6209.9000　　　　20 尺拼箱，CFS/CFS
集装箱号：COSU561753　　　封号：08153
毛重：16 千克　　　　　　　净重：14.5 千克
外箱尺码：60×40×40 CMS　　保单号码：201731001789626
合同号码：HS170316　　　　合同日期：2017 年 3 月 16 日
海运费：864 美元　　　　　　保险费：80 美元
议付银行：中国银行杭州分行
船公司在目的港的代理的名称与地址：
COSCO BANGKOK BRANCH
36 JERVA ROAD, BANGKOK, THAILAND
生产厂家名称：
HANGZHOU LINGLONG GARMENTS FACTORY
唛头：
THOMAS

TH170316
BANGKOK
NOS. 1-80
信息 2：
信用证一份
信息 3：
提单一份

2. 信用证

FORM OF DOC. CREDIT	*40A：	IRREVOCABLE
DOC. CREDIT NUMBER	*20：	BL-171805
DATE OF ISSUE	31C：	170325
EXPIRY	*31D：	DATE 170115 PLACE CHINA
APPLICANT	*50：	THOMAS IMP. AND EXP. COMPANY 32 BLUEBIRD STREET BANGKOK THAILAND
APPLICANT BANK	51：	KRUNG THAI BANK PUBLIC CO., LTD. BANGKOK
BENEFICIARY	*59：	HANGZHOU HOPESHOW GARMENTS CO., LTD. 842 MOGANSHAN ROAD HANGZHOU, CHINA
AMOUNT	*32B：	CURRENCY USD AMOUNT 36,300.00
AVAILABLE WITH/BY	*41D：	ANY BANK BY NEGOTIATION
DRAFT AT	*42C：	AT SIGHT FOR FULL INVOICE VALUE
DRAWEE	42D：	KRUNG THAI BANK PCL SUANMALI IBC BANGKOK
PARTIAL SHIPMENTS	43P：	PROHIBITED
TRANSSHIPMENT	43T：	PERMIT
PORT OF LOADING	44E：	SHANGHAI
PORT OF DISCHARGE	44F：	BANGKOK
DESCRIPT OF GOODS	45A：	65 PCT COTTON 35 PCT RAYON LADIES' COATS CIF BANGKOK ITEM NO. 3501T, 1,000 PCS, USD9.00/PC ITEM NO. 3501B, 1,000 PCS, USD9.50/PC ITEM NO. 3502T, 1,000 PCS, USD8.80/PC ITEM NO. 3502B, 1,000 PCS, USD9.00/PC

续表

DOCUMENTS REQUIRED	46A:	+MANUALLY SIGNED COMMERCIAL INVOICE IN QUADRUPLICATE CERTIFYING THAT ALL DETAILS ARE AS PER PROFORMA INVOICE NO. TH170316 DATED 2017-03-16 AND ALSO SHOW THE FREIGHT CHARGE, PREMIUM, FOB VALUE AND COUNTRY OF ORIGIN SEPARATELY +FULL SET CLEAN ON BOARD OCEAN BILLS OF LADING MADE OUT TO OUR ORDER MARKED FREIGHT PREPAID NOTIFY APPLICANT AND SHOWING THE NAME AND ADDRESS OF THE SHIPPING AGENT AT DESTINATION
DOCUMENTS REQUIRED	46A:	+SIGNED PACKING ASSORTED LIST IN QUADRUPLICATE STATING THAT ONE PC IN ONE PP BAG AND 48 PCS IN AN EXPORT CARTON. +SIGNED CERTIFICATE OF ORIGIN IN DUPLICATE SHOWING THE NAME OF THE MANUFACTURER +INSURANCE POLICY IN DUPLICATE FOR 110 PCT OF THE INVOICE VALUE COVERING ALL RISKS AS PER CIC OF PICC DATED 01/01/1981 WAREHOUSE TO WAREHOUSE CLAUSE INCLUDED IN THE SAME CURRENCY OF THE DRAFTS CLAIM PAYABLE IN THAILAND +BENEFICIARY'S CERTIFICATE STATING THAT ONE SET OF N/N SHIPPING DOCUMENTS HAS BEEN SENT TO THE APPLICANT DIRECTLY IMMEDIATELY AFTER SHIPMENT EFFECTED
ADDITIONAL COND.	47A:	+ALL DOCUMENTS MUST SHOW THE CREDIT NUMBER AND DATE AND NAME OF THE ISSUING BANK +A DISCREPANCY HANDLING FEE OF USD100.00 SHOULD BE DEDUCTED AND INDICATED ON THE BILL SCHEDULE FOR EACH PRESENTATION OF DISCREPANT DOCUMENTS UNDER THIS CREDIT +THIS DOCUMENTARY CREDIT IS SUBJECT TO UNIFORM CUSTOMS AND PRACTICE FOR DOCUMENTARY CREDIT ICC PUBLICATION NO 600
PRESENTATION PERIOD BUT WITHIN THE VALIDITY OF THIS CREDIT	48:	WITHIN 15 DAYS AFTER THE DATE OF B/L
DETAILS OF CHARGES	71B:	ALL BANKING COMM/CHRGS OUTSIDE POLAND ARE ON BENEFICARY'S ACCOUNT.
CONFIRMATION ADVISING THROUGH DETAILS OF CHARGES	*49: 57: 71B:	WITHOUT THIS CREDIT IS ADVISED THROUGH BANK OF CHINA HANGZHOU BRANCH ALL BANKING CHARGES OUTSIDE THAILAND ARE FOR THE ACCOUNT OF BENEFICIARY

续表

INSTRUCTIONS	78:	ON RECEIPT OF DOCUMENTS CONFIRMING TO THE TERMS OF THIS DOCUMENTARY CREDIT, WE UNDERTAKE TO REIMBURSE YOU IN THE CURRENCY OF THE CREDIT IN ACCORDANCE WITH YOUR INSTRUCTIONS, WHICH SHOULD INCLUDE YOUR UID NUMBER AND THE ABA CODE OF THE RECEIVING BANK
SEND TO REC. INFO	72:	DOCUMENTS TO BE DISPATCHED BY COURIER SERVICE IN ONE LOT TO BANK OF CHINA BANGKOK BRANCH TRADE SERVICES, 26 BOLIDEN ROAD, BANGKOK, THAILAND

3. 提单审核

Shipper		COSCO	B/L No.	COS1705851
HANGZHOU HOPESHOW GARMENTS CO., LTD.			承运人	
842 MOGANSHAN ROAD			***CARRIER***	
HANGZHOU, CHINA			中远集装箱运输有限公司	
Consignee			**COSCO CONTAINER LINES**	
THOMAS IMP. AND EXP. COMPANY				
31 BLUEBIRD STREET			Port-to-Port or Combined Transport	
BANGKOK THAILAND			**BILL OF LADING**	
Notify party				
THOMAS IMP. AND EXP. COMPANY			ORIGINAL	
32 BLUEBIRD STREET			RECEIVED in external apparent good order and condition except as	
BANGKOK THAILAND			otherwise noted. The total number of packages or units stuffed in the	
			container. The weight, measure, marks, numbers, quality, contents and	
Pre-carriage by		Place of Receipt	value mentioned in this Bill of Lading are to be considered unknown	
			unless the contrary has expressly acknowledged and agreed to. The	
Ocean Vessel Voy. No.		Port of loading	signing of this Bill of Lading is not to be considered as such an ag-	
ZHEN HUA V.007S		SHANGHAI	reement. On presentation of this Bill of Lading duly endorsed to the	
Port of Discharge		Place of delivery	Carrier by or on behalf of the Holder of Bill of Lading, the rights	
BANGKOK			(Terms of Bill of Lading continued on the back hereof)	
Marks & Nos. Container No.	No. & kind of pkgs	Description of goods	Gross weight	Measurement
			1,305.00 KGS	7.680 CBM
AS PER	80 CTNS	LADIES' COATS		
INV. NO.				

续表

HS17E0428				
	CREDIT NO. BL-171805 DATED 25 MAR., 2017 ISSUED BY			
1×20' LCL, CFS / CFS	KRUNG THAI BANK PUBLIC CO., LTD., BANGKOK			
CN.: COSU561753				
SN.: 17153				
Total No. of container or other pkgs or units (in words)	SAY EIGHTY CASES ONLY			

Freight & charges	Revenue Tons	Rate	Per	Prepaid	Collect
FREIGHT COLLECT					

Ex rate	Prepaid at	Payable at	Place and date of issue: SHANGHAI 10 MAY, 2017	
	Total prepaid	No. of B (s)/L	Signed by	COSCO CONTAINER LINES SHANGHAI BRANCH
	Laden on board the Vessel:		As agent for the carrier named above	黄山
Date:	10 MAY 2, 017	黄山		
By:	C.C.L. SHA.			

样题二：

1. 基本要求与资料

根据给定的信息进行提单审核。

信息1：

（1）工厂出仓单显示：

合同号：SW17-016

105 METRIC TONS UNBLEACHED KRAFT LNEBOARD PACKED IN 1050

WOODEN CASES OF 100 KGS EACH

N.W.：100 KGS/CASE　　G.W.：105 KGS/CASE　　MEAS.：（120×60×90）CM/CASE

（2）货物检验日期：2017年9月10日

（3）装船日期：2017年9月15日

（4）承运人：SINO TRANSPORTATION SHANGHAI COMPANY

（5）起运港：上海

（6）卸货港：HAMBURG，GERMANY

（7）运输船名及航次：ALL SAFE V.76689

（8）发票号码：ABC2233

（9）发票日期：2017年9月5日

（10）产地证签发日期：2017年9月11日

（11）提单号：097

信息2：

信用证一份

信息3：

提单一份

2．信用证

SEQUENCE OF TOTAL	*27：	1/1
FORM OF DOC. CREDIT	*40A：	IRREVOCABLE
DOC. CREDIT NUMBER	*20：	DC LDI300954
DATE OF ISSUE	31C：	20170815
DATE AND PLACE OF EXPIRY	*31D：	DATE 20171001 PLACE CHINA
ISSUING BANK	51D：	BANK OF GERMAN COMMERCIAL
APPLICANT	*50：	DESEN EUROPE GMBH

GIRARDETSTRASSE 2-38，EINGANG.4 D-45131 ESSEN GERMANY

BENEFICIARY	*59：	WONDER INTERNATIONAL CO. LTD

NO .25, JIANGNING ROAD SHANGHAI, CHINA

AMOUNT	*32B：	CURRENCY USD AMOUNT 39,000.00

（10% MORE OR LESS ARE ALLOWED）

AVALLABLE WITHBY	*41A：	ANY BANK IN CHINA BY NEGOTIATION
DRAFTS AT	42C：	90 DAYS AFTER B/L DATE FOR FULL NVOICE COST
DRAWEE	42A：	BANK OF GERMANY COMMERCIAL
PARTIAL SHPMENTS	43P：	ALLOWED
TRANSHIPMENT	43T：	ALLOWED
LOADING IN CHARGE	44A：	MAIN PORTS OF CHINA
FOR TRANSPORTATION TO	44B：	HAMBURG，GERMANY
LATEST DATE OF SHIPMENT	44C：	20171002
DESCRIPT OF GOODS	45A：	
COMMODITY	：	UNBLEACHED KRAFT LINEBOARD
UNIT PRICE	：	USD390.00 MT
PRICE TERM	：	CFR HAMBURG，GERMANY
COUNTRY OF ORIGN	：	P. R. CHINA
PACKING	：	STANDARD EXPORT PACKING
SHIPPNG MARK	：	SW17-016

NO.1-1050
HAMBURG

DOCUMENTS REQUIRED 46A:

+ COMMERCIAL NVOICE IN 3 COPIES INDICA TNG L/C NO & CONTRACT NO.ST05-016

+FULL SET OF CLEAN ON BOARD OCEAN BILLS OF LADING MADE OUT TO ORDER AND BLANK ENDORSED MARKED FREIGHT PREPAID AND NOTIFYING APPLICANT

+PACKING LIST/WEIGHT LIST IN 3 COPIES INDICATING QUANTITY /GROSS AND NET WEIGHTS

+ CERTIFICATE OF ORIGIN IN 3 COPIES

+ SHIPPING ADVICE SHOWING THE NAME OF THE CARRYING VESSEL. DATE OF SHIPMENT, MARKS, QUANTITY, NET WEIGHT AND GROSS WEIGHT OF THE SHIPMENT TO APPLICANT WITHIN 3 DAYS AFTER THE DATE OF BILL OF LADING

ADDITIONAL COND. 47B: ALL DOCUMENT ARE TO BE PRESENTED TO US IN ONE LOT BY COURIER SPEED POST

DETAILS OF CHARGES 71B: ALL BANKING CHARGES OUTSIDE OF OPENING BANK ARE FOR ACCOUNT OF BENEFICIARY

PERIOD OF PRESENTATION 48: DOCUMENTS TO BE PRESENTED WITHIN 21 DAYS AFTER THE DATE OF SHIPMENT BUT WITHIN THE VALIDITY OF THE CREDIT

CONFIRMATION 49: WITHOUT

INSTRUCTIONS 78:

WE HEREBY UNDERTAKE THAT DRAFTS DRAWN UNDER AND IN COMPLIANCE WITH THE TERMS AND CONDITIONS OF THIS CREDIT WILL BE PAID AT MATURITY

SENT TO REC. INFO. 72: SUBJECT TO U.C.P 1993 ICC PUBLICATION 500

3. 提单审核

SHIPPER: WONDER INTERNATIONAL CO. LTD NO .25, JIANGNING ROAD SHANGHAI, CHINA		B/L NO.: 097	
CONSIGNEE: TO ORDER		**COSCO** ***OCEAN BILL OF LADING***	
NOTIFY: DESEN EUROPE GMBH GIRARDETSTRASSE 2-38, EINGANG.4D-45130 ESSEN GERMANY			
PRE-CARRIAGE BY	PORT OF LOADING MAIN PORTS OF CHINA		PORT OF RECEIPT
OCEAN VESSEL / VOYAGE NO. ALL SAFE V.76688	PORT OF DISCHARGE HAMBURG, GERMANY		PLACE OF DELIVERY

续表

MKS & NOS. CONTAINER NO. SEAL NUMBER	NOS AND KIND OF PKGS	DESCRIPTION OF GOODS	GROSS WEIGHT	MEASURE-MENT
SW17-016 NO.1-1050 HAMBURG	1,050 WOODEN CASES	UNBLEACHED KRAFT LINEBOARD	110,250.00 KGS	680.40 CBN
TOTAL NO. OF CONTAINERS OR PACKAGES(IN WORDS):SAY ONE THOUSAND AND FIFTEEN CASES ONLY				
OVERSEA OFFICE OR DESTINATION PORT AGENT		NO. OF ORIGINAL B/Ls TWO	FREIGHT & CHARGES FREIGHT COLLECT	
	ON BOARD DATE SEP.15,2017	PLACE & DATE OF ISSUE SHANGHAI CHINA SEP.15,2017		
		SIGNED BY: SINO TRANSPORTATION SHANGHAI COMPANY AS AGENT FOR THE CARRIER		

试题一：

1. 提单审核

Shipper			B/L No.	COS1705851
HANGZHOU HOPESHOW GARMENTS CO., LTD.			承运人	
842 MOGANSHAN ROAD			***CARRIER***	
HANGZHOU, CHINA			中远集装箱运输有限公司	
Consignee THOMAS IMP. AND EXP. COMPANY			**COSCO CONTAINER LINES**	
31 BLUEBIRD STREET			Port-to-Port or Combined Transport	
BANGKOK THAILAND			**BILL OF LADING**	
Notify party				
THOMAS IMP. AND EXP. COMPANY			ORIGINAL	
32 B LUEBIRD STREET			RECEIVED in external apparent good order and condition except as otherwise noted. The total number of packages or units stuffed in the container. The weight, measure, marks, numbers, quality, contents and value mentioned in this Bill of Lading are to be considered unknown	
BANGKOK THAILAND				
Pre-carriage by	Place of Receipt			

续表

		unless the contrary has expressly acknowledged and agreed to. The signing of this Bill of Lading is not to be considered as such an agreement. On presentation of this Bill of Lading duly endorsed to the Carrier by or on behalf of the Holder of Bill of Lading, the rights (Terms of Bill of Lading continued on the back hereof)		
Ocean Vessel Voy. No. ZHEN HUA V.007S	Port of loading SHANGHAI			
Port of Discharge BANGKOK	Place of delivery			
Marks & Nos. Container No.	No. & kind of pkgs	Description of goods	Gross weight	Measurement
AS PER INV. NO. HS17E0428	80 CTNS	LADIES' COATS	1,305.00 KGS	7.680 CBM
1×20' LCL, CFS / CFS CN.: COSU561753 SN.: 17153		CREDIT NO. BL-171805 DATED 25 MAR., 2017 ISSUED BY KRUNG THAI BANK PUBLIC CO., LTD., BANGKOK		
Total No. of container or other pkgs or units (in words)		SAY EIGHTY CASES ONLY		
Freight & charges	Revenue Tons	Rate	Per	Prepaid	Collect
FREIGHT COLLECT					
Ex rate	Prepaid at	Payable at	Place and date of issue: SHANGHAI 10 MAY, 2017		
	Total prepaid	No. of B(s)/L	Signed by	COSCO CONTAINER LINES SHANGHAI BRANCH 黄山	
Laden on board the Vessel: Date: 10 MAY 2,017 By: C.C.L. SHA.		黄山	As agent for the carrier named above		

2. 相关资料

发票号码：HS17E0428　　　　　　发票日期：2017年4月28日

提单号码：COS1705851　　　　　　提单日期：2017年5月10日

船名：ZHEN HUA V. 007S　　原产地证号：6838992
商品编号：6209.9000　　　20 尺拼箱，CFS/CFS
集装箱号：COSU561753　　封号：08153
毛重：16 千克　　　　　　净重：14.5 千克
外箱尺码：60×40×40 CMS　保单号码：201731001789626
合同号码：HS170316　　　合同日期：2017 年 3 月 16 日
海运费：864 美元　　　　　保险费：80 美元
议付银行：中国银行杭州分行
船公司在目的港的代理的名称与地址：
COSCO BANGKOK BRANCH
36 JERVA ROAD，BANGKOK，THAILAND
生产厂家名称：
HANGZHOU LINGLONG GARMENTS FACTORY
唛头：
THOMAS
TH170316
BANGKOK
NOS. 1-80

3. 信用证

FORM OF DOC. CREDIT	*40A：	IRREVOCABLE
DOC. CREDIT NUMBER	*20：	BL-171805
DATE OF ISSUE	31C：	170325
EXPIRY	*31D：	DATE 170115 PLACE CHINA
APPLICANT	*50：	THOMAS IMP. AND EXP. COMPANY 32 BLUEBIRD STREET BANGKOK THAILAND
APPLICANT BANK	51：	KRUNG THAI BANK PUBLIC CO.，LTD. BANGKOK
BENEFICIARY	*59：	HANGZHOU HOPESHOW GARMENTS CO.，LTD. 842 MOGANSHAN ROAD HANGZHOU，CHINA
AMOUNT	*32B：	CURRENCY USD AMOUNT 36,300.00
AVAILABLE WITH/BY	*41D：	ANY BANK BY NEGOTIATION
DRAFT AT DRAWEE	*42C： 42D：	AT SIGHT FOR FULL INVOICE VALUE KRUNG THAI BANK PCL SUANMALI IBC BANGKOK
PARTIAL SHIPMENTS	43P：	PROHIBITED
TRANSSHIPMENT	43T：	PERMIT
PORT OF LOADING	44E：	SHANGHAI

续表

PORT OF DISCHARGE	44F:	BANGKOK
DESCRIPT OF GOODS	45A:	65 PCT COTTON 35 PCT RAYON LADIES' COATS CIF BANGKOK ITEM NO. 3501T, 1,000 PCS, USD9.00/PC ITEM NO. 3501B, 1,000 PCS, USD9.50/PC ITEM NO. 3502T, 1,000 PCS, USD8.80/PC ITEM NO. 3502B, 1,000 PCS, USD9.00/PC
DOCUMENTS REQUIRED	46A:	+MANUALLY SIGNED COMMERCIAL INVOICE IN QUADRUPLICATE CERTIFYING THAT ALL DETAILS ARE AS PER PROFORMA INVOICE NO. TH170316 DATED 2017-03-16 AND ALSO SHOW THE FREIGHT CHARGE, PREMIUM, FOB VALUE AND COUNTRY OF ORIGIN SEPARATELY +FULL SET CLEAN ON BOARD OCEAN BILLS OF LADING MADE OUT TO OUR ORDER MARKED FREIGHT PREPAID NOTIFY APPLICANT AND SHOWING THE NAME AND ADDRESS OF THE SHIPPING AGENT AT DESTINATION +SIGNED PACKING ASSORTED LIST IN QUADRUPLICATE STATING THAT ONE PC IN ONE PP BAG AND 48 PCS IN AN EXPORT CARTON. +SIGNED CERTIFICATE OF ORIGIN IN DUPLICATE SHOWING THE NAME OF THE MANUFACTURER +INSURANCE POLICY IN DUPLICATE FOR 110 PCT OF THE INVOICE VALUE COVERING ALL RISKS AS PER CIC OF PICC DATED 01/01/1981 WAREHOUSE TO WAREHOUSE CLAUSE INCLUDED IN THE SAME CURRENCY OF THE DRAFTS CLAIM PAYABLE IN THAILAND +BENEFICIARY'S CERTIFICATE STATING THAT ONE SET OF N/N SHIPPING DOCUMENTS HAS BEEN SENT TO THE APPLICANT DIRECTLY IMMEDIATELY AFTER SHIPMENT EFFECTED
ADDITIONAL COND.	47A:	+ALL DOCUMENTS MUST SHOW THE CREDIT NUMBER AND DATE AND NAME OF THE ISSUING BANK +A DISCREPANCY HANDLING FEE OF USD100.00 SHOULD BE DEDUCTED AND INDICATED ON THE BILL SCHEDULE FOR EACH PRESENTATION OF DISCREPANT DOCUMENTS UNDER THIS CREDIT +THIS DOCUMENTARY CREDIT IS SUBJECT TO UNIFORM CUSTOMS AND PRACTICE FOR DOCUMENTARY CREDIT ICC PUBLICATION NO. 600
PRESENTATION PERIOD	48:	WITHIN 15 DAYS AFTER THE DATE OF B/L BUT WITHIN THE VALIDITY OF THIS CREDIT
CONFIRMATION	*49:	WITHOUT
ADVISING THROUGH	57:	THIS CREDIT IS ADVISED THROUGH BANK OF CHINA HANGZHOU BRANCH

DETAILS OF CHARGES	71B:	ALL BANKING CHARGES OUTSIDE THAILAND ARE FOR THE ACCOUNT OF BENEFICIARY
INSTRUCTIONS	78:	ON RECEIPT OF DOCUMENTS CONFIRMING TO THE TERMS OF THIS DOCUMENTARY CREDIT, WE UNDERTAKE TO REIMBURSE YOU IN THE CURRENCY OF THE CREDIT IN ACCORDANCE WITH YOUR INSTRUCTIONS, WHICH SHOULD INCLUDE YOUR UID NUMBER AND THE ABA CODE OF THE RECEIVING BANK
SEND TO REC. INFO	72:	DOCUMENTS TO BE DISPATCHED BY COURIER SERVICE IN ONE LOT TO BANK OF CHINA BANGKOK BRANCH TRADE SERVICES, 26 BOLIDEN ROAD, BANGKOK, THAILAND

试题二：

1．基础信息

（1）工厂出仓单显示：

合同号：SW17-016

105 METRIC TONS UNBLEACHED KRAFT LNEBOARD PACKED IN 1,050 WOODEN CASES OF 100 KGS EACH

N.W.：100 KGS/CASE　　　G.W.：105 KGS/CASE　　　MEAS.：（120×60×90）CM/CASE

（2）货物检验日期：2017年9月10日

（3）装船日期：2017年9月15日

（4）承运人：SINO TRANSPORTATION SHANGHAI COMPANY

（5）起运港：上海

（6）卸货港：HAMBURG，GERMANY

（7）运输船名及航次：ALL SAFE V.76689

（8）发票号码：ABC2233

（9）发票日期：2017年9月5日

（10）产地证签发日期：2017年9月11日

（11）提单号：097

2．提单审核

SHIPPER： WONDER INTERNATIONAL CO. LTD NO .25, JIANGNING ROAD SHANGHAI, CHINA		B/L NO.：097	
CONSIGNEE： TO ORDER		**COSCO**	
NOTIFY： DESEN EUROPE GMBH GIRARDETSTRASSE 2-38, EINGANG.4 D-45131 ESSEN GERMANY		***OCEAN BILL OF LADING***	
PRE CARRIAGE BY	PORT OF LOADING MAIN PORTS OF CHINA		PORT OF RECEIPT

OCEAN VESSEL / VOYAGE NO. ALL SAFE V.76688	PORT OF DISCHARGE HAMBURG, GERMANY		PLACE OF DELIVERY	
MKS & NOS. CONTAINER NO. SEAL NUMBER	NOS AND KIND OF PKGS	DESCRIPTION OF GOODS	GROSS WEIGHT	MEASURE-MENT
SW17-016 NO.1-1050 HAMBURG	1,050 WOODEN CASES	UNBLEACHED KRAFT LINEBOARD	110,250.00 KGS	680.40 CBN
TOTAL NO. OF CONTAINERS OR PACKAGES (IN WORDS): SAY ONE THOUSAND AND FIFTEEN CASES ONLY				
OVERSEA OFFICE OR DESTINATION PORT AGENT	NO. OF ORIGINAL B/Ls TWO		FREIGHT & CHARGES FREIGHT COLLECT	
	ON BOARD DATE SEP.15, 2017		PLACE & DATE OF ISSUE SHANGHAI CHINA SEP.15, 2017	
	SIGNED BY: SINO TRANSPORTATION SHANGHAI COMPANY AS AGENT FOR THE CARRIER			

3. 信用证

SEQUENCE OF TOTAL   *27: 1/1
FORM OF DOC. CREDIT   *40A: IRREVOCABLE
DOC. CREDIT NUMBER   *20: DC LDI300954
DATE OF ISSUE   31C: 20170815
DATE AND PLACE OF EXPIRY   *31D: DATE 20171001 PLACE CHINA
ISSUING BANK   51D: BANK OF GERMAN COMMERCIAL
APPLICANT   *50: DESEN EUROPE GMBH
GIRARDETSTRASSE 2-38, EINGANG.4 D-45131 ESSEN
GERMANY
BENEFICIARY   *59: WONDER INTERNATIONAL CO. LTD
NO .25, JIANGNING ROAD
SHANGHAI, CHINA
AMOUNT   *32B: CURRENCY USD AMOUNT 39,000.00
(10% MORE OR LESS ARE ALLOWED)
AVAILABLE WITHBY   *41A: ANY BANK IN CHINA BY NEGOTIATION
DRAFTS AT   42C: 90 DAYS AFTER B/L DATE FOR FULL NVOICE
                                      COST
DRAWEE   42A: BANK OF GERMANY COMMERCIAL
PARTIAL SHIPMENTS   43P: ALLOWED
TRANSHIPMENT   43T: ALLOWED

LOADING IN CHARGE	44A：MAIN PORTS OF CHINA
FOR TRANSPORTATION TO	44B：HAMBURG，GERMANY
LATEST DATE OF SHIPMENT	44C：20171002
DESCRIPT OF GOODS	45A：
COMMODITY	：UNBLEACHED KRAFT LINEBOARD
UNIT PRICE	：USD390.00 MT
PRICE TERM	：CFR HAMBURG，GERMANY
COUNTRY OF ORIGIN	：P. R. CHINA
PACKING	：STANDARD EXPORT PACKING
SHIPPNG MARK	：SW17-016
	NO.1-1050
	HAMBURG
DOCUMENTS REQUIRED	46A：

+ COMMERCIAL NVOICE IN 3 COPIES INDICATING L/C NO & CONTRACT NO.ST05-016

+FULL SET OF CLEAN ON BOARD OCEAN BILLS OF LADING MADE OUT TO ORDER AND BLANK ENDORSED MARKED FREIGHT PREPAID AND NOTIFYING APPLICANT

+PACKING LIST/WEIGHT LIST IN 3 COPIES INDICATING QUANTITY /GROSS AND NET WEIGHTS

+ CERTIFICATE OF ORIGIN IN 3 COPIES

+ SHIPPING ADVICE SHOWING THE NAME OF THE CARRYING VESSEL. DATE OF SHIPMENT，MARKS，QUANTITY，NET WEIGHT AND GROSS WEIGHT OF THE SHIPMENT TO APPLICANT WITHIN 3 DAYS AFTER THE DATE OF BILL OF LADING

ADDITIONAL COND.　　　　　47B：ALL DOCUMENT ARE TO BE PRESENTED TO US IN ONE LOT BY COURIER SPEED POST

DETAILS OF CHARGES　　　　71B：ALL BANKING CHARGES OUTSIDE OF OPENING BANK ARE FOR ACCOUNT OF BENEFICIARY

PERIOD OF PRESENTATION　　48：DOCUMENTS TO BE PRESENTED WITHIN 21 DAYS

AFTER THE DATE OF SHIPMENT BUT WITHIN THE

VALIDITY OF THE CREDIT

CONFIRMATION　　　　　　　49：WITHOUT

INSTRUCTIONS　　　　　　　78：

WE HEREBY UNDERTAKE THAT DRAFTS DRAWN UNDER AND IN COMPLIANCE WITH THE TERMS AND CONDITIONS OF THIS CREDIT WILL BE PAID AT MATURITY

SENT TO REC. INFO.　　　　72：SUBJECT TO U.C.P 1993 ICC PUBLICATION 500

三、审证训练题

样题一：

1. 基本信息与要求

根据给定的合同基本信息进行信用证审核。

信息1：外销合同一份

江苏省南京对外贸易有限公司
NANJIING FOREIGN TRADE CORP OF JIANGSU, LTD.
江苏省南京市珠江路 256 号
256 Zhujiang Road, Nanjing, Jiangsu, China
售货合同
SALES CONTRACT

TO:
GOODLUCKY CO., LTD.
96 HIGHWAY
LUTON.BEDFORDSHIRE
LUI IXL UNITED KINGDOM

No.: JN18E0120
Date: 20 JAN., 2023
Place: NANJING, CHINA

Dear Sirs:

We hereby confirm having sold to you the following goods on terms and conditions as specified below:

Shipping Marks	Descriptions of Goods	Quantity	Unit Price	Amount
AS PER	65% POLYES 35% COTTON LADIES SKIRTS	CIF FELIXSTOWE		
SELLER'S	STYLE NO.A101	400 DOZ	GBP60.00	GBP2,4000.00
OPTION	STYLE NO.A102	200 DOZ	GBP82.00	GBP1,6400.00
ORDER NO.599/2018		600 DOZ		GBP4,0400.00

TOTAL AMOUNT IN WORDS: SAY G.B.POUNDS FOURTY THOUSAND AND FOUR HUNDERD ONLY.

LOADING PORT: NANJING

DESTINATION: FELIXSTOWE

TIME OF SHIPMENT: BEFORE 20 APR., 2018

PARTIAL/TRANSSHIPMENT: PARTIAL SHIPMENTS ALLOWED, TRANSSHIPMENT PROHIBITED

INSURANCE: COVERED BY THE SELLER FOR AT LEAST 110% OF INVOICE VALUE COVERING ALL RISKS AND WAR RISK AS PER ICC (A) DATED 01/01/2009, CLAIM PAYABLE IN U.K.

TERMS OF PAYMENT: BY IRREVOCABLE LETTER OF CREDIT IN FAVOUR OF THE SELLER TO BE AVAILABLE BY DRAFTS AT SIGHT. REACHING CHINA ON OR BEFORE 25 JAN., 2018 AND REMAINING VALID FOR NEGOTIATION IN CHINA UNTIL 15 DAYS AFTER THE ACTUAL DATE OF SHIPMENT.

DOCUMENTS: SIGNED INVOICE IN QUADRUPLICATE
PACKING LIST IN QUADRUPLICATE
FULL SET CLEAN ON BOARD BILLS OF LADING MADE OUT TO SHIPPERS ORDER

MARKED FREIGHT PREPAID NOTIFY THE BUYER
CERTIFICATE OF ORIGIN IN DUPLICATE
INSURANCE POLICY IN DUPLICATE

REMARK: ALL DISPUTES ARISING FROM THE EXECUTION OF OR IN CONNECTING WITH THIS CONTRACT SHALL BE SETTLED AMICABLE BY NEGOTIATION. IN CASE OF SETTLEMENT CAN NOT BE REACHED THROUGH NEGOTIATION THE CASE SHALL THEN BE SUBMITTED TO CHINA INTERNATIONAL ECONOMIC AND TRADE ARBITRATION COMMISSION IN BEIJING FOR ARBITRATION IN ACT WITH ITS SURE OF PROCEDUR THE ARBTRAL AWARD IS FINAL AND BINDING UPON BOTH PARTIES FOR SETTING THE DISPUTE. THE FEE FOR ARBITRATION SHALL BE BORNE BY THE LOSING PARTY UNLESS OTHERWISE AWARDED（OTHER DETAILS PLEASE READ OVERLEAF CAREFULLY）

THE SELLER	THE BUYER
江苏省南京对外贸易有限公司	GOODLUCKY CO., LTD.
李秀丽	Chanlea Lacean

信息 2：
信用证一份

2．信用证

条款名称	条款号	信用证条款	审证结果	修改内容
SEQUENCE OF TOTAL（报文页次）	27:	1/1		
FORM OF DOC. CREDIT（跟单信用证形式）	40A:	IRREVOCABLE AND TRANSFERABLE		
DOC. CREDIT NUMBER（信用证号码）	20:	DC LUT180106		
REFERENCE TO PRE-ADVICE（预通知的编号）	23:			
DATE OF ISSUE（开证日期）	31C:	180125		
APPLICABLE RULES（适用规则）	40E:			
DATE AND PLACE OF EXPIRY（信用证有效期和有效地点）	31D:	DATE 180510 PLACE AT OUR COUNTER		
APPLICANT（信用证开证申请人）	50:	GOODLUCKY CO., LTD. 96 HIGHWAY LUTON. BEDFORDSHIRE LUI IXL UNITED KINGDOM		
APPLICANT BANK（信用证开证银行）	51A:	HSBC BANK PLC. LONDON		

续表

条款名称	条款号	信用证条款	审证结果	修改内容
BENEFICIARY（信用证受益人）	59:	NANJING FOREIGN TRADE CORP OF JIANGSU, LTD. 246 ZHUJIANG ROAD NANJING, JIANGSU CHINA		
CURRENCY CODE, AMOUNT（信用证结算货币和金额）	32B:	CURRENCY USD AMOUNT 75,600.00		
PERCENTAGE CREDIT AMOUNT TOLERANCE（信用证金额加减百分率）	39A:	05/05		
AVAILABLE WITH/BY（指定银行与兑付方式）	41D:	ANY BANK IN CHINA BY NEGOTIATION		
DRAFT AT ...（汇票付款日期）	42C:	AT 21 DAYS AFTER SIGHT FOR FULL INVOICE VALUE		
DRAWEE（受票人）	42D:	MIDLGB22BXXX *HSBC BANK PLC *LONDON		
PARTIAL SHIPMENT（分批装运）	43P:	ALLOWED		
TRANSSHIPMENT（转运条款）	43T:	NOT ALLOWED		
PORT OF LOADING（装运港）	44E:	NANJING		
PORT OF DISCHARGE（卸货港）	44F:	FELIXSTOWE		
LATEST DATE OF SHIP（最后装船期）	44C:	180420		
DESCRIPTION OF GOODS（货物描述）	45A:	65% POLYES 30% COTTON LADIES SKIRTS STYLE NO.A101　400 DOZ　　@GBP60.00/PCE STYLE NO.A102　200 DOZ　　@GBP82.00/PCE AS PER S/C NO.JN18E0120 AND APPLICANT'S ORDER NO.599/2018 TRADE TERMS: CFR FELIXSTOWE		
DOCUMENTS REQUIRED（单据要求）	46A:	+ORIGINAL SIGNED COMMERCIAL INVOICE PLUS THREE COPIES		
DOCUMENTS REQUIRED（单据要求）	46A:	+FULL SET OF ORIGINAL CLEAN MARINE BILL OF LADING MADE OUT TO SHIPPERS ORDER AND BLANK ENDORSED AND MARKED FREIGHT PREPAID NOTIEY THE APPLICANT WITH FULL NAME AND ADDRESS		
DOCUMENTS REQUIRED（单据要求）	46A:	+ORIGINAL PACKING LIST PLUS THREE COPIES INDICATING DETAILED PACKING OF EACH CARTON		

续表

条款名称	条款号	信用证条款	审证结果	修改内容
DOCUMENTS REQUIRED（单据要求）	46A：	+CERTIFICATE OF ORIGIN IN DUPLICATE		
DOCUMENTS REQUIRED（单据要求）	46A：	+CERTIFICATE SENT BY BENEFICIARY TO APPLICANT EVIDENCING THAT COPIES OF INVOICE. BILL OF LADING AND PACKING LIST HAVE BEEN FAXED TO APPLICANT ON FAX NO 44-1-5824-3470 ONE DAY AFTER BILL OF LADING DATE		
DOCUMENTS REQUIRED（单据要求）	46A：	+INSURANCE POLICY IN DUPLICATE FOR AT LEAST 110% OF INVOICE VALUE COVERING ALL RISKS AS PER ICC（A）DATED 01/01/2009, CLAIM PAYABLE IN U.K.		
ADDITIONAL CON.（特别条款）	47A：	+APPLICANTS ORDER NO.599/2018 MUST BE SHOWN ON ALL DOCUMENTS		
ADDITIONAL CON.（特别条款）	47A：	+UNLESS OTHERWISE EXPRESSLY STATE ALL DOCUMENTS MUST BE IN ENGLISH		
ADDITIONAL CON.（特别条款）	47A：	+EXCEPT SO FAR AS OTHERWISE EXPRESSLY STATE. THIS DOCUMENTARY CREDIT IS SUBJECT TO THE UNIFORM CUSTOMS AND PRACTICE FOR DOCUMENTARY CREDIT ICC PUBLICATION NO.600		
ADDITIONAL CON.（特别条款）	47A：	+ALL BANK CHARGES IN CONNECTION WITH THIS DOCUMENTARY CREDIT INCLUDING ISSUING BANKS OPENING COMMISSION AND TRANSMISSION COSTS ARE FOR THE ACCOUNT OF THE BENEFICIARY		
PRESENTATION PERIOD（交单期限）	48：	WITHIN 10 DAYS AFTER THE DATE OF SHIPMENT BUT WITHIN THE VALIDITY OF THE CREDIT		
CONFIRMATION（保兑指示）	49：	WITHOUT		
INSTRUCTION（指示）	78：	ON RECEIPT OF DOCUMENTS CONFIRMING TO THE TERMS OF THIS DOCUMENTARY CREDIT. WE UNDERTAKE TO REIMBURSE YOU IN THE CURRENCY OF THE CREDIT IN ACCORDANCE WITH YOUR INSTRUCTIONS WHICH SHOULD INCLUDE YOUR UID NUMBER AND THE ABA CODE OF THE RECEIVING BANK		
SEND. TO REC. INFO.（附言）	72：	DOCUMENTS TO BE DISPATCHED BY COURIER SERVICE IN ONE LOT TO HSBC BANK PLC, TRADE SERVICES, 76 HANOVER STREET LUTON E14 5HQ UNITED KINGDOM		

样题二：

1．基本信息与要求

资料1：基础信息

根据提供的合同对信用证进行审核并提出改证要求。指出信用证存在的问题并提出具体的改证要求。

2. 合同

SALES CONTRACT

THE SELLER: NO.: WILL17068
SHANGHAI WILL TRADING CO., LTD. DATE: JUN.1, 2023
NO.25 JIANGNING ROAD, SHANGHAI, CHINA
SIGNED AT: SHANGHAI, CHINA
THE BUYER:
NU BONNETERIE DE GROOTE AUTOSTRADEWEG 69090 MELLE BELGIUM

This Sales Contract is made by and between the Sellers and the Buyers, whereby the sellers agree to sell and the buyers agree to buy the under-mentioned goods according to the terms and conditions stipulated below:

Commodity & Specification	Quantity	Price Terms	
		Unit price	Amount
WORK SHORT TROUSERS – 100 PCT COTTON TWILL AS PER ORDER D1700326	3,000 PCS	CIF ANTWERP USD10.50/PC	USD31,500.00
WORK SHORT TROUSERS – 100 PCT COTTON TWILL AS PER ORDER D1700327	5,000 PCS	USD12.00/PC	USD60,000.00
TOTAL:	8,000 PCS		USD91,500.00
Total amount: U.S.DOLLARS NINETY ONE THOUSAND FIVE HUNDRED ONLY			

PACKING: IN CARTONS OF 50 PCS EACH   **Shipping Mark:** AT SELLER'S OPTION
TIME OF SHIPMENT: DURING AUG. 2017 BY SEA
LOADING PORT AND DESTINATION: FROM SHANGHAI, CHINA TO ANTWERP, BELGIUM
PARTIAL SHIPMENT AND TRANSSHIPMENT: ARE ALLOWED
INSURANCE: TO BE EFFECTED BY THE SELLER FOR 110 PCT OF INVOICE VALUE AGAINST ALL RISKS AND WAR RISK AS PER CIC OF THE PICC DATED 01/01/1981.
TERMS OF PAYMENT: THE BUYER SHALL OPEN THROUGH A BANK ACCEPTABLE TO THE SELLER AN IRREVOCABLE SIGHT LETTER OF CREDIT TO REACH THE SELLER 30 DAYS BEFORE THE MONTH OF SHIPMENT AND TO REMAIN VALID FOR NEGOTIATION IN CHINA UNTIL THE 15TH DAY AFTER THE FORESAID TIME OF SHIPMENT.

SELLER BUYER
SHANGHAI WILL TRADING CO., LTD. NU BONNETERIE DE GROOTE
张平 LJSKOUT

3. 信用证

条款名称	条款号	信用证条款	审证结果	修改内容
SEQUENCE OF TOTAL（报文页次）	27:	1/1		

续表

条款名称	条款号	信用证条款	审证结果	修改内容
FORM OF DOC. CREDIT（跟单信用证形式）	40A:	IRREVOCABLE		
DOC. CREDIT NUMBER（信用证号码）	20:	132CD6372730		
REFERENCE TO PRE-ADVICE（预通知的编号）	23:			
DATE OF ISSUE（开证日期）	31C:	170701		
APPLICABLE RULES（适用规则）	40E:	UCP LATEST VERSION		
DATE AND PLACE OF EXPIRY（信用证有效期和有效地点）	31D:	DATE 170910 PLACE IN BELGIUM		
APPLICANT（信用证开证申请人）	50:	NU BONNETERIE DE GROOTE AUTOSTRADEWEG 69090 MELLE BELGIUM		
APPLICANT BANK（信用证开证银行）	51A:	ING BELGIUM NV/SV（FORMERLY BANK BRUSSELS LAMBERT SA），GENT		
BENEFICIARY（信用证受益人）	59:	SHANGHAI WILL TRADING CO.，LTD. NO.25 JIANGNING ROAD, SHANGHAI, CHINA		
CURRENCY CODE, AMOUNT（信用证结算货币和金额）	32B:	CURRENCY USD AMOUNT 19,500.00		
PERCENTAGE CREDIT AMOUNT TOLERANCE（信用证金额加减百分率）	39A:			
AVAILABLE WITH/BY（指定银行与兑付方式）	41D:	ANY BANK IN CHINA BY NEGOTIATION		
DRAFT AT …（汇票付款日期）	42C:	30 DAYS AFTER SIGHT		
DRAWEE-BIC（汇票付款—银行代码）	42A:	ING BELGIUM NV/SV（FORMERLY BANK BRUSSELS LAMBERT SA），GENT		
PARTIAL SHIPMENT（分批装运）	43P:	NOT ALLOWED		
TRANSSHIPMENT（转运条款）	43T:	ALLOWED		
LOADING ON BOARD/DISPATCH/TAKING IN CHARGE AT/FORM（装船、发运和接收监管的地点）	44A:			

续表

条款名称	条款号	信用证条款	审证结果	修改内容
FOR TRANSPORTATION TO…（货物发运的最终地）	44B：			
PORT OF LOADING（装运港）	44E：	ANY CHINESE PORT		
PORT OF DISCHARGE（卸货港）	44F：	ANTWERP, BELGIUM		
LATEST DATE OF SHIP（最后装船期）	44C：	170815		
DESCRIPTION OF GOODS（货物描述）	45A：	+ 3,000 PCS WORK SHORT TROUSERS – 100 PCT COTTON TWILL AT USD10.50/PC AS PER ORDER D1700326 AND SALES CONTRACT NUMBER WILL09068. + 5,000 PCS WORK SHORT TROUSERS – 100 PCT COTTON TWILL AT USD12.00/PC AS PER ORDER D1700327 AND SALES CONTRACT NUMBER WILL17068 　　SALES CONDITIONS：CIF ANTWERP 　　PACKING：50 PCS/CTN		
DOCUMENTS REQUIRED（单据要求）	46A：	+SIGNED COMMERCIAL INVOICES IN 4 ORGINAL AND 4 COPIE		
DOCUMENTS REQUIRED（单据要求）	46A：	+ FULL SET OF CLEAN ON BOARD OCEAN BILLS OF LADING, MADE OUT TO ORDER, BLANK ENDORSED, MARKED FREIGHT COLLECT NOTIFY THE APPLICANT		
DOCUMENTS REQUIRED（单据要求）	46A：	+CERTIFICATE OF ORIGIN		
DOCUMENTS REQUIRED（单据要求）	46A：	+INSURANCE POLICY/CERTIFICATE ISSUED IN DUPLICATE IN NEGOTIABLE FORM, COVERING ALL RISKS, FROM WAREHOUSE TO WAREHOUSE FOR 120 PCT OF INVOICE VALUE. INSURANCE POLICY/CERTIFICATE MUST CLEARLY STATE IN THE BODY CLAIMS, IF ANY, ARE PAYABLE IN BELGIUM IRRESPECTIVE OF PERCENTAGE		
ADDITIONAL CON.（特别条款）	47A：	1/ALL DOCUMENTS PRESENTED UNDER THIS LC MUST BE ISSUED IN ENGLISH. 7/IN CASE THE DOCUMENTS CONTAIN DISCREPANCIES, WE RESERVE THE RIGHT TO CHARGE DISCREPANCY FEES AMOUNTING TO EUR 75 OR EQUIVALENT.		
CHARGES（费用情况）	71B：			
PRESENTATION PERIOD（交单期限）	48：	WITHIN 5 DAYS AFTER THE DATE OF SHIPMENT, BUT WITHIN THE VALIDITY OF THIS CREDIT		

条款名称	条款号	信用证条款	审证结果	修改内容
CONFIRMATION（保兑指示）	49:	WITHOUT		
INSTRUCTION（指示）	78:			
SEND. TO REC.INFO.（附言）	72:			

试题一：

1. 基础信息（合同）

江苏省南京对外贸易有限公司

NANJING FOREIGN TRADE CORP OF JIANGSU, LTD.

江苏省南京市珠江路 256 号

256 Zhujiang Road, Nanjing, Jiangsu, China

售货合同

SALES CONTRACT

TO：

GOODLUCKY CO., LTD.　　　　　　　　　　　　　　　　　No.：<u>JN18E0120</u>

96 HIGHWAY　　　　　　　　　　　　　　　　　　　　　Date：<u>20 JAN., 2018</u>

LUTON.BEDFORDSHIRE　　　　　　　　　　　　　　　　Place：<u>NANJING, CHINA</u>

LUI IXL UNITED KINGDOM

Dear Sirs：

We hereby confirm having sold to you the following goods on terms and conditions as specified below：

Shipping Marks	Descriptions of Goods	Quantity	Unit Price	Amount
AS PER	65% POLYES 35% COTTON LADIES SKIRTS	CIF FELIXSTOWE		
SELLER'S	STYLE NO.A101	400 DOZ	GBP60.00	GBP24,000.00
OPTION	STYLE NO.A102	200 DOZ	GBP82.00	GBP16,400.00
ORDER NO.599/2018		600 DOZ		GBP40,400.00

TOTAL AMOUNT IN WORDS： SAY G.B.POUNDS FORTY THOUSAND AND FOUR HUNDERD ONLY.

LOADING PORT： NANJING

DESTINATION： FELIXSTOWE

TIME OF SHIPMENT： BEFORE 20 APR., 2018

PARTIAL/TRANSSHIPMENT： PARTIAL SHIPMENTS ALLOWED, TRANSSHIPMENT PROHIBITED

INSURANCE： COVERED BY THE SELLER FOR AT LEAST 110% OF INVOICE VALUE COVERING ALL RISKS AND WAR RISK AS PER ICC（A）DATED 01/01/2009, CLAIM PAYABLE IN U.K.

TERMS OF PAYMENT： BY IRREVOCABLE LETTER OF CREDIT IN FAVOUR OF THE

SELLER TO BE AVAILABLE BY DRAFTS AT SIGHT. REACHING CHINA ON OR BEFORE 25 JAN., 2018 AND REMAINING VALID FOR NEGOTIATION IN CHINA UNTIL 15 DAYS AFTER THE ACTUAL DATE OF SHIPMENT.

DOCUMENTS: SIGNED INVOICE IN QUADRUPLICATE
PACKING LIST IN QUADRUPLICATE
FULL SET CLEAN ON BOARD BILLS OF LADING MADE OUT TO SHIPPERS ORDER MARKED FREIGHT PREPAID NOTIFY THE BUYER
CERTIFICATE OF ORIGIN IN DUPLICATE
INSURANCE POLICY IN DUPLICATE

REMARK: ALL DISPUTES ARISING FROM THE EXECUTION OF OR IN CONNECTING WITH THIS CONTRACT SHALL BE SETTLED AMICABLE BY NEGOTIATION. IN CASE OF SETTLEMENT CAN NOT BE REACHED THROUGH NEGOTIATION THE CASE SHALL THEN BE SUBMITTED TO CHINA INTERNATIONAL ECONOMIC AND TRADE ARBITRATION COMMISSION IN BEIJING FOR ARBITRATION IN ACT WITH ITS SURE OF PROCEDUR THE ARBTRAL AWARD IS FINAL AND BINDING UPON BOTH PARTIES FOR SETTING THE DISPUTE. THE FEE FOR ARBITRATION SHALL BE BORNE BY THE LOSING PARTY UNLESS OTHERWISE AWARDED
（OTHER DETAILS PLEASE READ OVERLEAF CAREFULLY）

THE SELLER	THE BUYER
江苏省南京对外贸易有限公司	GOODLUCKY CO., LTD.
李秀丽	Chanlea Lacean

2. 审核信用证

条款名称	条款号	信用证条款	审证结果	修改内容
SEQUENCE OF TOTAL（报文页次）	27:	1/1		
FORM OF DOC. CREDIT（跟单信用证形式）	40A:	IRREVOCABLE AND TRANSFERABLE		
DOC. CREDIT NUMBER（信用证号码）	20:	DC LUT180106		
REFERENCE TO PRE-ADVICE（预通知的编号）	23:			
DATE OF ISSUE（开证日期）	31C:	180125		
APPLICABLE RULES（适用规则）	40E:			
DATE AND PLACE OF EXPIRY（信用证有效期和有效地点）	31D:	DATE 180510 PLACE AT OUR COUNTER		
APPLICANT（信用证开证申请人）	50:	GOODLUCKY CO., LTD. 96 HIGHWAY LUTON. BEDFORDSHIRE LUI IXL UNITED KINGDOM		

续表

条款名称	条款号	信用证条款	审证结果	修改内容
APPLICANT BANK（信用证开证银行）	51A：	HSBC BANK PLC. LONDON		
BENEFICIARY（信用证受益人）	59：	NANJING FOREIGN TRADE CORP OF JIANGSU, LTD. 246 ZHUJIANG ROAD NANJING, JIANGSU CHINA		
CURRENCY CODE, AMOUNT（信用证结算货币和金额）	32B：	CURRENCY USD AMOUNT 75,600.00		
PERCENTAGE CREDIT AMOUNT TOLERANCE（信用证金额加减百分率）	39A：	05/05		
AVAILABLE WITH/BY（指定银行与兑付方式）	41D：	ANY BANK IN CHINA BY NEGOTIATION		
DRAFT AT ...（汇票付款日期）	42C：	AT 21 DAYS AFTER SIGHT FOR FULL INVOICE VALUE		
DRAWEE（受票人）	42D：	MIDLGB22BXXX *HSBC BANK PLC *LONDON		
PARTIAL SHIPMENT（分批装运）	43P：	ALLOWED		
TRANSSHIPMENT（转运条款）	43T：	NOT ALLOWED		
PORT OF LOADING（装运港）	44E：	NANJING		
PORT OF DISCHARGE（卸货港）	44F：	FELIXSTOWE		
LATEST DATE OF SHIP（最后装船期）	44C：	180420		
DESCRIPTION OF GOODS（货物描述）	45A：	65% POLYES 30% COTTON LADIES SKIRTS STYLE NO.A101　400 DOZ　　@GBP60.00/PCE STYLE NO.A102　200 DOZ　　@GBP82.00/PCE AS PER S/C NO.JN18E0120 AND APPLICANT'S ORDER NO.599/2018 TRADE TERMS：CFR FELIXSTOWE		
DOCUMENTS REQUIRED（单据要求）	46A：	+ORIGINAL SIGNED COMMERCIAL INVOICE PLUS THREE COPIES		
DOCUMENTS REQUIRED（单据要求）	46A：	+FULL SET OF ORIGINAL CLEAN MARINE BILL OF LADING MADE OUT TO SHIPPERS ORDER AND BLANK ENDORSED AND MARKED FREIGHT PREPAID NOTIEY THE APPLICANT WITH FULL NAME AND ADDRESS		
DOCUMENTS REQUIRED（单据要求）	46A：	+ORIGINAL PACKING LIST PLUS THREE COPIES INDICATING DETAILED PACKING OF EACH CARTON		

续表

条款名称	条款号	信用证条款	审证结果	修改内容
DOCUMENTS REQUIRED（单据要求）	46A：	+CERTIFICATE OF ORIGIN IN DUPLICATE		
DOCUMENTS REQUIRED（单据要求）	46A：	+CERTIFICATE SENT BY BENEFICIARY TO APPLICANT EVIDENCING THAT COPIES OF INVOICE. BILL OF LADING AND PACKING LIST HAVE BEEN FAXED TO APPLICANT ON FAX NO 44-1-5824-3470 ONE DAY AFTER BILL OF LADING DATE		
DOCUMENTS REQUIRED（单据要求）	46A：	+INSURANCE POLICY IN DUPLICATE FOR AT LEAST 110% OF INVOICE VALUE COVERING ALL RISKS AS PER ICC（A）DATED 01/01/2009, CLAIM PAYABLE IN U.K.		
ADDITIONAL CON.（特别条款）	47A：	+APPLICANTS ORDER NO.599/2018 MUST BE SHOWN ON ALL DOCUMENTS		
ADDITIONAL CON.（特别条款）	47A：	+UNLESS OTHERWISE EXPRESSLY STATE ALL DOCUMENTS MUST BE IN ENGLISH		
ADDITIONAL CON.（特别条款）	47A：	+EXCEPT SO FAR AS OTHERWISE EXPRESSLY STATE. THIS DOCUMENTARY CREDIT IS SUBJECT TO THE UNIFORM CUSTOMS AND PRACTICE FOR DOCUMENTARY CREDIT ICC PUBLICATION NO.600		
ADDITIONAL CON.（特别条款）	47A：	+ALL BANK CHARGES IN CONNECTION WITH THIS DOCUMENTARY CREDIT INCLUDING ISSUING BANKS OPENING COMMISSION AND TRANSMISSION COSTS ARE FOR THE ACCOUNT OF THE BENEFICIARY		
PRESENTATION PERIOD（交单期限）	48：	WITHIN 10 DAYS AFTER THE DATE OF SHIPMENT BUT WITHIN THE VALIDITY OF THE CREDIT		
CONFIRMATION（保兑指示）	49：	WITHOUT		
INSTRUCTION（指示）	78：	ON RECEIPT OF DOCUMENTS CONFIRMING TO THE TERMS OF THIS DOCUMENTARY CREDIT. WE UNDERTAKE TO REIMBURSE YOU IN THE CURRENCY OF THE CREDIT IN ACCORDANCE WITH YOUR INSTRUCTIONS WHICH SHOULD INCLUDE YOUR UID NUMBER AND THE ABA CODE OF THE RECEIVING BANK		
SEND. TO REC. INFO.（附言）	72：	DOCUMENTS TO BE DISPATCHED BY COURIER SERVICE IN ONE LOT TO HSBC BANK PLC, TRADE SERVICES, 76 HANOVER STREET LUTON E14 5HQ UNITED KINGDOM		

试题二：

1. **基础信息**

根据提供的合同对信用证进行审核并提出改证要求。指出信用证存在的问题并提出具体的改证要求。

2. 审核信用证

条款名称	条款号	信用证条款	审证结果	修改内容
SEQUENCE OF TOTAL（报文页次）	27:	1/1		
FORM OF DOC. CREDIT（跟单信用证形式）	40A:	IRREVOCABLE		
DOC. CREDIT NUMBER（信用证号码）	20:	132CD6372730		
REFERENCE TO PRE-ADVICE（预通知的编号）	23:			
DATE OF ISSUE（开证日期）	31C:	170701		
APPLICABLE RULES（适用规则）	40E:	UCP LATEST VERSION		
DATE AND PLACE OF EXPIRY（信用证有效期和有效地点）	31D:	DATE 170910 PLACE IN BELGIUM		
APPLICANT（信用证开证申请人）	50:	NU BONNETERIE DE GROOTE AUTOSTRADEWEG 69090 MELLE BELGIUM		
APPLICANT BANK（信用证开证银行）	51A:	ING BELGIUM NV/SV（FORMERLY BANK BRUSSELS LAMBERT SA），GENT		
BENEFICIARY（信用证受益人）	59:	SHANGHAI WILL TRADING CO.，LTD. NO.25 JIANGNING ROAD, SHANGHAI, CHINA		
CURRENCY CODE, AMOUNT（信用证结算货币和金额）	32B:	CURRENCY USD AMOUNT 19,500.00		
PERCENTAGE CREDIT AMOUNT TOLERANCE（信用证金额加减百分率）	39A:			
AVAILABLE WITH/BY（指定银行与兑付方式）	41D:	ANY BANK IN CHINA BY NEGOTIATION		
DRAFT AT ...（汇票付款日期）	42C:	30 DAYS AFTER SIGHT		
DRAWEE-BIC（汇票付款—银行代码）	42A:	ING BELGIUM NV/SV（FORMERLY BANK BRUSSELS LAMBERT SA），GENT		
PARTIAL SHIPMENT（分批装运）	43P:	NOT ALLOWED		
TRANSSHIPMENT（转运条款）	43T:	ALLOWED		

续表

条款名称	条款号	信用证条款	审证结果	修改内容
LOADING ON BOARD/DISPATCH/TAKING IN CHARGE AT/FORM（装船、发运和接收监管的地点）	44A：			
FOR TRANSPORTATION TO…（货物发运的最终地）	44B：			
PORT OF LOADING（装运港）	44E：	ANY CHINESE PORT		
PORT OF DISCHARGE（卸货港）	44F：	ANTWERP, BELGIUM		
LATEST DATE OF SHIP（最后装船期）	44C：	170815		
DESCRIPTION OF GOODS（货物描述）	45A：	+ 3,000 PCS WORK SHORT TROUSERS – 100 PCT COTTON TWILL AT USD10.50/PC AS PER ORDER D1700326 AND SALES CONTRACT NUMBER WILL09068. + 5,000 PCS WORK SHORT TROUSERS – 100 PCT COTTON TWILL AT USD12.00/PC AS PER ORDER D1700327 AND SALES CONTRACT NUMBER WILL17068 SALES CONDITIONS：CIF ANTWERP PACKING：50 PCS/CTN		
DOCUMENTS REQUIRED（单据要求）	46A：	+SIGNED COMMERCIAL INVOICES IN 4 ORGINAL AND 4 COPIE		
DOCUMENTS REQUIRED（单据要求）	46A：	+ FULL SET OF CLEAN ON BOARD OCEAN BILLS OF LADING, MADE OUT TO ORDER, BLANK ENDORSED, MARKED FREIGHT COLLECT NOTIFY THE APPLICANT		
DOCUMENTS REQUIRED（单据要求）	46A：	+CERTIFICATE OF ORIGIN		
DOCUMENTS REQUIRED（单据要求）	46A：	+INSURANCE POLICY/CERTIFICATE ISSUED IN DUPLICATE IN NEGOTIABLE FORM, COVERING ALL RISKS, FROM WAREHOUSE TO WAREHOUSE FOR 120 PCT OF INVOICE VALUE. INSURANCE POLICY/CERTIFICATE MUST CLEARLY STATE IN THE BODY CLAIMS, IF ANY, ARE PAYABLE IN BELGIUM IRRESPECTIVE OF PERCENTAGE		

条款名称	条款号	信用证条款	审证结果	修改内容
ADDITIONAL CON.（特别条款）	47A：	1/ALL DOCUMENTS PRESENTED UNDER THIS LC MUST BE ISSUED IN ENGLISH. 7/IN CASE THE DOCUMENTS CONTAIN DISCREPANCIES, WE RESERVE THE RIGHT TO CHARGE DISCREPANCY FEES AMOUNTING TO EUR 75 OR EQUIVALENT.		
CHARGES（费用情况）	71B：			
PRESENTATION PERIOD（交单期限）	48：	WITHIN 5 DAYS AFTER THE DATE OF SHIPMENT, BUT WITHIN THE VALIDITY OF THIS CREDIT		
CONFIRMATION（保兑指示）	49：	WITHOUT		
INSTRUCTION（指示）	78：			
SEND. TO REC.INFO.（附言）	72：			

3．合同

SALES CONTRACT

THE SELLER： NO. WILL17068

SHANGHAI WILL TRADING. CO., LTD. DATE：JUN.1, 2017

NO.25 JIANGNING ROAD, SHANGHAI,

CHINA SIGNED AT：SHANGHAI, CHINA

THE BUYER：

NU BONNETERIE DE GROOTE AUTOSTRADEWEG 69090 MELLE BELGIUM

This Sales Contract is made by and between the Sellers and the Buyers, whereby the sellers agree to sell and the buyers agree to buy the under-mentioned goods according to the terms and conditions stipulated below：

Commodity & Specification	Quantity	Price Terms	
		Unit price	Amount
WORK SHORT TROUSERS - 100 PCT COTTON TWILL AS PER ORDER D1700326	3,000 PCS	CIF ANTWERP USD10.50/PC	USD31,500.00
WORK SHORT TROUSERS - 100 PCT COTTON TWILL AS PER ORDER D1700327	5,000 PCS	USD12.00/PC	USD60,000.00
TOTAL：	8,000 PCS		USD91,500.00
Total amount：U.S. DOLLARS NINETY ONE THOUSAND FIVE HUNDREDONLY			

PACKING： IN CARTONS OF 50 PCS EACH Shipping Mark：AT SELLER'S OPTION

TIME OF SHIPMENT： DURING AUG. 2017 BY SEA

LOADING PORT AND DESTINATION： FROM SHANGHAI, CHINA TO ANTWERP, BELGIUM

PARTIAL SHIPMENT AND TRANSSHIPMENT： ARE ALLOWED

INSURANCE: TO BE EFFECTED BY THE SELLER FOR 110 PCT OF INVOICE VALUE AGAINST ALL RISKS AND WAR RISK AS PER CIC OF THE PICC DATED 01/01/1981.

TERMS OF PAYMENT: THE BUYER SHALL OPEN THROUGH A BANK ACCEPTABLE TO THE SELLER AN IRREVOCABLE SIGHT LETTER OF CREDIT TO REACH THE SELLER 30 DAYS BEFORE THE MONTH OF SHIPMENT AND TO REMAIN VALID FOR NEGOTIATION IN CHINA UNTIL THE 15TH DAY AFTER THE FORESAID TIME OF SHIPMENT.

SELLER
SHANGHAI WILL TRADING CO., LTD.
张平

BUYER
NU BONNETERIE DE GROOTE
LJSKOUT

第二节　实训答案

一、开证申请答案

样题一答案：

IRREVOCABLE DOCUMENTARY CREDIT APPLICATION

TO: BANK OF CHINA BEIJING BRANCH		Date: MAR. 23, 2017
☐ Issue by airmail　☐ With brief advice by teletransmission	Credit No.	
☐ Issue by express delivery		
☐ Issue by teletransmission (which shall be the operative instrument)	Date and place of expiry	SHANGHAI MAY. 23, 2017
Applicant	Beneficiary (Full name and address)	
NEO GENERAL TRADING CO. P.O. BOX 99552, RIYADH 22766, KSA	DESUN TRADING CO., LTD. HUARONG MANSION RM2901 NO.85 GUANJIAQIAO, SHANGHAI 210005, CHINA	
Advising Bank	Amount	
	USD13,260.00 SAY U.S. DOLLARS THIRTEEN THOUSAND TWO HUNDRED AND SIXTY ONLY.	
		Credit available with
Partial shipments	Transhipment	ANY BANK
☐ allowed　☐ not allowed	☐ allowed ☐ not allowed	By
Loading on board/dispatch/taking in charge at/from	☐ sight payment　☐ acceptance　☐ negotiation	
SHANGHAI PORT, CHINA	☐ deferred payment at	

not later than	Apr. 30, 2017	against the documents detailed herein
For transportation to:	DAMMAM PORT, SAUDI ARABIA	☐ and beneficiary's draft (s) for 100 % of invoice value
☐ FOB ☐ CFR ☐ CIF		at **** sight
☐ or other terms		drawn on

Documents required: (marked with X)

1. (X) Signed commercial invoice in __7__ copies indicating L/C No. and Contract No.

2. (X) Full set of clean on board Bills of Lading made out to order and blank endorsed, marked "freight [ ] to collect / [X] prepaid [ ] showing freight amount" notifying THE APPLICANT..

( ) Airway bills/cargo receipt/copy of railway bills issued by _____ showing "freight [ ] to collect/[ ] prepaid [ ] indicating freight amount" and consigned to _____.

3. ( ) Insurance Policy/Certificate in _____ copies for _____ % of the invoice value showing claims payable in _____ in currency of the draft, blank endorsed, covering All Risks, War Risks and _____.

4. ( ) Packing List/Weight Memo in _____ copies indicating quantity, gross and weights of each package.

5. (X) Certificate of Quantity/Weight in __5__ copies issued by beneficiary.

6. (X) Certificate of Quality in __5__ copies issued by [X] beneficiary/[ ] public recognized surveyor_____.

7. (X) Certificate of Origin in __5__ copies.

8. ( ) Beneficiary's certified copy of fax / telex dispatched to the applicant within _____ days after shipment advising L/C No., name of vessel, date of shipment, name, quantity, weight and value of goods.

Other documents, if any

Description of goods:

ABOUT 1,700 CARTONS CANNED MUSHROOMS
PIECES & STEMS 24 TINS×425 GRAMS NET WEIGHT(D.W. 227 GRAMS)AT USD7.80 PER CARTON.
ROSE BRAND.

Additional instructions:

1. (X) All banking charges outside the opening bank are for beneficiary's account.

2. (X) Documents must be presented within 15 days after date of issuance of the transport documents but within the validity of this credit.

3. ( ) Third party as shipper is not acceptable, Short Form/Blank back B/L is not acceptable.

4. ( ) Both quantity and credit amount _____ % more or less are allowed.

5. ( ) All documents must be sent to issuing bank by courier/speed post in one lot.

( ) Other terms, if any

样题二答案:

IRREVOCABLE DOCUMENTARY CREDIT APPLICATION

TO:	BANK OF BRAZIL RIO DE JANEIRO	Date:	JULY 20, 2017
Beneficiary (Full name and address)		L/C No.	

MJ TRADE CO., LTD. 12F 7 BLDG SHATOUJIAO FREE TRADE ZONE, YANTIAN, SHENZHEN, CHINA 416061 Contract No. TR100566 Date and place of expiry of the credit SEP. 29, 2017 IN CHINA		Ex-Card No.	
Partial shipments	Transhipment	☐ Issue by airmail teletransmission	☐ With brief advice by
☐ allowed ☐ not allowed	☐ allowed ☐ not allowed	☐ Issue by express delivery ☐ Issue by teletransmission (which shall be the operative instrument)	
Loading on board/dispatch/taking in charge at/from YANTIAN PORT			
not later than	SEP. 17, 2017	Amount (both in figures and words) USD25,756.00 SAY U.S. DOLLARS TWENTY FIVE THOUSAND SEVEN HUNDRED AND FIFTY SIX ONLY.	
For transportation to:	SANTOS		
Credit available with ☐ by sight payment ☐ by acceptance ☐ by negotiation			
Description of goods: PENGUIM HUMIDIFIER (BLACK BODY-WHITE DETAIL) - 127V PENGUIM HUMIDIFIER (BLACK BODY-WHITE DETAIL) - 220V CIF SANTOS PORT AS PER INCOTERMS 2010 OF ICC PARIS ☐ and beneficiary's draft (s) for 100 % of invoice value at SIGHT on BANK OF BRAZIL RIO DE JANEIRO		☐ by deferred payment at against the documents detailed herein	
Packing: 4 PC IN ONE CTN, TOTAL PACKED IN 470 CTNS		☐ FOB ☐ CFR ☐ CIF	
		☐ or other terms	
Documents required: (marked with X)			
1. (X) Signed commercial invoice in __4__ copies indication 3 ORIGINALS 1 COPY			
2. (X) Full set of clean on board Bills of Lading made out __TO ORDER__ and [X] blank endorsed, marked "freight [ ] to collect / [X] prepaid notify APPLICANT".			
3. ( ) Airway bills showing "freight [ ] to collect/[ ] prepaid [ ] indicating freight amount" and consigned to			
4. ( ) We normal issued by consigned to			
5. (X) Insurance Policy/Certificate in __2__ copies for 110% of the invoice value showing claims payable in china in currency of			
the draft, blank endorsed, covering [X] Ocean Marine Transportation / [ ] Air Transportation / [ ] Over land			

Transportation [X] All Risks, War Risks.	
6. (X) Packing List in __4__ copies indicating quantity, gross and net weights of each package and packing conditions as called for by the L/C. 3 ORIGINALS 1 COPY	
7. ( ) Certificate of Quantity / Weight in ____ copies issued by an independent surveyor at the loading port, indicating the actual surveyed quantity / weight of shipped goods as well as the packing condition.	
8. ( ) Certificate of Quality in ____ copies issued by [ ] manufacturer/ [ ] public recognized surveyor/ [ ].	
9. ( ) Beneficiary's Certified copy of cable / telex dispatched to the accountees within ____ hours after shipment advising [ ] name of vessel / [ ] fight No. / [ ] wagon No., date, quantity, weight and value of shipment.	
10. ( ) Beneficiary's Certificate Certifying that extra copies of the documents have been dispatched according to the contract terms.	
11. ( ) Shipping Co's certificate attesting that the carrying vessel is chartered or booked by accountee or their shipping agents:	
12. ( ) Other documents, if any	
Additional instructions:	
1. (X) All banking charges outside the opening bank are for beneficiary's account.	
2. (X) Documents must be presented within 15 days after date of issuance of the transport documents but within the validity of this credit.	
3. ( ) Third party as shipper is not acceptable, Short Form/Blank back B/L is not acceptable.	
4. (X) Both quantity and credit amount 5 % more or less are allowed.	
5. ( ) Prepaid freight drawn in excess of L/C amount is acceptable against presentation of original charges voucher issued by ( ) shipping Co / Air Line / or it's agent.	
6. ( ) All documents to be for warded in one cover, unless otherwise stated above	
7. ( ) Other terms, if any	

Account No.:	2357924680	with BANK OF BRAZIL RIO DE JANEIRO (name of bank)
Transacted by:	HARK	
Telephone No.:		(Applicant: name signature of authorized person)
		(with seal)

试题一答案:

IRREVOCABLE DOCUMENTARY CREDIT APPLICATION

TO: BANK OF CHINA BEIJING BRANCH		Date:	MAR. 23, 2017
☐ Issue by airmail　☐ With brief advice by teletransmission	Credit No.		
☐ Issue by express delivery			
☐ Issue by teletransmission (which shall be the operative instrument)	Date and place of expiry	SHANGHAI MAY. 23, 2017	

Applicant	Beneficiary (Full name and address)
NEO GENERAL TRADING CO. P.O. BOX 99552, RIYADH 22766, KSA	DESUN TRADING CO., LTD. HUARONG MANSION RM2901 NO.85 GUANJIAQIAO, SHANGHAI 210005, CHINA
Advising Bank	Amount
	USD13,260.00 SAY U.S. DOLLARS THIRTEEN THOUSAND TWO HUNDRED AND SIXTY ONLY.

Partial shipments	Transhipment	Credit available with
☐ allowed ☐ not allowed	☐ allowed ☐ not allowed	ANY BANK By

Loading on board/dispatch/taking in charge at/from	☐ sight payment ☐ acceptance ☐ negotiation
SHANGHAI PORT, CHINA	☐ deferred payment at
not later than	Apr. 30, 2017	against the documents detailed herein
For transportation to:	DAMMAM PORT, SAUDI ARABIA	☐ and beneficiary's draft(s) for 100 % of invoice value
☐ FOB ☐ CFR ☐ CIF		at **** sight
☐ or other terms		drawn on

Documents required: (marked with X)

1. (X) Signed commercial invoice in __7__ copies indicating L/C No. and Contract No.

2. (X) Full set of clean on board Bills of Lading made out to order and blank endorsed, marked "freight [ ] to collect / [X] prepaid [ ] showing freight amount" notifying THE APPLICANT.

( ) Airway bills/cargo receipt/copy of railway bills issued by showing "freight [ ] to collect/[ ] prepaid [ ] indicating freight amount" and consigned to_____.

3. ( ) Insurance Policy/Certificate in _____ copies for _____ % of the invoice value showing claims payable in _____ in currency of the draft, blank endorsed, covering All Risks, War Risks and_____.

4. ( ) Packing List/Weight Memo in _____ copies indicating quantity, gross and weights of each package.

5. (X) Certificate of Quantity/Weight in __5__ copies issued by BENEFICIARY.

6. (X) Certificate of Quality in __5__ copies issued by [X] beneficiary/[ ] public recognized surveyor_____.

7. (X) Certificate of Origin in __5__ copies.

8. ( ) Beneficiary's certified copy of fax / telex dispatched to the applicant within _____ days after shipment advising L/C No., name of vessel, date of shipment, name, quantity, weight and value of goods.

Other documents, if any

Description of goods:

ABOUT 1,700 CARTONS CANNED MUSRHOOMS
PIECES & STEMS 24 TINS×425 GRAMS NET WEIGHT(D.W. 227 GRAMS) AT USD7.80 PER CARTON.
ROSE BRAND.

Additional instructions:

1. (X) All banking charges outside the opening bank are for beneficiary's account.

续表

2. (X) Documents must be presented within 15 days after date of issuance of the transport documents but within the validity of this credit.
3. ( ) Third party as shipper is not acceptable, Short Form/Blank back B/L is not acceptable.
4. ( ) Both quantity and credit amount _____ % more or less are allowed.
5. ( ) All documents must be sent to issuing bank by courier/speed post in one lot.
( ) Other terms, if any

试题二答案:

IRREVOCABLE DOCUMENTARY CREDIT APPLICATION

TO: BANK OF BRAZIL RIO DE JANEIRO			Date:	JULY 20, 2017
Beneficiary (Full name and address)		L/C No.		
MJ TRADE CO., LTD. 12F 7 BLDG SHATOUJIAO FREE TRADE ZONE, YANTIAN, SHENZHEN, CHINA 416061 Contract No. TR100566 Date and place of expiry of the credit SEP. 29, 2017 IN CHINA		Ex-Card No.		
Partial shipments	Transhipment	☐ Issue by airmail		☐ With brief advice by teletransmission
☐ allowed ☐ not allowed	☐ allowed ☐ not allowed	☐ Issue by express delivery		
		☐ Issue by teletransmission (which shall be the operative instrument)		
Loading on board/dispatch/taking in charge at/from				
YANTIAN PORT		Amount (both in figures and words)		
not later than	SEP. 17, 2017	USD25,756.00 SAY U.S. DOLLARS TWENTY FIVE THOUSAND SEVEN HUNDRED AND FIFTY SIX ONLY.		
For transportation to:	SANTOS			
Credit available with ☐ by sight payment ☐ by acceptance ☐ by negotiation				
Description of goods:		☐ by deferred payment at		
PENGUIM HUMIDIFIER (BLACK BODY-WHITE DETAIL) - 127V PENGUIM HUMIDIFIER (BLACK BODY-WHITE DETAIL) - 220V CIF SANTOS PORT AS PER INCOTERMS 2010 OF ICC PARIS ☐ and beneficiary's draft (s) for 100% of invoice value at SIGHT on BANK OF BRAZIL RIO DE JANEIRO		against the documents detailed herein		

Packing: 4 PC IN ONE CTN, TOTAL PACKED IN 470 CTNS	☐ FOB　　☐ CFR　　☐ CIF
	☐ or other terms

Documents required: (marked with X)

1. (X) Signed commercial invoice in __4__ copies indication 3 ORIGINALS 1 COPY.

2. (X) Full set of clean on board Bills of Lading made out　TO ORDER　and [X] blank endorsed, marked "freight [ ] to collect / [X] prepaid notify APPLICANT".

3. ( ) Airway bills showing "freight [ ] to collect/[ ] prepaid [ ] indicating freight amount" and consigned to

4. ( ) We normal issued by　　　　　　consigned to

5. (X) Insurance Policy/Certificate in __2__ copies for 110% of the invoice value showing claims payable in china in currency of

the draft, blank endorsed, covering [X] Ocean Marine Transportation / [ ] Air Transportation / [ ]Over land

Transportation [X] All Risks, War Risks.

6. (X) Packing List in __4__ copies indicating quantity, gross and net weights of each package and packing conditions as

called for by the L/C .3 ORIGINALS 1 COPY.

7. ( ) Certificate of Quantity / Weight in ____ copies issued by an independent surveyor at the loading port, indicating the actual surveyed

quantity / weight of shipped goods as well as the packing condition.

8. ( ) Certificate of Quality in ____ copies issued by [ ] manufacturer/ [ ] public recognized surveyor/ [ ].

9. ( ) Beneficiary's Certified copy of cable / telex dispatched to the accountees within ____ hours after shipment advising [ ] name of

vessel / [ ] fight No. / [ ] wagon No., date, quantity, weight and value of shipment.

10. ( ) Beneficiary's Certificate Certifying that extra copies of the documents have been dispatched according to the contract terms.

11. ( ) Shipping Co's certificate attesting that the carrying vessel is chartered or booked by accountee or their shipping agents:

12. ( ) Other documents, if any

Additional instructions:

1. (X) All banking charges outside the opening bank are for beneficiary's account.

2. (X) Documents must be presented within　15　days after date of issuance of the transport documents but within the validity of this credit.

3. ( ) Third party as shipper is not acceptable, Short Form/Blank back B/L is not acceptable.

4. (X) Both quantity and credit amount __5__ % more or less are allowed.

5. ( ) Prepaid freight drawn in excess of L/C amount is acceptable against presentation of original charges voucher issued by ( ) shipping

Co / Air Line / or it's agent.

6. ( ) All documents to be for warded in one cover, unless otherwise stated above

7. ( ) Other terms, if any

Account No: .	2357924680	with <u>BANK OF BRAZIL RIO DE JANEIRO</u>
		<u>(name of bank)</u>

Transacted by：	HARK	
Telephone No.：		（Applicant：name signature of authorized person）
		（with seal）

二、审单答案

样题一答案：

单据审核结果

（1）提单收货人（抬头）错，应该是：TO ORDER OF KRUNG THAI PUBLIC CO., LTD. BANGKOK。

（2）唛头不能用 AS PER INV. NO.HS17E0428 表示，应该明确显示其内容。

应填是：THOMAS

    TH170316

    BANGKOK

    NOS. 1-80

（3）毛重错，应该是：1 280.00 公斤。

（4）大写包装件数错，应该是：SAY EIGHTY CARTONS ONLY。

（5）运费支付情况错，应该是：FREIGHT PREPAID。

（6）漏写船公司在目的港的代理的名称与地址。

应该是：COSCO BANGKOK BRANCH

    36 JERVA ROAD, BANGKOK, THAILAND

（7）漏写正本提单的份数。应该是：THREE。

样题二答案：

单据审核结果

（1）单据的 SHIPPER 填制有误，应该是：

DESEN EUROPE GMBH

GIRARDETSTRASSE 2-38，EINGANG.4 D-45131 ESSEN

GERMANY。

（2）单据的 PORT OF LOADING 填制有误，应该是：SHANGHAI CHINA。

（3）单据的 OCEAN VESSEL / VOYAGE NO. 填制有误，应该是 ALL SAFE V.76689。

（4）单据的 NO. OF ORIGINAL B/Ls 填制有误，应该是 THREE。

（5）单据的 FREIGHT & CHARGES 填制有误，应该是 FREIGHT PREPAID。

试题一答案：

单据审核结果

（1）提单收货人（抬头）错，应该是：TO ORDER OF KRUNG THAI PUBLIC CO., LTD. BANGKOK。

（2）唛头不能用 AS PER INV. NO.HS17E0428 表示，应该明确显示其内容。

应填是：THOMAS

    TH170316

    BANGKOK

NOS. 1-80

（3）毛重错，应该是：1 280.00 公斤。

（4）大写包装件数错，应该是：SAY EIGHTY CARTONS ONLY。

（5）运费支付情况错，应该是：FREIGHT PREPAID。

（6）漏写船公司在目的港的代理的名称与地址。

应该是：COSCO BANGKOK BRANCH

　　　　　36 JERVA ROAD，BANGKOK，THAILAND

（7）漏写正本提单的份数。应该是：THREE。

试题二答案：

单据审核结果

（1）单据的 SHIPPER 填制有误，应该是：

DESEN EUROPE GMBH

GIRARDETSTRASSE 2-38，EINGANG.4 D-45131 ESSEN

GERMANY。

（2）单据的 PORT OF LOADING 填制有误，应该是：SHANGHAI CHINA。

（3）单据的 OCEAN VESSEL / VOYAGE NO. 填制有误，应该是 ALL SAFE V.76689。

（4）单据的 NO. OF ORIGINAL B/Ls 填制有误，应该是 THREE。

（5）单据的 FREIGHT & CHARGES 填制有误，应该是 FREIGHT PREPAID。

三、审证答案

样题一答案：

条款名称	条款号	信用证条款	审证结果	修改内容
SEQUENCE OF TOTAL（报文页次）	27：	1/1		
FORM OF DOC. CREDIT（跟单信用证形式）	40A：	IRREVOCABLE AND TRANSFERABLE	有风险	IRREVOCABLE
DOC. CREDIT NUMBER（信用证号码）	20：	DC LUT180106		
REFERENCE TO PRE-ADVICE（预通知的编号）	23：			
DATE OF ISSUE（开证日期）	31C：	180125		
APPLICABLE RULES（适用规则）	40E：			
DATE AND PLACE OF EXPIRY（信用证有效期和有效地点）	31D：	DATE 180510 PLACE AT OUR COUNTER	有风险	DATE 180511 PLACE AT CHINA
APPLICANT（信用证开证申请人）	50：	GOODLUCKY CO.，LTD. 96H IGHWAY LUTON. BEDFORDSHIRE LUI IXL UNITED KINGDOM	无风险	
APPLICANT BANK（信用证开证银行）	51A：	HSBC BANK PLC. LONDON		

续表

条款名称	条款号	信用证条款	审证结果	修改内容
BENEFICIARY（信用证受益人）	59:	NANJING FOREIGN TRADE CORP OF JIANGSU, LTD. 246 ZHUJIANG ROAD NANJING, JIANGSU CHINA	有风险	NANJING FOREIGN TRADE CORP OF JIANGSU, LTD 256 ZHUJIANG ROAD NANJING, JIANGSU CHINA
CURRENCY CODE, AMOUNT（信用证结算货币和金额）	32B:	CURRENCY USD AMOUNT 75,600.00	有风险	CURRENCY GBP AMOUNT 40,400.00
PERCENTAGE CREDIT AMOUNT TOLERANCE（信用证金额加减%）	39A:	05/05		
AVAILABLE WITH/BY（指定银行与兑付方式）	41D:	ANY BANK IN CHINA BY NEGOTIATION		
DRAFT AT ...（汇票付款日期）	42C:	AT 21 DAYS AFTER SIGHT FOR FULL INVOICE VALUE	有风险	AT SIGHT FOR FULL INVOICE VALUE
DRAWEE（受票人）	42D:	MIDLGB22BXXX *HSBC BANK PLC *LONDON		
PARTIAL SHIPMENT（分批装运）	43P:	ALLOWED		
TRANSSHIPMENT（转运条款）	43T:	NOT ALLOWED	无风险	
PORT OF LOADING（装运港）	44E:	NANJING		
PORT OF DISCHARGE（卸货港）	44F:	FELIXSTOWE		
LATEST DATE OF SHIP（最后装船期）	44C:	180420		
DESCRIPTION OF GOODS（货物描述）	45A:	65% POLYES 30% COTTON LADIES SKIRTS STYLE NO.A101 400 DOZ @ GBP60.00/PCE STYLE NO.A102 200 DOZ @ GBP82.00/PCE AS PER S/C NO.JN18E0120 AND APPLICANT'S ORDER NO.599/2018 TRADE TERMS: CFR FELIXSTOWE	有风险	65% POLYES 35% COTTON LADIES SKIRTS STYLE NO.A101 400 DOZ @ GBP60.00/PCE STYLE NO.A102 200 DOZ @ GBP82.00/PCE AS PER S/C NO.JN18E0120 AND APPLICANT'S ORDER NO.599/2018 TRADE TERMS: CIF FELIXSTOWE
DOCUMENTS REQUIRED（单据要求）	46A:	+ORIGINAL SIGNED COMMERCIAL INVOICE PLUS THREE COPIES	无风险	

续表

条款名称	条款号	信用证条款	审证结果	修改内容
DOCUMENTS REQUIRED（单据要求）	46A：	+FULL SET OF ORIGINAL CLEAN MARINE BILL OF LADING MADE OUT TO SHIPPERS ORDER AND BLANK ENDORSED AND MARKED FREIGHT PREPAID NOTIEY THE APPLICANT WITH FULL NAME AND ADDRESS	有风险	+FULL SET OF ORIGINAL CLEAN ON BOARD MARINE BILL OF LADING MADE OUT TO SHIPPERS ORDER AND BLANK ENDORSED AND MARKED FREIGHT PREPAID NOTIEY THE APPLICANT WITH FULL NAME AND ADDRESS
DOCUMENTS REQUIRED（单据要求）	46A：	+ORIGINAL PACKING LIST PLUS THREE COPIES INDICATING DETAILED PACKING OF EACH CARTON	无风险	
DOCUMENTS REQUIRED（单据要求）	46A：	+CERTIFICATE OF ORIGIN IN DUPLICATE	无风险	
DOCUMENTS REQUIRED（单据要求）	46A：	+CERTIFICATE SENT BY BENEFICIARY TO APPLICANT EVIDENCING THAT COPIES OF INVOICE. BILL OF LADING AND PACKING LIST HAVE BEEN FAXED TO APPLICANT ON FAX NO 44-1-5824-3470 ONE DAY AFTER BILL OF LADING DATE	无风险	
DOCUMENTS REQUIRED（单据要求）	46A：	+INSURANCE POLICY IN DUPLICATE FOR AT LEAST 110% OF INVOICE VALUE COVERING ALL RISKS AS PER ICC（A）DATED 01/01/2009, CLAIM PAYABLE IN U.K.	有风险	+INSURANCE POLICY IN DUPLICATE FOR AT LEAST 110% OF INVOICE VALUE COVERING ALL RISKS AND WAR RISK AS PER ICC（A）DATED 01/01/2009, CLAIM PAYABLE IN U.K.
ADDITIONAL CON.（特别条款）	47A：	+APPLICANTS ORDER NO.599/2018 MUST BE SHOWN ON ALL DOCUMENTS		
ADDITIONAL CON.（特别条款）	47A：	+UNLESS OTHERWISE EXPRESSLY STATE ALL DOCUMENTS MUST BE IN ENGLISH		
ADDITIONAL CON.（特别条款）	47A：	+EXCEPT SO FAR AS OTHERWISE EXPRESSLY STATE. THIS DOCUMENTARY CREDIT IS SUBJECT TO THE UNIFORM CUSTOMS AND PRACTICE FOR DOCUMENTARY CREDIT ICC PUBLICATION NO.600		

续表

条款名称	条款号	信用证条款	审证结果	修改内容
ADDITIONAL CON.（特别条款）	47A：	+ALL BANK CHARGES IN CONNECTION WITH THIS DOCUMENTARY CREDIT INCLUDING ISSUING BANKS OPENING COMMISSION AND TRANSMISSION COSTS ARE FOR THE ACCOUNT OF THE BENEFICIARY	有风险	+ALL BANK CHARGES IN CONNECTION WITH THIS DOCUMENTARY CREDIT EXCEPT ISSUING BANKS OPENING COMMISSION AND TRANSMISSION COSTS ARE FOR THE ACCOUNT OF THE BENEFICIARY
PRESENTATION PERIOD（交单期限）	48：	WITHIN 10 DAYS AFTER THE DATE OF SHIPMENT BUT WITHIN THE VALIDITY OF THE CREDIT	有风险	WITHIN 21 DAYS AFTER THE DATE OF SHIPMENT BUT WITHIN THE VALIDITY OF THE CREDIT
CONFIRMATION（保兑指示）	49：	WITHOUT	无风险	
INSTRUCTION（指示）	78：	ON RECEIPT OF DOCUMENTS CONFIRMING TO THE TERMS OF THIS DOCUMENTARY CREDIT. WE UNDERTAKE TO REIMBURSE YOU IN THE CURRENCY OF THE CREDIT IN ACCORDANCE WITH YOUR INSTRUCTIONS WHICH SHOULD INCLUDE YOUR UID NUMBER AND THE ABA CODE OF THE RECEIVING BANK		
SEND. TO REC. INFO.（附言）	72：	DOCUMENTS TO BE DISPATCHED BY COURIER SERVICE IN ONE LOT TO HSBC BANK PLC, TRADE SERVICES, 76 HANOVER STREET LUTON E14 5HQ UNITED KINGDOM		

样题二答案：

条款名称	条款号	信用证条款	审证结果	修改内容
SEQUENCE OF TOTAL（报文页次）	27：	1/1		
FORM OF DOCUMENTARY CREDIT（跟单信用证形式）	40A：	IRREVOCABLE	无风险	
DOCUMENTARY CREDIT NUMBER（信用证号码）	20：	LT79802457	存在风险	LR79802457
REFERENCE TO PRE-ADVICE（预通知的编号）	23：			

续表

条款名称	条款号	信用证条款	审证结果	修改内容
DATE OF ISSUE（开证日期）	31C:	170422	存在风险	170424
APPLICABLE RULES（适用规则）	40E:			
DATE AND PLACE OF EXPIRY（信用证有效期和有效地点）	31D:	170530 CHINA	存在风险	170616 CHINA
APPLICANT BANK（信用证开证银行）	51A:	METTA BANK LTD., FINLAND	无风险	
APPLICANT（信用证开证申请人）	50:	LONGING FLY CORP. AKEDSANTERINK AUT P.O.BOX 9, FINLAND		
BENEFICIARY（信用证受益人）	59:	FEJIAN LIGHT ELECTRICAL QPPLANCES CO., LTD. 52 DEZHENG ROAD SOUTH, FUZHOU, CHINA		
CURRENCY CODE, AMOUNT（信用证结算货币和金额）	32B:	USD3,648.00	存在风险	USD36,480.00
PERCENTAGE CREDIT AMOUNT TOLERANCE（信用证金额加减百分率）	39A:			
MAXIMUM CREDIT AMOUNT（最高信用证金额）	39B:			
ADDITIONAL AMOUNTS COVERED（可附加金额）	39C:			
AVAILABLE WITH.../BY...（指定银行与兑付方式）	41A:	ANY BANK IN CHINA, BY NEGOTIATION	无风险	
DRAFTS AT ...（汇票付款日期）	42C:	SIGHT		
DRAWEE-BIC（汇票付款—银行代码）	42A:	RJHISARI *ALRAJHI BANKING AND INVESTMENT *CORPORATION *RIYADH *（HEAD OFFICE）		
MIXED PAYMENT DETAILS（混合付款指示）	43M:			

续表

条款名称	条款号	信用证条款	审证结果	修改内容
DEFERRED PAYMENT DETAILS（延迟付款指示）	42P:			
PARTIAL SHIPMENTS（分批装运）	43P:	NOT ALLOWED	存在风险	ALLOWED
TRANSSHIPMENT（转运条款）	43T:	NOT ALLOWED	存在风险	ALLOWED
LOADING ON BOARD/DISPATCH/TAKING IN CHARGE AT/FORM（装船、发运和接收监管的地点）	44A:	FUZHOU, CHINA		
FOR TRANSPORTATION TO …（货物发运的最终地）	44B:	HELSINKI, FINLAND		
PORT OF LOADING/AIRPORT OF DEPARTURE（装货的港口或机场）	44E:			
PORT OF DISCHARGE（卸货的港口或机场）	44F:			
LATEST DATE OF SHIPMENT（最后装船期）	44C:	170616	存在风险	170530
SHIPMENT PERIOD（船期）	44D:			
DESCRIPTION OF GOODS AND/OR SERVICES（货物/或服务描述）	45A:	ABOUT 9,600 PCS HALOGEN FITTING W500 AT USD7.80 PER PC	存在风险	ABOUT 9,600 PCS HALOGEN FITTING W500 AT USD3.80 PER PC
DOCUMENTS REQUIRED（单据要求）	46A:	+ COMMERCIAL INVOICE IN 1 SIGNED ORIGINAL AND 5 COPIES	无风险	
DOCUMENTS REQUIRED（单据要求）	46A:	+ FULL SET CLEAN ON BOARD MARINE BILLS OF LADING, MADE OUT TO ORDER, MARKED "FREIGHT COLLECT" AND NOTIFY APPLICANT.	存在风险	FULL SET CLEAN ON BOARD MARINE BILLS OF LADING, MADE OUT TO ORDER, MARKED "FREIGHT PREPAID" AND NOTIFY APPLICANT.
DOCUMENTS REQUIRED（单据要求）	46A:	+ PACKING LIST IN ONE ORIGINAL PLUS 5 COPIES, ALL OF WHICH MUST BE MANUALLY SIGNED.		

续表

条款名称	条款号	信用证条款	审证结果	修改内容
DOCUMENTS REQUIRED（单据要求）	46A：	+ INSPECTION（HEALTH）CERTIFICATE FROM C.I.Q.（ENTRY-EXIT INSPECTION AND QUARANTINE OF THE PEOOPLES REP. OF CHINA）STATING GOODS ARE FIT FOR HUMAN BEING.		
DOCUMENTS REQUIRED（单据要求）	46A：	+ GSP CERTIFICATE OF ORIGIN FORM A, CERTIFYING GOODS OF ORIGIN IN FINLAND, ISSUED BY COMPETENT AUTHORITIES.	存在风险	GSP CERTIFICATE OF ORIGIN FORM A, CERTIFYING GOODS OF ORIGIN IN CHINA, ISSUED BY COMPETENT AUTHORITIES.
DOCUMENTS REQUIRED（单据要求）	46A：	+ THE PRODUCTION DATE OF THE GOODS NOT TO BE EARLIER THAN HALF MONTH AT TIME OF SHIPMENT. BENEFICIARY MUST CERTIFY THE SAME.		
DOCUMENTS REQUIRED（单据要求）	46A：	+ SHIPMENT TO BE EFFECTED BY CONTAINER AND BY REGULARE LINE. SHIPMENT COMPANY'S CERTIFICATE TO THIS EFFECT SHOULD ACCOMPANY THE DOCUMENTS.		
DOCUMENTS REQUIRED（单据要求）	46A：	+ INSURANCE POLICY/CERTIFICATE COVERING ALL RISKS AND WAR RISKS OF PICC. INCLUDING WAREHOUSE TO WAREHOUSE CLAUSE UP TO FINAL DESTINATION AT HELSINIKI. FOR AT LEAST 100 PCT OF CIF-VALUE.	存在风险	INSURANCE POLICY/CERTIFICATE COVERING ALL RISKS AND WAR RISKS OF PICC. INCLUDING WAREHOUSE TO WAREHOUSE CLAUSE UP TO FINAL DESTINATION AT HELSINIKI. FOR AT LEAST 120 PCT OF CIF-VALUE.
CONFIRMATION INSTRUCTIONS（保兑指示）	49：	WITHOUT	无风险	

试题一答案：

条款名称	条款号	信用证条款	审证结果	修改内容
SEQUENCE OF TOTAL（报文页次）	27：	1/1		
FORM OF DOC. CREDIT（跟单信用证形式）	40A：	IRREVOCABLE AND TRANSFERABLE	有风险	IRREVOCABLE
DOC. CREDIT NUMBER（信用证号码）	20：	DC LUT180106		

227

续表

条款名称	条款号	信用证条款	审证结果	修改内容
REFERENCE TO PRE-ADVICE（预通知的编号）	23：			
DATE OF ISSUE（开证日期）	31C：	180125		
APPLICABLE RULES（适用规则）	40E：			
DATE AND PLACE OF EXPIRY（信用证有效期和有效地点）	31D：	DATE 180510 PLACE AT OUR COUNTER	有风险	DATE 180511 PLACE AT CHINA
APPLICANT（信用证开证申请人）	50：	GOODLUCKY CO., LTD. 96 HIGHWAY LUTON. BEDFORDSHIRE LUI IXL UNITED KINGDOM	无风险	
APPLICANT BANK（信用证开证银行）	51A：	HSBC BANK PLC. LONDON		
BENEFICIARY（信用证受益人）	59：	NANJING FOREIGN TRADE CORP OF JIANGSU, LTD. 246 ZHUJIANG ROAD NANJING, JIANGSU CHINA	有风险	NANJING FOREIGN TRADE CORP OF JIANGSU, LTD. 256 ZHUJIANG ROAD NANJING, JIANGSU CHINA
CURRENCY CODE, AMOUNT（信用证结算货币和金额）	32B：	CURRENCY USD AMOUNT 75,600.00	有风险	CURRENCY GBP AMOUNT 40,400.00
PERCENTAGE CREDIT AMOUNT TOLERANCE（信用证金额加减百分率）	39A：	05/05		
AVAILABLE WITH/BY（指定银行与兑付方式）	41D：	ANY BANK IN CHINA BY NEGOTIATION		
DRAFT AT ...（汇票付款日期）	42C：	AT 21 DAYS AFTER SIGHT FOR FULL INVOICE VALUE	有风险	AT SIGHT FOR FULL INVOICE VALUE
DRAWEE（受票人）	42D：	MIDLGB22BXXX *HSBC BANK PLC *LONDON		
PARTIAL SHIPMENT（分批装运）	43P：	ALLOWED		
TRANSSHIPMENT（转运条款）	43T：	NOT ALLOWED	无风险	
PORT OF LOADING（装运港）	44E：	NANJING		
PORT OF DISCHARGE（卸货港）	44F：	FELIXSTOWE		
LATEST DATE OF SHIP（最后装船期）	44C：	180420		

续表

条款名称	条款号	信用证条款	审证结果	修改内容
DESCRIPTION OF GOODS（货物描述）	45A：	65% POLYES 30% COTTON LADIES SKIRTS 　STYLE NO.A101　400 DOZ @ GBP60.00/PCE 　STYLE NO.A102　200 DOZ @ GBP82.00/PCE 　AS PER S/C NO.JN18E0120 AND APPLICANT'S ORDER NO. 599/2018 　TRADE TERMS：CFR FELIX STOWE	有风险	65% POLYES 35% COTTON LADIES SKIRTS 　STYLE NO.A101　400 DOZ @ GBP60.00/PCE 　STYLE NO.A102　200 DOZ @ GBP82.00/PCE 　AS PER S/C NO.JN18E0120 AND APPLICANT'S ORDER NO. 599/2018 　TRADE TERMS：CIF FELIXSTOWE
DOCUMENTS REQUIRED（单据要求）	46A：	+ORIGINAL SIGNED COMMERCIAL INVOICE PLUS THREE COPIES	无风险	
DOCUMENTS REQUIRED（单据要求）	46A：	+FULL SET OF ORIGINAL CLEAN MARINE BILL OF LADING MADE OUT TO SHIPPERS ORDER AND BLANK ENDORSED AND MARKED FREIGHT PREPAID NOTIEY THE APPLICANT WITH FULL NAME AND ADDRESS	有风险	+FULL SET OF ORIGINAL CLEAN ON BOARD MARINE BILL OF LADING MADE OUT TO SHIPPERS ORDER AND BLANK ENDORSED AND MARKED FREIGHT PREPAID NOTIEY THE APPLICANT WITH FULL NAME AND ADDRESS
DOCUMENTS REQUIRED（单据要求）	46A：	+ORIGINAL PACKING LIST PLUS THREE COPIES INDICATING DETAILED PACKING OF EACH CARTON	无风险	
DOCUMENTS REQUIRED（单据要求）	46A：	+CERTIFICATE OF ORIGIN IN DUPLICATE	无风险	
DOCUMENTS REQUIRED（单据要求）	46A：	+CERTIFICATE SENT BY BENEFICIARY TO APPLICANT EVIDENCING THAT COPIES OF INVOICE. 　BILL OF LADING AND PACKING LIST HAVE BEEN FAXED TO APPLICANT ON FAX NO 44-1-5824-3470 ONE DAY AFTER BILL OF LADING DATE	无风险	
DOCUMENTS REQUIRED（单据要求）	46A：	+INSURANCE POLICY IN DUPLICATE FOR AT LEAST 110% OF INVOICE VALUE COVERING ALL RISKS AS PER ICC（A） DATED 01/01/2009, CLAIM PAYABLE IN U.K.	有风险	+INSURANCE POLICY IN DUPLICATE FOR AT LEAST 110% 　OF INVOICE VALUE COVERING ALL RISKS AND WAR RISK AS PER ICC（A） DATED 01/01/2009, CLAIM PAYABLE IN U.K.

续表

条款名称	条款号	信用证条款	审证结果	修改内容
ADDITIONAL CON.（特别条款）	47A：	+APPLICANTS ORDER NO.599/2018 MUST BE SHOWN ON ALL DOCUMENTS		
ADDITIONAL CON.（特别条款）	47A：	+UNLESS OTHERWISE EXPRESSLY STATE ALL DOCUMENTS MUST BE IN ENGLISH		
ADDITIONAL CON.（特别条款）	47A：	+EXCEPT SO FAR AS OTHERWISE EXPRESSLY STATE. THIS DOCUMENTARY CREDIT IS SUBJECT TO THE UNIFORM CUSTOMS AND PRACTICE FOR DOCUMENTARY CREDIT ICC PUBLICATION NO.600		
ADDITIONAL CON.（特别条款）	47A：	+ALL BANK CHARGES IN CONNECTION WITH THIS DOCUMENTARY CREDIT INCLUDING ISSUING BANKS OPENING COMMISSION AND TRANSMISSION COSTS ARE FOR THE ACCOUNT OF THE BENEFICIARY	有风险	+ALL BANK CHARGES IN CONNECTION WITH THIS DOCUMENTARY CREDIT EXCEPT ISSUING BANKS OPENING COMMISSION AND TRANSMISSION COSTS ARE FOR THE ACCOUNT OF THE BENEFICIARY
PRESENTATION PERIOD（交单期限）	48：	WITHIN 10 DAYS AFTER THE DATE OF SHIPMENT BUT WITHIN THE VALIDITY OF THE CREDIT	有风险	WITHIN 21 DAYS AFTER THE DATE OF SHIPMENT BUT WITHIN THE VALIDITY OF THE CREDIT
CONFIRMATION（保兑指示）	49：	WITHOUT	无风险	
INSTRUCTION（指示）	78：	ON RECEIPT OF DOCUMENTS CONFIRMING TO THE TERMS OF THIS DOCUMENTARY CREDIT. WE UNDERTAKE TO REIMBURSE YOU IN THE CURRENCY OF THE CREDIT IN ACCORDANCE WITH YOUR INSTRUCTIONS WHICH SHOULD INCLUDE YOUR UID NUMBER AND THE ABA CODE OF THE RECEIVING BANK		
SEND. TO REC. INFO.（附言）	72：	DOCUMENTS TO BE DISPATCHED BY COURIER SERVICE IN ONE LOT TO HSBC BANK PLC, TRADE SERVICES, 76 HANOVER STREET LUTON E14 5HQ UNITED KINGDOM		

试题二答案：

条款名称	条款号	信用证条款	审证结果	修改内容
SEQUENCE OF TOTAL（报文页次）	27：	1/1		
FORM OF DOCUMENTARY CREDIT（跟单信用证形式）	40A：	IRREVOCABLE	无风险	
DOCUMENTARY CREDIT NUMBER（信用证号码）	20：	LT79802457	存在风险	LR79802457
REFERENCE TO PRE-ADVICE（预通知的编号）	23：			
DATE OF ISSUE（开证日期）	31C：	170422	存在风险	170424
APPLICABLE RULES（适用规则）	40E：			
DATE AND PLACE OF EXPIRY（信用证有效期和有效地点）	31D：	170530 CHINA	存在风险	170616 CHINA
APPLICANT BANK（信用证开证银行）	51A：	METTA BANK LTD., FINLAND	无风险	
APPLICANT（信用证开证申请人）	50：	LONGING FLY CORP. AKEDSANTERINK AUT P.O.BOX 9, FINLAND		
BENEFICIARY（信用证受益人）	59：	FEJIAN LIGHT ELECTRICAL QPPLANCES CO., LTD. 52 DEZHENG ROAD SOUTH, FUZHOU, CHINA		
CURRENCY CODE, AMOUNT（信用证结算货币和金额）	32B：	USD3,648.00	存在风险	USD36,480.00
PERCENTAGE CREDIT AMOUNT TOLERANCE（信用证金额加减百分率）	39A：			
MAXIMUM CREDIT AMOUNT（最高信用证金额）	39B：			
ADDITIONAL AMOUNTS COVERED（可附加金额）	39C：			
AVAILABLE WITH .../BY ...（指定银行与兑付方式）	41A：	ANY BANK IN CHINA, BY NEGOTIATION	无风险	
DRAFTS AT ...（汇票付款日期）	42C：	SIGHT		

续表

条款名称	条款号	信用证条款	审证结果	修改内容
DRAWEE-BIC（汇票付款—银行代码）	42A:	RJHISARI *ALRAJHI BANKING AND INVESTMENT *CORPORATION *RIYADH *（HEAD OFFICE）		
MIXED PAYMENT DETAILS（混合付款指示）	42M:			
DEFERRED PAYMENT DETAILS（延迟付款指示）	42P:			
PARTIAL SHIPMENTS（分批装运）	43P:	NOT ALLOWED	存在风险	ALLOWED
TRANSSHIPMENT（转运条款）	43T:	NOT ALLOWED	存在风险	ALLOWED
LOADING ON BOARD/DISPATCH/TAKING IN CHARGE AT/FORM（装船、发运和接收监管的地点）	44A:	FUZHOU, CHINA		
FOR TRANSPORTATION TO …（货物发运的最终地）	44B:	HELSINKI, FINLAND		
PORT OF LOADING/AIRPORT OF DEPARTURE（装货的港口或机场）	44E:			
PORT OF DISCHARGE（卸货的港口或机场）	44F:			
LATEST DATE OF SHIPMENT（最后装船期）	44C:	170616	存在风险	170530
SHIPMENT PERIOD（船期）	44D:			
DESCRIPTION OF GOODS AND/OR SERVICES（货物/或服务描述）	45A:	ABOUT 9,600 PCS HALOGEN FITTING W500 AT USD7.80 PER PC	存在风险	ABOUT 9,600 PCS HALOGEN FITTING W500 AT USD3.80 PER PC
DOCUMENTS REQUIRED（单据要求）	46A:	+ COMMERCIAL INVOICE IN 1 SIGNED ORIGINAL AND 5 COPIES	无风险	
DOCUMENTS REQUIRED（单据要求）	46A:	+ FULL SET CLEAN ON BOARD MARINE BILLS OF LADING, MADE OUT TO ORDER, MARKED "FREIGHT COLLECT" AND NOTIFY APPLICANT.	存在风险	FULL SET CLEAN ON BOARD MARINE BILLS OF LADING, MADE OUT TO ORDER, MARKED "FREIGHT PREPAID" AND NOTIFY APPLICANT.
DOCUMENTS REQUIRED（单据要求）	46A:	+ PACKING LIST IN ONE ORIGINAL PLUS 5 COPIES, ALL OF WHICH MUST BE MANUALLY SIGNED.		

续表

条款名称	条款号	信用证条款	审证结果	修改内容
DOCUMENTS REQUIRED（单据要求）	46A：	+ INSPECTION（HEALTH）CERTIFICATE FROM C.I.Q.（ENTRY-EXIT INSPECTION AND QUARANTINE OF THE PEOOPLES REP. OF CHINA）STATING GOODS ARE FIT FOR HUMAN BEING.		
DOCUMENTS REQUIRED（单据要求）	46A：	+ GSP CERTIFICATE OF ORIGIN FORM A, CERTIFYING GOODS OF ORIGIN IN FINLAND, ISSUED BY COMPETENT AUTHORITIES.	存在风险	GSP CERTIFICATE OF ORIGIN FORM A, CERTIFYING GOODS OF ORIGIN IN CHINA, ISSUED BY COMPETENT AUTHORITIES.
DOCUMENTS REQUIRED（单据要求）	46A：	+ THE PRODUCTION DATE OF THE GOODS NOT TO BE EARLIER THAN HALF MONTH AT TIME OF SHIPMENT. BENEFICIARY MUST CERTIFY THE SAME.		
DOCUMENTS REQUIRED（单据要求）	46A：	+ SHIPMENT TO BE EFFECTED BY CONTAINER AND BY REGULARE LINE. SHIPMENT COMPANY'S CERTIFICATE TO THIS EFFECT SHOULD ACCOMPANY THE DOCUMENTS.		
DOCUMENTS REQUIRED（单据要求）	46A：	+ INSURANCE POLICY/CERTIFICATE COVERING ALL RISKS ANDWAR RISKS OF PICC. INCLUDING WAREHOUSE TO WAREHOUSE CLAUSE UP TO FINAL DESTINATION AT HELSINIKI. FOR AT LEAST 100 PCT OF CIF-VALUE.	存在风险	INSURANCE POLICY/CERTIFICATE COVERING ALL RISKS AND WAR RISKS OF PICC. INCLUDING WAREHOUSE TO WAREHOUSE CLAUSE UP TO FINAL DESTINATION AT HELSINIKI. FOR AT LEAST 120 PCT OF CIF-VALUE.
CONFIRMATION INSTRUCTIONS（保兑指示）	49：	WITHOUT	无风险	

（一）审核信用证试题（20分，共17小题）

条款名称	条款号	信用证条款	审证结果
SEQUENCE OF TOTAL（报文页次）	27：	1：1	
FORM OF DOCUMENTARY CREDIT（跟单信用证形式）	40A：		
DOCUMENTARY CREDIT NUMBER（信用证号码）	20：	1020IMP201100131	

续表

条款名称	条款号	信用证条款	审证结果
REFERENCE TO PRE-ADVICE（预通知的编号）	23:		
DATE OF ISSLE（开证日期）	31C:	110217	
APPLICABLE RULES（适用规则）	40E:	UCPURR LATEST VERSION	
DATE ANDPLACE OF EXPIRY（信用证有效期和有效地点）	31D:	110325 CHINA	
PPLICANT BANK（信用证开证银行）	51A:		
APPLICANT（信用证开证申请人）	50:	R. A.AND SONS CO.AMMAN-JORDAN	
BENEFICLARY（信用证受益人）	59:	AHCOF INDUSTRIAL DEVELOPMENT CO., LTD.17F SUNON PLAZA, NO.389, JINZHAI ROAD, HEFEI, CHINA（P.C.230061）	
CURRENCY CODE，AMOUNT（信用证结算货币和金额）	32B:	USD156,000.00	
PERCENTAGE CREDIT AMOUNT TOLERANCE（信用证金额加减百分率）	39A:	05/05	
MAXIMUM CREDIT AMOUNT（最高信用证金额）	39B:		
ADDITIONAL AMOUNTS COVERED（可附加金额）	39C:		
AVAILABLE WITH .../BY ...（指定银行与兑付方式）	41A:	BKCHCNBJ780, BY PAYMENT	
DRAFTS AT...（汇票付款日期）	42C:		
DRAWEE-BIC（汇票付款—银行代码）	42A:		
MIXED PAYMENT DETAILS（混合付款指示）	42M:		
DEFERRED PAYMENT DETAILS（延迟付款指示）	42P:		
PARTIAL SHIPMENTS（分批装运）	43P:	NOT ALLOWED	
TRANSSHIPMENT（转运条款）	43T:	NOT ALLOWED	
LOADING ON BOARD/DISPATCH/TAKING IN CHARGE AT/FORM（装船、发运和接收监管的地点）	44A:		
FOR TRANSPORTATION TO ...（货物发运的最终地）	44B:		

续表

条款名称	条款号	信用证条款	审证结果
PORT OF LOADING/AIRPORT OF DEPARTURE（装货的港口或机场）	44E：	ANY PORT IN CHINA	
PORT OF DISCHARGE（卸货的港口或机场）	44F：	LATTAKIA PORT，SYRIA	
LATEST DATE OF SHIPMENT（最后装船）	44C：	110325	
SHIPMENT PERIOD（船期）	44D：		
DESCRIPTION OF GOODS AND/OR SERVICES（货物和/或服务描述）	45A：	ABOUT 110,000 YARDS（O5 PERCENT PLUS/MINUS）OF ART-CHERRY COTTON/NYLON/SPAN 60SX40D＋20D 57/8" ABT80G/M2 OPTICAL WHITE COLOR AT USD1.50/YARD CIF LATTAKIA –SYRIA	
DOCUMENTS REQUIRED（单据要求）	46A：	1）SIGNED COMMERCIAL INVOICE IN ONE ORIGINAL AND FIVE COPIES INDICATING DELIVERY TERMS ORIGINAL OF WHICH SHOULD BE CERTIFIED BY CHINA COUNCIL FOR THE PROMOTION OF INTERNATIONAL TRADE COMMERCIAL INVOICES ISSUED IN AMOUNTS INEXCESS OF L/C VALUE PLUS / MINUS TOLERANCE ARE NOT ACCEPTABLE	
DOCUMENTS REQUIRED（单据要求）	46A：	2）FULL SET OF AT LEAST 2/2 ORIGINAL CLEAN ON BOARDMARINE BILL（S）OF LADING IN LONG FORM PLUS ONE NON-NEGOTIABLE COPY ISSUED OR ENDORSED TO THE ORDEROF ISLAMIC INTERNATIONAL ARAB BANK SHOWING FREIGHT PREPAID, NOTIFY APPLICANT（S） BILL OF LADING MUST STATE THE NAME AND ADDRESS OF THE SHIPPING COMPANY AGENT OR HIS REPRESENTATIVE AT PORT OF DESTINATION. BILLS OF LADING SHOWING COSTS ADDITIONAL TO THE FREIGHT CHARGES PREPAID MENTIONED IN ARTICLE 26（c）OF THE UNIFORM CUSTOMS AND PRACTICE FOR DOCUMENTARY CREDIT 2007 REVISION PUBLICATION NO.600, ARE NOT ACCEPTABLE EXCEPT WHERE SUCH ADDITIONAL COSTS ARE DEMURRAGE FEES FOR CONTAINERS. WHEN CREDIT CALLS FOR SHIPMENT IN UNITIZED CARGOEs SUCH AS CONTAINERS OR PALLETS OR THE LIKE, B/L（S）MUST BE MARKED TO THIS EFFECT. TRANSSHIPMENT AS STATED IN ARTICLE NO.20（Cii）OF UCP 2007 PUBLICATION NO.600 IS NOT ACCEPTABLE.	
DOCUMENTS REQUIRED（单据要求）	46A：	3）CERTIFICATE ISSUED IN ONE ORIGINAL, SIGNED AND STAMPED BY THE OWNER/AGENTMASTER OF THE CARRYING VESSEL HOLDS A VALID INTERNATIONAL SAFETY MANAGEMENT CODE（ISM）CERTIFICATE AND INTERNATIONAL SHIPPING AND PORT SECURITY SAFETY CODE CERTIFICATE（ISPS）	

续表

条款名称	条款号	信用证条款	审证结果
DOCUMENTS REQUIRED（单据要求）	46A：	4）CERTIFICATE OF ORIGIN IN ONE ORIGINAL AND TWO COPIES STATING THAT GOODS ARE OF CHINESE ORIGIN, ORIGINAL OF WHICH SHOULD BE CERTIFIED BY CHINA COUNCIL FOR THE PROMOTION OF INTERNATIONALTRADE, AND SHOWS NAME AND NATIONALITY OF MANUFACTURER(S) OR PRODUCER（S）	
DOCUMENTS REQUIRED（单据要求）	46A：	5）SEPARATE CERTIFICATE OF WEIGHT IN ONE ORIGINAL AND THREE COPIES 6）PACKING LIST IN ONE ORIGINAL AND THREE COPIES	
DOCUMENTS REQUIRED（单据要求）	46A：	7）INSURANCE POLICY OR CERTIFICATE ISSUED INNEGOTIABLE FORM FOR INVOICE AMOUNT PLUS 10 PERCENT AND MUST SHOW CLAIMS PAYABLE IN JORDANTO THE ORDER OF ISLAMIC INTERNATIONAL ARAB BANK, IRRESPECTIVE OF PERCENTAGE STATING NAME AND ADDRESS OF AGENT OR REPRESENTATIVE IN JORDAN, SHOWING PREMIUM PAID AND COVERING THE FOLLOWING RISKS FROM WAREHOUSE TO FINAL WAREHOUSE： INSTITUTE CARGO CLAUSES（A） INSTITUTE WAR CLAUSES AND INSTITUTE SRCC CLAUSES. SUB-ARTICLES 28（I-J）OF *UCP600* ARE EXCLUDED.	
ADDITIONAL CONDITIONS（特别条款）	47A：	1）ALL DOCUMENTS MUST BE DATED.ANY DOCUMENT DATED PRIOR TO THE ISSUNACE DATE OF THIS CREDIT IS NOT ACCEPTABLE AND COMPLETELY REJECTED.	
ADDITIONAL CONDITIONS（特别条款）	47A：	2）TRANSPORT DOCUMENTS ISSUED BY FREIGHT FORWARDER（S）ON THEIR FORMATS AND SIGNED BY THEMAS CARRIER OR AGENT OF A NAMED CARRIER ARE NOT ACCEPTABLE. SUB-ARTICLE 14（L）OF *UCP600* IS EXCLUDED.	
ADDITIONAL CONDITIONS（特别条款）	47A：	3）DOCUMENTS SHOWING ANY ALTERATIONS/CORRECTIONS WITHOUT AUTHENTICATION.	
ADDITIONAL CONDITIONS（特别条款）	47A：	4）PAYMENT OF INTEREST WHAT EVER THE AMOUNTUNDER THIS L/C IS PROHIBITED THEREFORE ANY DOCUMENT PRESENTED UNDER THIS LETTER OF CREDIT INCLUDING THE NEGOTIATING/REMITTING BANK COVERING SCHEDULE）BEARS A CLAUSE FOR PAYMENT OF INTEREST IS NOT ACCEPTABLE AND COMPLETELYREJECTED.	
ADDITIONAL CONDITIONS（特别条款）	47A：	5）REIMBURSEMENT OF DOCUMENTS UNDERSIGHT PAYMENT SHOULD BE EFFECTED AT LEAST（5）BANKINGDAYS AFTER NEGOTIATION AND UNDER AUTHENTICATED SWIFT ADVICE TO US.	
ADDITIONAL CONDITIONS（特别条款）	47A：	6）NEGOTIATION OF DOCUMENTS UNDER RESERVE ORAGAINST INDEMNITY OR GUARANTEE IS PROHIBITED.	

续表

条款名称	条款号	信用证条款	审证结果
ADDITIONAL CONDITIONS（特别条款）	47A：	7）DISCREPANCY FEE OF USD75.OR EQUIVALENT WILL BEDEDUCTED FROM DOCS AMOUNT FOR EACH DISCREPANTSET.	
ADDITIONAL CONDITIONS（特别条款）	47A：	8）ALL REQUIRED DOCUMENTS SHOULD BE ISSUED IN ENGLISH AND MUST SHOW THE ISSUING BANK'S NAME AND INDICATE OUR D/C NUMBER.	
ADDITIONAL CONDITIONS（特别条款）	47A：	9）EACH DOCUMENT SHOULD BE ISSUED ON THE PRINTED FORMS WITH THE ISSUER'S LETTERHEAD AND SHOULD BESIGNED.	
ADDITIONAL CONDITIONS（特别条款）	47A：	10）DOCUMENTS SHOWING SHIPPER OR CONSIGN OR OTHERTHAN BENEFICIARY ARE NOT ACCEPTABLE.	
CHARGES（费用情况）	71B：	ALL CHARGES AND COMM（S）OUTSIDE JORDAN SHOULD BE PAID BY BENEFICIARIES.	
PERIOD FOR PRESENTATION（交单期限）	48：		
CONFIRMATION INSTRUCTIONS（保兑指示）	49：	WITHOUT	
REIMBURSING BANK（清算银行）	53A：	PNBPUS3NNYC	
INSTRUCTION TO THE PAYING/ACCEPTING/NEGOTIATINGBANK（给付款行、承兑行、议付行的指示）	78：	IN REIMBURSEMENT INSTRUCTIONS：FOR THE VALUE OF DOC（S）WHICH COMPLY WITH CREDIT TERMS, KINDLY：REIMBURSE YOURSELVES ON OUR IBC USD A/C WITHWELLS FARGO BANK N.A.NEW YORK THIS CREDIT IS SUBJECT TO UNIFORM CUSTOMS AND PRACTICE FOR DOCUMENTARY CREDIT（2007 REVISION）INTERNATIONAL CHAMBER OF COMMERCE PUBLICATION NO.600 IN SO FAR AS THESE ARE APPLICABLE. YOU ARE KINDLY REQUESTED TO FORWARD ORIGINAL SET OF DOCUMENTS AND DUPLICATES DIRECTLY TO US BY SPECIAL COURIER IN ONE SET AT OUR FOLLOWING ADDRESS：ISLAMIC INTERNATIONAL ARAB BANK, CENTRAL OPERATION UNIT, P.O.BOX：925702, AMMAN 11197JORDAN, TEL：96265656901 FAX：96265657130.KINDLY ACKNOWLEDGE RECEIPT BY SWIFT MT730.	
SENDER TO RECEIVER INFORMATION（附言）	72		
ADDITIONAL CONDITIONS（特别条款）	47A：	SHIPMENT TO BE EFFECTED BY "K" SHIPPING LINES, AND B/L MUST BE ISSUED ON THEIR FORMS.	

资料 1

PROFORMA INVOICE				
From：		Invoice No.：		INTO04/11
AHCOF INDUSTRIAL DEVELOPMENT CO., LTD. 17F SUNON PLAZA NO.389.JINZHAI ROAD HEFEI，CHINA（P.C.230061） TEL：86-551-2831039 FAX：B6-551-2831060		Invoice Date：		FEB.2，2011
^		S/C No.：		
To：					
	R.A. AND SONs CO. AMMAN -JORDAN	L/C No.：		
Terms of Payment：		L/C AT SIGHT		
The Place of Receipt：		The Port of Loading：		
The Place of Delivery：		The Port of Destination	LATTAKIA PORT INTRANSIT TO DAMASCUS FREE ZONE	
Marks and Numbers	Number and kind of package Descriptions of Goods	Quantity	Unit Price	Amount
	ART-CHERRY COTTON/NYLON/ SPAN 60SX40D＋20D 57/8" ABT 80 G/M2 OPTICAL WHITE COLOR	ABT 110,000Y	US$1.60/Y	ABOUT USD176,000.00
	Total			ABOUT USD176,000.00
SHIPMENT：25/03/2011 FROM ANY CHINESE PORT VALIDITY：10/04/ 2011 TRANSSHIPMENT：NOT ALLOWED.PARTIAL SHIPMENT：NOT ALLOWED. LC AMOUNT：ALLOW 5% MORE OR LESS OF PROFORMA INVOICE AMOUNT. SHIPMENT SAMPLES : 4 HANGER AND YARDAGE SAMPLES ARE REQUIRED TO BE DISPATCHED BY DHL DIRECTLY TO AGENT'S ADDRESS UPON EFFE				
SAY TOTAL：				

资料 2

基础信息：

1. 出口商名称、地址、联系方式

（中文）：安徽安粮实业发展有限公司

地址：安徽省合肥市金寨路 389-399 号

电话：　　　　　　　　传真：

（英文）：AHCOF INDUSTRIAL DEVELOPMENT CO.，LTD.

17F SUNON PLAZA，NO. 389 JINZHAI ROAD，

HEFEI，CHINA（P.C. 230061）

TEL：86-551-2831039，FAX：86 551 2831060

2．进口商名称、地址、联系方式

（中文）：安可托夫工业发展有限公司

（英文）：R.A. AND SONS CO.

AMMAN，JORDAN

TEL：　　　　　　　　FAX：

3．出口商品信息

（中文）：锦棉布

规格型号：梭织漂白平纹，55% 锦纶 45%（报关使用）

（英文）：FABRICS

规格型号：ART-CHERRY COTTON/NYLON/SPAN

60SX40D ＋ 20D 57/8"

ABT 80G/M2 OPTICAL WHITE COLOR

原产地：绍兴

4．贸易方式：一般贸易

5．合同协议号：INT004/11；日期：2011 年 02 月 02 日

6．信用证号、日期：1020IMP201100131，2011 年 02 月 17 日

（二）出口审核单据试题（25 分，共 7 小题）

1. Goods consigned from（Exporter's business name, address, country） TKAMLA CORPORATION 6-7, KAWARA OSAKA JAPAN	Reference No.： generalized system of preferences certificate of origin （Combined declaration and certificate） FORM A Issued in THE PEOPLE'S REPUBLIC OF CHINA （country） See Notes overleaf
2. Goods consigned to（Consignee's name, address, country）	4. For official use
3. Means of transport and route（as far as known） FROM OSAKA TO CHINA BY S.S NANGXING V.086	

5. Item number	6. Marks and numbers of packages	7. Number and kind of packages; description of goods	8. Origin criterion （see notes overleaf）	9. Gross weight or other quantity G.W. 5,185 KGS	10. Number and date of invoices

11. Certification It is hereby certified, on the basis of control carried out, that the declaration by the exporter is correct Place and date, signature and stamp of certifying authority	12. Declaration by the exporter The undersigned hereby declares that the above details and statements are correct; that all the goods were produced in 　　　　JAPAN（country） and that they comply with the origin requirements specified for those goods in the Generalized System of Preference for goods exported to 　　　　CHINA（importing country） Place and date, signature of authorized signatory

资料 1

上海进出口贸易公司
SHANGHAI IMPORT & EXPORT TRADE CORPORATION
1321 ZHONGSHAN ROAD SHANGHAI, CHINA
SALES CONTRACT

TEL：HX050264
FAX：
TO：
  TKAMLA CORPORATION
  6-7, KAWARA MACH
  OSAKA, JAPAN

DATE：Jan. 1, 2005

Dear Sirs,

We hereby confirm having sold to you the following goods on terms and conditions as specified below:

MARKS & NO.	DESCRIPTIONS OF GOODS	QUANTITY	U/ PRICE	AMOUNT
	COTTON BLANKET		CIF OSAKA	
	ART NO. H666	500 PCS	USD 5.50	USD 2 750.00
T.C	ART NO. HX88	500 PCS	USD 4.50	USD 2 250.00
OSAKA	ART NO. HE21	500 PCS	USD 4.80	USD 2 400.00
C/NO. 1-250	ART NO. HA56	500 PCS	USD 5.20	USD 2 600.00
	ART NO. HH46	500 PCS	USD 5.00	USD 2 500.00
	Packed in 250 cartons			

LOADING PORT：SHANGHAI
DESTINATION：OSAKA PORT
PARTIAL SHIPMENT：PROHIBITED
TRANSHIPMENT：PROHIBITED
PAYMENT：L/C AT SIGHT
INSURANCE：FOR 110 PERCENT OF THE INVOICE VALUE COVERING ALL RISKS AND WAR RISK
TIME OF SHIPMENT：LATEST DATE OF SHIPMENT MAR. 16, 2005

THE BUYER：   THE SELLER：
TKAMLA CORPORATION   SHANGHAI IMPORT & EXPORT TRADE CORPORATION
  高田一郎

资料 2

信用证

SEQUENCE OF TOTAL	*27：1/1
FORM OF DOC, CREDIT	*40 A：IRREVOCABLE
DOC. CREDIT NUMBER	*20：
DATE OF ISSUE	31 C：050112
DATE AND PLACE OF EXPIRY	*31 D：DATE 050317 PLACE IN THE COUNTRY OF BENEFICIARY
APPLICANT	*50：TKAMLA CORPORATION 6-7, KAWARA MACH OSAKA, JAPAN
ISSUING BANK	52A：FUJI BANK LTD

	1013，SAKULA OTOLIKINGZA MACHI
	TOKYO，JAPAN
BENEFICIARY	*59：SHANGHAI TOOL IMPORT & EXPORT CO.，LTD.
	31，GANXIANG ROAD
	SHANGHAI，CHINA
AMOUNT	*32 B：CURRENCY USD AMOUNT 12,500.00
AVAILABLE WITH / BY	*41 D：ANY BANK IN CHINA
	BY NEGOTIATION
DRAFTS AT ...	42 C：DRAFTS AT SIGHT
	FOR FULL INVOICE COST
DRAWEE	42 A：FUJI BANK LTD.
PARTIAL SHIPMENTS	43 P：PROHIBITED
TRANSSHIPMENT	43 T：PROHIBITED
LOADING ON BOARD	44 A：SHANGHAI
FOR TRANSPORTATION TO ...	44 B：OSAKA PORT
LATEST DATE OF SHIPMENT	44 C：050316
DESCRIPT OF GOODS	45 A：COTTON BLANKET
	ART NO.H666,500 PCS,USD 5.50/PC
	ART NO.HX88,500 PCS,USD 4.50/PC
	ART NO.HE21,500 PCS,USD 4.80/PC
	ART NO.HA56,500 PCS,USD 5.20/PC
	ART NO.HH46,500 PCS,USD 5.00/PC
	CIF OSAKA
DOCUMENTS REQUIRED	46 A：
	＋SIGNED COMMERCIAL INVOICE IN TRIPLICATE.
	＋PACKING LIST IN TRIPLICATE IN TRIPLICATE.
	＋CERTIFICATE OF ORIGIN GSP CHINA FORM A, ISSUED BY THE CHAMBER OF COMMERCE OR OTHER AUTHORITY DULY ENTITLED FOR THIS PURPOSE.
	＋3/2 SET OF CLEAN ON BOARD OCEAN BILLS OF LADING, MADE OUT TO ORDER OF SHIPPER AND BLANK ENDORSED AND MARKED "FREIGHT PREPAID" AND NOTIFY APPLICANT.
	＋FULL SET OF NEGOTIABLE INSURANCE POLICY OR CERTIFICATE BLANK ENDORSED FOR 110 PCT OF INVOICE VALUE COVERING ALL RISKS
CHARGES	71B：ALL BANKING CHARGES OUTSIDE JAPAN
	ARE FOR ACCOUNT OF BENEFICIARY.
PERIOD FOR PRESENTATION	48：DOCUMENTS MUST BE PRESENTED WITHIN 15 DAYS AFTER THE DATE OF SHIPMENT BUT WITHIN THE VALIDITY OF THE CREDIT.

资料 3

补充资料：

1. INVOICE NO：XH056671
2. INVOICE DATE：FEB.1，2005
3. PACKING

   G.W.：20.5 KGS/CTN

   N.W.：20 KGS/CTN

   MEAS：0.2 CBM/CTN

   PACKED IN 250 CARTONS

   PACKED IN TWO 20'CONTAINER（集装箱号：TEXU2263999；TEXU2264000）

4. H.S. CODE：5802.3090
5. VESSEL：NANGXING V.086
6. B/L NO.：COCS0511861
7. B/L DATE：FEB. 26，2005
8. FREIGHT FEE：USD 1,100.00
9. Register No.：SHDF-202008
10. Certificate No.：SHDF-1234

（三）出口缮制单据试题（30 分，共 23 小题）

商业发票
COMMERCIAL INVOICE

1. 出口商 Exporter	6. 发票日期 Invoice Date 7. 发票号 Invoice No.	
	8. 合同号 Contract No.	9. 信用证号 L/C No. 10. 信用证日期 Credit Date of Expiry
2. 进口商 Importer	11. 原产地国 Country/Region of origin	
	贸易方式 Trade mode GENERAL TRADE	
3. 可以的运输事项 Transport details	12. 交货 Terms of delivery	
	13. 付款条款 Terms of payment	
14. 运输标志 Shipping marks	15. 包装类型及件数；商品描述 Number and kind of packages；Commodity description	17. 数量 Quantity	18. 净重 Net weight	19. 单价 Unit price	20. 金额 Amount

续表

21. 总值（用数字和文字表示）Total amount（in figure and word）	
	22. 出口商签章 Exporter stamp and signature 23. 进口国家 Importing country

资料 1

产品图片	出口包装
PE Fresh Film Width 35 cm×Length 100 m 35 厘米宽 ×100 米长 PE 塑料保鲜膜 @N.W. 0.5 KG，每卷净重 0.5 公斤	长 × 宽 × 高（厘米） 36×30×25 cm @ 空纸箱重 1 公斤 20 卷产品装一个纸箱

业务背景：

- 卖方：天津知学国际贸易有限公司
  中国天津市和平区南京路 318 号

邮编：300100

电话：86-22-27737707

- 买方：GLOBAL STANDARDS CO., LTD.
  507 HACKNEY ROAD LONDON UK E2 9ED PHONE：0044-91710292

买卖双方经过友好协商，就以上产品出口英国达成以下共识，详情参见销售合同。

资料 2

销售合同
SALES CONTRACT

No.：20UK1103

Date：Nov.1, 2020

THIS CONTRACT IS MADE BY AND BETWEEN Tianjin Zhixue Trading Co., Ltd.No.318 Nanjing Rd, Heping Dist. Tianjin 300100 China.Tel.86-22-27737707（HEREINAFTER CALLED THE SELLERS）AND M/S. Global Standards Co., Ltd. 507 Hackney Road London UKE2 9ED Phone：0044-91710292（HEREINAFTER CALLED THE BUYERS）WHEREBY THE SELLERS AGREE TO SELL AND THE BUYERS AGREE TO BUY THE UNDERMENTIONED GOODS ACCORDING TO THE TERMS AND CONDITIONS AS STIPULATED

BELOW:

COMMODITY AND SPECIFICATION	PACKING	QUANTITY	UNIT PRICE	AMOUNT
PE Fresh Film Width 35 cm * Length 100 m	20 pcsnet in each carton	16,000 pcs	@ USD1.30/pc CIF Southampton	Total USD20,800.00
(SAY) US DOLLARS:		TWENTY THOUSAND EIGHT HUNDRED ONLY.		

SHIPPING MARKS: G.S.
　　　　　　　　PE FILM
　　　　　　　　S.AMPTON
　　　　　　　　CTN NO.1-800

INSURANCE: Covered ICC (A) clauses and war risks for 110% of the invoice value, claim payable agent should be at same country with buyer, and currency must be the same as mentioned in the L/C.

PORT OF SHIPMENT: Xingang China　PORT OF DESTINATION: Southampton UK

TIME OF SHIPMENT: Before the end of Dec. 2020

SHIPPING METHOD: Effected in 1*20' GP by first class liner service　PARTIAL SHIPMENT: Not Allowed

TRANSSHIPMENT: Allowed

PAYMENT: L/C at sight reaching seller before Nov.15, 2020, remaining valid for negotiation in China for further 15 days after the effected shipment. L/C advised by BANK OF CHINA TIANJIN BRANCH. Banking Charges outside mainland China for account of the applicant.

DOCUMENTS REQUIRED:

＋ SIGNED ORIGINAL COMMERCIAL INVOICES IN 3 COPIES

＋ 3/3 CLEAN ON BOARD OCEAN BILLS OF LADING MADE OUT TO ORDER AND BLANK ENDORSED MARKED "FREIGHT PREPAID" AND NOTIFY APPLICANT

＋ DETAILED PACKING LIST IN 3 COPIES

＋ INSURANCE POLICY VALUED 110% OF INVOICE AMOUNT COVERING ICC (A) CLAUSES AND WAR RISKS WITH CLAIM PAYABLE AGENT AT UK.

＋ FORM A CERTIFICATE STATING THAT GOODS ARE OF CHINA ORIGIN

　　　　　　　Seller　　　　　　　　　　　　　　　　Buyer
　　　　　　＝＝＝＝＝＝＝　　　　　　　　　　　　＝＝＝＝＝＝＝
　TIANJIN ZHIXUE TRADING CO., LTD.　　　GLOBAL STANDARDS CO., LTD.
　　　　　ZHANG JIANGUO　　　　　　　　　　　　JACKSON

资料3

订舱信息	报关随附单证信息
船名、航次：COSCO NETHERLANDS V.006W 提单号 B/L No.：TJUK098267 开航日期：2020 年 12 月 15 日 集装箱号/封号：GSTU2003178/005616/20'GP	发票号：TJ20-0033 发票日期：2020 年 11 月 20 日

Input Message Type: 700 Issue of a Documentary Credit　Input Date/Time: 201112/1016

Sender: BARCCNSHXX THE BARCLAY BANK LTD.　Receiver: BANK OF CHINA TIANJIN BRANCH

Priority: Normal

*** 　　　　　　　　　*** ***

　　　　　　　　　　　　　　　　　　　　　　　***: 27/Sequence of Total1/1

31C/Date of Issue: 202110112: 40A/Form of Documentary Credit IRREVOCABLE: 20/Documentary Credit 51160943

31C/Date of Issue: 202110112: 31C/Date of Issue 201112

：40E/Applicable Rules *UCP600*

31C/Date of Issue：202110112：31D/Date and Place of Expiry 210130 CHINA：50/Applicant GLOBAL STANDARDS CO., LTD.

507 HACKNEY ROAD LONDON UK E2 9ED PHONE：0044-91710292

：59/Beneficiary

TIANJIN ZHIXUE TRADING CO., LTD. NO.318 NANJING RD,

HEPING DIST. TIANJIN 300100 CHINA.：32B/Currency Code Amount USD20,800

：41D/Available With.By.ANY BANK BY NEGOTIATION：42C/Drafts at...DRAFTS AT SIGHT

：42A/Drawee BARCCNSHXX THE BARCLAY BANK LTD.：43P/Partial Shipments PROHIBITED

：43T/Transshipment ALLOWED

：44E/Port of Loading/Airport of Departure XINGANG CHINA：44F/Port of Discharge/Airport of Destination SOUTHAMPTON UK：44C/Latest Date of Shipment 201230

：45A/Description of Goods and/or Services

16,000 PCS PE FRESH FILM WIDTH 35 CM * LENGTH 100 M AT USD1.30/PC CIF SOUTHAMPTON AS PER S/C NO. 20UK1103

：46A/Documents Required

+ SIGNED ORIGINAL COMMERCIAL INVOICES IN TRIPLICATE

+ 3/3 CLEAN ON BOARD OCEAN BILLS OF LADING MADE OUT TO ORDER AND BLANK ENDORSED MARKED "FREIGHT PREPAID" AND NOTIFY APPLICANT

+ DETAILED PACKING LIST IN 3 COPIES

+ INSURANCE POLICY VALUED 110% OF INVOICE AMOUNT COVERING ICC (A) CLAUSES AND WAR RISKS WITH CLAIM PAYABLE AGENT AT UK.

+ FORM A CERTIFICATE STATING THAT GOODS ARE OF CHINA ORIGIN：47A/Additional Conditions

+ T/T REIMBURSEMENT PROHIBITED + FORWARDER B/L IS ACCEPTABLE

+ THE L/C NUMBER MUST BE INDICATED ON ALL DOCUMENTS：71/Charges

ALL BANKING CHARGES OUTSIDE UK ARE FOR ACCOUNT OF BENEFICIARY：49/Confirmation Instructions WITHOUT

：78/Instructions to the paying/negotiating bank

+ NEGOTIATING BANK MUST AIRMAIL DRAFTS AND ALL DOCUMENTS DIRECT TO US IN ONE LOT BY COURIER SERVICE

+ IN REIMBURSEMENT, WE SHALL REMIT THE PROCEEDS ACCORDING TO NEGOTIATING BANK'S INSTRUCTIONS

LESS REMITTANCE CHARGES USD60.00

+ DISCREPANCY FEE OF USD50.00 WILL BE DEDUCTED FROM THE PROCEEDS FOR EACH PRESENTATION OF DISCREPANT DOCUMENTS UNDER THIS CREDIT.

（四）进口缮制单据试题（25分，共18小题）

IRREVOCABLE DOCUMENTARY CREDIT APPLICATION

TO：	Date：
☐ Issue by airmail ☐ With brief advice by teletransmission ☐ Issue by express delivery ☐ Issue by teletransmission（which shall be the operative instrument）	Credit No.：202100901 Date and place of expiry
Applicant	Beneficiary（Full name and address）
Advising Bank	Amount

续表

Partial shipments ☐ allowed ☑ not allowed	Transhipment ☐ allowed ☐ not allowed	Credit available with any bank By ☑ sight payment ☐ acceptance ☐ negotiation ☐ deferred payment at against the documents detailed herein ☑ and beneficiary's draft（s）for＿100＿% of invoice value at＿＿＊＊＊＿＿＿sight drawn on ＿＿＿＿＿＿
Loading on board/dispatch/taking in charge at/from not later than For transportation to： ☐ FOB ☐ CFR ☐ CIF ☐ or other terms		

Documents required：（marked with X）

1．（ ）Signed commercial invoice in＿＿＿＿copies indicating L/C No. and Contract No.

2．（ ）Full set of clean on board Bills of Lading made out to order and blank endorsed，marked "freight［ ］to collect/［ ］prepaid［ ］showing freight amount" notifying＿＿＿＿＿．

（ ）Airway bills/cargo receipt/copy of railway bills issued by＿＿＿＿＿＿＿＿showing "freight［ ］to collect/［ ］prepaid［ ］indicating freight amount" and consigned to＿＿＿＿＿＿＿＿＿＿＿＿＿＿．

3．（ ）Insurance Policy/Certificate in＿＿＿＿copies for＿＿＿＿% of the invoice value showing claims payable in china in currency of the draft，blank endorsed，covering［ ］All Risks，War Risks．

4．（ ）Packing List/Weight Memo in＿＿＿＿copies indicating quantity，gross and weights of each package．

5．（ ）Certificate of Quantity/Weight in＿＿＿＿copies issued by＿＿＿＿＿＿＿＿＿．

6．（ ）Certificate of Quality in＿＿＿＿copies issued by［ ］manufacturer/［ ］public recognized surveyor＿＿＿＿＿．

7．（ ）Certificate of Origin in＿3＿copies．

8．（ ）Beneficiary's certified copy of fax/telex dispatched to the applicant within＿3＿days after shipment advising L/C No.，name of vessel，date of shipment，name，quantity，weight and value of goods．

Other documents，if any

Description of goods：

Additional instructions：

1．（ ）All banking charges outside the opening bank are for beneficiary's account．

2．（ ）Documents must be presented within＿＿＿＿days after date of issuance of the transport documents but within the validity of this credit．

3．（ ）Third party as shipper is not acceptable，Short Form/Blank back B/L is not acceptable．

4．（ ）Both quantity and credit amount ＿＿＿＿% more or less are allowed．

5．（ ）All documents must be sent to issuing bank by courier/speed post in one lot．

（ ）Other terms，if any

资料1

根据下述条件填写开证申请书，要求格式清楚、条款明确、内容完整。

相关资料：

1．DATE：JULY 25，2021

2．THE BUYER：TIANJIN TRADE IMP.&EXP.CORP

123 SHENGLI ROAD，TIANJIN .TEL：066-×××××××

3．THE SELLER：TAKAMRA IMP. & EXP. CORP.

NO. 324，0 TOLIMACH TOKYO，JAPAN TEL：028-×××××××

4. NAME OF COMMODITY：HITACHI 735 LITRE FRENCH MULTI DOOR REFRIGERATOR
5. SPECIFICATIONS：COLOR：FROSTED WHITE
6. MODEL：R-ZXC750KC
   QUANTITY：100 SETS
   PACKAGE：1 SET/CARTON
7. PRICE TERM：CIF TIANJIN
   USD 1,600/SET
8. TOTAL AMOUNT：USD160,000.00
9. COUNTRY OF ORIGIN AND MANUFACTURERS：JAPAN，HITACHI MANUFACTURING CO.，LTD.
10. PARTIAL SHIPMENT AND TRANSSHIPMENT ARE PROHIBITTED.
11. SHIPPING MARK：ST
    NO.1…UP
12. TIME OF SHIPMENT：BEFORE SEPTEMBER 15，2021
13. PLACE AND DATE OF EXPIRY：CHINA，SEPTEMBER 30，2021
14. PORT OF SHIPMENT：OSAKA
PORT OF DESTINATION：XINGANG PORT，TIANJING OF CHINA
15. INSURANCE：ONE ORIGINAL OF THE INSURANCE POLICY ENDORSED IN BLANK COVERING ALL RISKS AND WAR RISKS AT THE INVOICE VALUE PLUS 10%
16. LETTER OF CREDIT ISSUING METHOD：ELECTRICITY ISSUING
    PAYMENT：BY IRREVOCABLE FREELY NEGOTIABLE L/C AGAINST SIGHT
    DRAFTS FOR 100 PCT OF INVOICE VALUE AND THE DOCUMENTS
    DETAILED HEREUNDER.
17. OPENING BANK AND ACCOUNT NUMBER：BANK OF CHINA，922038527
18. DOCUMETNS：
（1）COMMERCIAL INVOICE IN QUINTUPLICATE INDICATING L/C NO. 202100901 AND S/C NO. GWM0500831
（2）PACKING LIST IN QUADRUPLICATE
（3）FULL SET OF CLEAN ON BOARD BILLS OF LADING MADE OUT TO ORDER AND
    BLANK ENDORSED NOTIFYING THE APPLICANT WITH FULL NAME AND ADDRESS MARKED FREIGHT COLLECT
（4）CERTIFICATE OF ORIGIN IN TRIPLICATE
（5）BENEFICIARY'S CERTIFIED COPY OF FAX TO THE APPLICANT WITHIN 3 DAYS
    AFTER SHIPMENT ADVISING GOODS NAME OF VESSEL，INVOICE VALUE，AND DATE OF SHIPMENT，QUANTITY AND WEIGHT.
19. OTHER TERMS AND CONDITIONS：
（1）L/C TO BE ISSUED BY TELETRANSMISSION.
（2）THE BUYER SHALL BEAR ALL BANKING CHARGES INCURRED INSIDE THE ISSUING BANK.
（3）ALL DOCUMENTS MUST BE MAILED IN ONE LOT TO THE ISSUING BANK BY COURIER SERVICE.
（4）PRESENTATION PERIOD：WITHIN 15 DAYS AFTER THE DATE OF SHIPMENT.

第十二章 外贸单证实务课程思政

Chapter Twelve

习近平总书记在党的二十大报告中明确指出,"完善思想政治工作体系""推进大中小学思想政治教育一体化建设","要办好人民满意的教育",全面贯彻党的教育方针,落实立德树人根本任务。高校立身之本在于立德树人,而思想政治教育是落实高校立德树人根本任务的重要途径,要深入准确把握新时代高校思想政治教育的发展理路。

外贸单证实务旨在培养德智体美劳全面发展,具有良好思想品质和道德修养,学习"二十大精神",践行社会主义核心价值观,具备现代经济与贸易理论基础、良好英语和计算机科学技术知识及应用能力,掌握现代商务技术,熟悉国际经贸法律、规则与惯例,精通外贸业务,能在各级经济管理部门、外资企业、外贸企业,尤其是在中小外贸企业等就职时具备创新创业意识、具有国际视野的高素质应用型人才。

第一节 外贸单证实务课程思政指标点

根据党的二十大报告,结合国际经济贸易格局的发展变化和外贸单证实务的课程特点,提炼出包括历史共性和时代特性的课程思政指标点共 15 条。

表 12-1 外贸单证实务课程思政指标点

历史共性	1.1 爱国情怀
	1.2 法治意识
	1.3 社会责任
	1.4 文化自信
	1.5 职业诚信
	1.6 价值塑造
时代特性	2.1 社会主义核心价值观
	2.2 坚持中国特色社会主义道路
	2.3 将全面深化改革进行到底

	续表
	2.4 坚定不移贯彻新发展理念
	2.5 开启全面建设社会主义现代化国家新征程
时代特性	2.6 形成全面开放新格局
	2.7 推动社会主义文化繁荣兴盛
	2.8 推动构建人类命运共同体
	2.9 努力掌握马克思主义思想和工作方法

一、历史共性

1. 爱国情怀

党的二十大报告指出，深化爱国主义、集体主义、社会主义教育，着力培养担当民族复兴大任的时代新人。习近平总书记指出，"新时代中国青年要以一生的真情投入、一辈子的顽强奋斗来体现爱国主义情怀，让爱国主义的伟大旗帜始终在心中高高飘扬"。爱国主义不仅表现在精神层面作为旗帜引领国人，更要落实到具体行动中，以身体力行的奋斗将浓浓的爱国情与坚实的强国志、报国心统一起来，自觉融入坚持和发展中国特色社会主义事业、建设社会主义现代化强国、实现中华民族伟大复兴的奋斗之中。

进行爱国理想信念教育必须同增强科学精神、增加现代科学文化知识结合起来，加大科学文化含量，从现代科技最新成果中汲取知识和思想营养，跟上时代发展的步伐。外贸单证实务基于进出口贸易合同，爱国、强国行动贯穿于学生的日常学习，在学习外贸单证实务时树立爱国意识，在审核外贸单证时维护国家利益、集体利益，在外贸单证实操训练中练就过硬本领，自觉将理想融入国家的前途、民族的命运中，"同人民一道拼搏，同祖国一道前进"，扎根实践，在实现中华民族伟大复兴征程中放飞青春梦想、书写精彩华章。

2. 法治意识

党的二十大报告指出，加快建设法治社会。法治社会是构筑法治国家的基础。弘扬社会主义法治精神，传承中华优秀传统法律文化，引导全体人民做社会主义法治的忠实崇尚者、自觉遵守者、坚定捍卫者。建设覆盖城乡的现代公共法律服务体系，深入开展法治宣传教育，增强全民法治观念。推进多层次多领域依法治理，提升社会治理法治化水平。

在国际贸易中，制单水平的高低事关出口方能否安全迅速结汇收汇和进口方能否及时接货。所以，缮制单证必须符合有关法律法规的规定、进出双方的实际需要以及相关的国际贸易惯例，如UCP600等。同时，外贸单证的制作和处理环节不可避免会存在摩擦或矛盾，处理外贸单证时可能遇见各种难题和问题，需要理性、客观、冷静地对待，本着诚实守信的原则，利用外贸人的职业素养和职业精神，善于运用法治思维和法律武器，灵活解决各个环节可能出现的问题；树立法律意识，维护国家和企业利益。

3. 社会责任

党的二十大报告指出，牢牢掌握党对意识形态工作领导权，全面落实意识形态工作责任制，巩固壮大奋进新时代的主流思想舆论。强烈的社会责任意识是一种责任，更是一种担当。大学生正处在世界观、人生观、价值观形成的关键时刻，高校应充分发挥思想政治理论课主阵地的作用，以培养大学生正确的使命意识、忧患意识、担当意识、奉献意识为前提，逐渐引导大学生树立社会责任感。

一个有社会责任感的人，既能树立集体主义观念和为人民服务的意识，又能坚持实践正义原则，愿意在实践中为社会、他人做出奉献和牺牲。外贸单证实务在传授单证知识的同时结合外贸实际业务，在了解社会、了解国情、增长才干、奉献社会、锻炼能力、培养品质、增强社会责任感等方面具有不可替代的作用。外贸单证实务课程可以增强大学生的社会责任感，在单证实操实践中引导大学生树立社会责任意识、培养大学生承担社会责任的能力、实现大学生社会责任感的知行转化势在必行。首先，在外贸单证实操实践中夯实责任，培养大学生的团队意识和责任心；其次，在外贸单证实操实践中培养奉献精神，引导大学生主动承担社会责任，热忱关爱他人，多做扶贫济困、扶弱助残的实事好事；再次，在外贸单证实操实践中培养大学生的公民意识、法治思维，使大学生树立正确的权利义务观念，正确履行公民应尽的责任和义务；最后，在外贸单证实操实践中了解社会、了解国情，培养大学生对人民群众的情感、对国家的情感，为增强其社会责任感提供情感基础。

4. 文化自信

党的二十大报告指出，中国人民和中华民族从近代的深重苦难走向伟大复兴的光明前景，从来就没有教科书，更没有现成答案。党的百年奋斗成功道路是党领导人民独立自主探索开辟出来的，马克思主义的中国篇章是中国共产党人依靠自身力量实践出来的，贯穿其中的一个基本点就是中国的问题必须从中国基本国情出发，由中国人自己来解答。要坚持对马克思主义的坚定信仰、对中国特色社会主义的坚定信念，坚定道路自信、理论自信、制度自信、文化自信，以更加积极的历史担当和创造精神为发展马克思主义作出新的贡献，既不能刻舟求剑、封闭僵化，也不能照抄照搬、食洋不化。

自信自立是一个民族能屹立于世界民族之林的精神之魂。大学生是实现第二个百年奋斗目标的重要参与者，更是需要以自信自立、朝气蓬勃的精神风貌参与到社会主义现代化国家建设中。外贸单证实操实践过程中，结合中华民族优秀文化传统、党的百年奋斗史等坚定学生文化自信，培养学生自强自立。自信自立的根基源于中华民族灿烂的优秀传统文化、近代中华民族的苦难辉煌、党的百年奋斗历程、新时代举世瞩目的伟大成就、中国式现代化的成功实践等，将成功实践和经验有机融入外贸单证实务课程中，并挖掘国际贸易领域的历史成就、精神谱系，激发学生的自豪之情，潜移默化地帮助学生坚定马克思主义信仰、中国特色社会主义信念，以充分的历史自信把中国精神和中国力量展示出来，不断增强道路自信、理论自信、制度自信、文化自信。

5. 职业诚信

党的二十大报告指出，弘扬诚信文化，健全诚信建设长效机制，提高全社会文明程度。实施公民道德建设工程，弘扬中华传统美德，加强家庭家教家风建设，加强和改进未成年人思想道德建设，推动明大德、守公德、严私德，提高人民道德水准和文明素养。统筹推动文明培育、文明实践、文明创建，推进城乡精神文明建设融合发展，在全社会弘扬劳动精神、奋斗精神、奉献精神、创造精神、勤俭节约精神，培育时代新风新貌。习近平总书记一直关心重视诚信建设。党的十八大以来，总书记多次强调加强社会信用体系建设。诚信是传统美德、立身之本，更是高校学生应该遵守的基本道德准则。

外贸单证实务中，询盘、发盘、还盘及接受过程需要外贸企业的诚信作为保障，出口收汇、核销环节涉及的信用证等也需要诚信作为支撑，所以将诚信教育融入外贸单证实操环节，既是落实立德树人根本任务的必然要求，也是提升高校育人工作质量的迫切需要，是外贸工作业务的基本要求，是培养德才兼备时代新人的重要保障。

6. 价值塑造

党的二十大报告指出，"回答并解决问题是理论的根本任务"。聚焦教育的首要问题，即培养什么人。在中国共产党领导下，培养社会主义的建设者和接班人，"坚定不移听党话、跟党走"，积极投身建设社会主义现代化强国伟大事业。在价值塑造、能力培养、知识传授中，价值塑造是居于第一位的。育才必须先育人。深入学习习近平总书记系列重要讲话精神和治国理政新理念新思想新战略，深入开展中国特色社会主义、中国梦宣传教育和社会主义核心价值观教育，不断坚定中国特色社会主义道路自信、理论自信、制度自信、文化自信，牢固树立正确的世界观、人生观、价值观。

在外贸单证实操流程中，传授专业知识的同时有针对性地处理好思想认识、价值取向、学习生活、择业交友等方面的具体问题，更好地实现价值塑造与专业能力培养的共蕴互促，提高课程思政建设的育人成效。

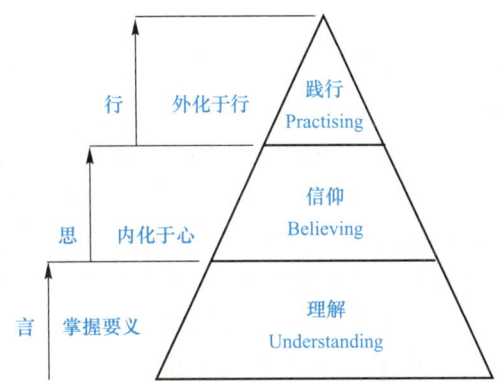

图 12-1　基于价值观塑造的外贸单证实务课程思政设计目标

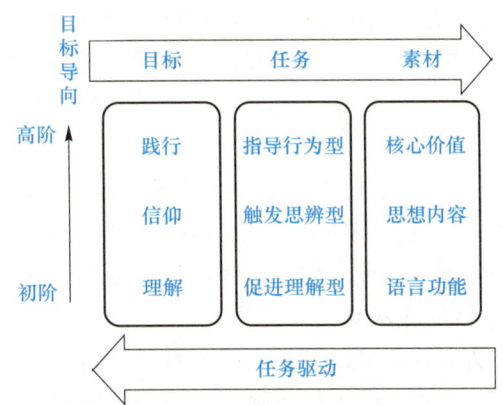

图 12-2　基于价值观塑造的外贸单证实务课程思政实施流程

二、时代特性

1. 社会主义核心价值观

富强、民主、文明、和谐，自由、平等、公正、法治，爱国、敬业、诚信、友善，积极培育和践行社会主义核心价值观。党的二十大报告指出，社会主义核心价值观是凝聚人心、汇聚民力的强大力量。弘扬以伟大建党精神为源头的中国共产党人精神谱系，用好红色资源，深入开展社会主义核心价值观宣传教育，深化爱国主义、集体主义、社会主义教育，着力培养担当民族复兴大任的时代新人。推动理想信念教育常态化制度化，持续抓好党史、新中国史、改革开放史、社会主义发展史宣传教育，引导人民知史爱党、知史爱国，不断坚定中国特色社会主义共同理想。用社会主义核心价值观铸魂育人，完善思想政治工作体系，推进大中小学思想政治教育一体化建设。坚持依法治国和以德治国相结合，把社会主义核心价值观融入法治建设、融入社会发展、融入日常生活。

外贸单证业务中，基于马克思主义中国化、时代化、大众化的视角，依据"社会主义精神文明建设"，进行中国特色社会主义民主政治、文化、和谐社会、思想道德、公民道德建设的改革实践，结合"建设社会主义核心价值观"，重点阐明社会主义核心价值观的理论依据、实践基础和现实意义。

2. 坚持中国特色社会主义道路

中国特色社会主义道路，就是在中国共产党领导下，立足基本国情，以经济建设为中心，坚持四项基本原则，坚持改革开放，解放和发展社会生产力，建设社会主义市场经济、社会主义民主政治、社会主义先进文化、社会主义和谐社会、社会主义生态文明，促进人的全面发展，逐步实现全体人民共同富裕，建设富强、民主、文明、和谐、美丽的社会主义现代化强国，实现中华民族伟大复兴。

党的二十大报告指出，坚持以经济建设为中心，坚持四项基本原则，坚持改革开放，坚持独立自主、自力更生，坚持道不变、志不改，既不走封闭僵化的老路，也不走改旗易帜的邪路，坚持把国家和民族发展放在自己力量的基点上，坚持把中国发展进步的命运牢牢掌握在自己手中。

中国特色社会主义，最本质的特征是中国共产党领导，最鲜明的特色是理论创新和实践创新、制度自信和文化自信紧密结合，在推动发展上拥有强大的政治优势、理论优势、制度优势、文化优势。当今世界正经历百年未有之大变局，实现中华民族伟大复兴正处于关键时期。在外贸单证业务中，坚持中国共产党的领导，坚定"四个自信"，在复杂的国际环境中发挥攻坚克难、推动外贸事业发展的强大能量，创造新的时代辉煌、铸就新的历史伟业。

3. 将全面深化改革进行到底

党的二十大报告指出，实行更加积极主动的开放战略，构建面向全球的高标准自由贸易区网络，加快推进自由贸易试验区、海南自由贸易港建设，共建"一带一路"成为深受欢迎的国际公共产品和国际合作平台。我国成为一百四十多个国家和地区的主要贸易伙伴，货物贸易总额居世界第一，吸引外资和对外投资居世界前列，形成更大范围、更宽领域、更深层次对外开放格局。

运用数字技术和数字工具，推动外贸全流程各环节优化提升。发挥"长尾效应"，整合碎片化订单，拓宽获取订单渠道。大力发展数字展会、社交电商、产品众筹、大数据营销等，建立线上线下融合、境内境外联动的营销体系。集成外贸供应链各环节数据，加强资源对接和信息共享。预期到 2025 年，外贸企业数字化、智能化水平明显提升。

外贸单证实务课程中，结合时代发展新特点，融入数字经济概念，在大力发展数字展会、社交电商、产品众筹、大数据营销等，建立线上线下融合、境内境外联动的趋势中，不断更新外贸发展理念，将外贸实际业务流程、单据与深化改革相结合，创新外贸模式、开拓新业务，促进外贸企业数字化、智能化水平明显提升。

4. 坚定不移贯彻新发展理念

党的二十大报告指出，提出并贯彻新发展理念，着力推进高质量发展，推动构建新发展格局，实施供给侧结构性改革，制定一系列具有全局性意义的区域重大战略，我国经济实力实现历史性跃升。国内生产总值从 54 万亿元增长到 114 万亿元，我国经济总量占世界经济的比重达 18.5%，提高 7.2%，稳居世界第二位；人均国内生产总值从 39 800 元增加到 81 000 元。谷物总产量稳居世界首位，14 亿多人的粮食安全、能源安全得到有效保障。城镇化率提高 11.6%，达到 64.7%。制造业规模、外汇储备稳居世界第一。建成世界最大的高速铁路网、高速公路网，机场港口、水利、能源、信息等基础设施建设取得重大成就。加快推进科技自立自强，全社会研发经费支出从 10 000 亿元增加到 28 000 亿元，居世界第二位，研发人员总量居世界首位。基础研究和原始创新不断加强，一些关键核心技术实现突破，战略性新兴产业发展壮大，载人航天、探月探火、深海深地探测、超级计算机、卫星导航、量子信息、核电技术、新能源技术、大飞机制造、生物医药等取得重大成果，进入创新型国家行列。

在外贸单证实务中，积极了解国家、外贸企业参与世贸组织、万国邮联等多双边谈判情况，推动形成电子签名、电子合同、电子单证等方面的国际标准。处理外贸单证过程中，注意加强知识产权保护、跨国物流等领域国际合作，参与外贸新业态新模式的国际规则和标准制定等。了解国家间在加强相关领域政府间合作、推动双向开放方面的相关政策，如"一带一路"、"新丝绸之路经济带"、RECP协议的签订等，国家积极发展丝路电商、加强"一带一路"经贸合作、推动我国外贸新业态新模式与国外流通业衔接连通等措施，开阔国际视野，在外贸岗位落实新的发展理念。

5. 开启全面建设社会主义现代化国家新征程

开启全面建设社会主义现代化国家新征程，是中国共产党走向第二个百年奋斗目标新的伟大革命，是坚持和发展中国特色社会主义新的伟大创举，是科学社会主义基本原理同新时代中国具体实际相结合新的伟大实践。党的二十大报告指出，中国式现代化是走和平发展道路的现代化。我国不走一些国家通过战争、殖民、掠夺等方式实现现代化的老路，那种损人利己、充满血腥罪恶的老路给广大发展中国家人民带来深重苦难。我们坚定站在历史正确的一边、站在人类文明进步的一边，高举和平、发展、合作、共赢旗帜，在坚定维护世界和平与发展中谋求自身发展，又以自身发展更好维护世界和平与发展。

实现"十四五"规划和2035年远景目标，面临着发展环境的深刻复杂变化，面临新的机遇和挑战。确保全面建设社会主义现代化国家新征程的第一个五年起步稳健、开局良好，第一个阶段成效扎实、达到预期，关系重大、意义深远。必须高举中国特色社会主义伟大旗帜，深入贯彻习近平新时代中国特色社会主义思想，切实解决新征程中的新矛盾新问题，战胜各种艰难险阻，让"复兴号"巨轮劈波斩浪、扬帆远航。

外贸单证实务涉及外贸交易的各个环节，流程长，涉及面广，在进行外贸业务时，国内外环境的深刻变化既带来一系列新机遇，也带来一系列新挑战，危机并存、危中有机、危可转机，这就要化风险为机遇、化挑战为动力、化被动为主动，在处理业务过程中善于抓住机遇，在外贸环节促进社会主义现代化建设。

6. 形成全面开放新格局

党的二十大报告指出，推进高水平对外开放。依托我国超大规模市场优势，以国内大循环吸引全球资源要素，增强国内国际两个市场两种资源联动效应，提升贸易投资合作质量和水平。稳步扩大规则、规制、管理、标准等制度型开放。推动货物贸易优化升级，创新服务贸易发展机制，发展数字贸易，加快建设贸易强国。合理缩减外资准入负面清单，依法保护外商投资权益，营造市场化、法治化、国际化一流营商环境。推动共建"一带一路"高质量发展。优化区域开放布局，巩固东部沿海地区开放先导地位，提高中西部和东北地区开放水平。加快建设西部陆海新通道。加快建设海南自由贸易港，实施自由贸易试验区提升战略，扩大面向全球的高标准自由贸易区网络。有序推进人民币国际化。深度参与全球产业分工和合作，维护多元稳定的国际经济格局和经贸关系。

以习近平新时代中国特色社会主义思想为指导，全面贯彻落实党的十九大和十九届二中、三中、四中、五中全会精神，坚持稳中求进工作总基调，立足新发展阶段、贯彻新发展理念、构建新发展格局，以供给侧结构性改革为主线，深化外贸领域"放管服"改革，推动外贸领域制度创新、管理创新、服务创新、业态创新、模式创新，拓展外贸发展空间，提升外贸运行效率，保障产业链供应链畅通运转，推动高质量发展。

外贸单证实务课程中，结合国内国际双循环格局，了解外贸领域的新开放格局，使外贸实际业务流程、单据参与数字贸易，参与实施自由贸易试验区提升战略，参与有序推进人民币国际化，参与推动共建"一带一路"高质量发展，参与全球产业分工和合作等。

7. 推动社会主义文化繁荣兴盛

党的二十大报告指出，繁荣发展文化事业和文化产业。坚持以人民为中心的创作导向，推出更多增强人民精神力量的优秀作品，培育造就大批德艺双馨的文学艺术家和规模庞大的文化文艺人才队伍。坚持把社会效益放在首位、社会效益和经济效益相统一，深化文化体制改革，完善文化经济政策。实施国家文化数字化战略，健全现代公共文化服务体系，创新实施文化惠民工程。健全现代文化产业体系和市场体系，实施重大文化产业项目带动战略。加大文物和文化遗产保护力度，加强城乡建设中历史文化保护传承，建好用好国家文化公园。坚持以文塑旅、以旅彰文，推进文化和旅游深度融合发展。广泛开展全民健身活动，加强青少年体育工作，促进群众体育和竞技体育全面发展，加快建设体育强国。

在外贸单证实务中，在与外商合作过程中，增强中华文明传播力影响力。在与外商谈判中，坚守中华文化立场，提炼展示中华文明的精神标识和文化精髓，加快构建中国话语和中国叙事体系，讲好中国故事、传播好中国声音，展现可信、可爱、可敬的中国形象。加强国际传播能力建设，全面提升国际传播效能，形成同我国综合国力和国际地位相匹配的国际话语权。深化文明交流互鉴，推动中华文化更好走向世界。

8. 推动构建人类命运共同体

党的二十大报告指出，全面推进中国特色大国外交，推动构建人类命运共同体，坚定维护国际公平正义，倡导践行真正的多边主义，旗帜鲜明反对一切霸权主义和强权政治，毫不动摇反对任何单边主义、保护主义、霸凌行径。我们完善外交总体布局，积极建设覆盖全球的伙伴关系网络，推动构建新型国际关系。我们展现负责任大国担当，积极参与全球治理体系改革和建设，全面开展抗击新冠肺炎疫情国际合作，赢得广泛国际赞誉，我国国际影响力、感召力、塑造力显著提升。

在外贸单证实务中，坚持开放包容、坚持平等协商、坚持诚信敬业，在与外商合作的过程中展现大国担当、中国智慧。面对纷繁复杂的国际环境，习近平总书记牢牢把握住世界百年未有之大变局、党和国家发展全局，面对时代难题，高举构建人类命运共同体旗帜，提出了蕴含着"中国智慧"的中国方案。当下国际形势，单边主义、保护主义、反全球化逆流横行，但中国正步履坚定地走近世界舞台的中心，"国强必霸"不是中国的选择。多边主义不是"小圈子的多边主义"，不是"本国优先的多边主义"，不是"有选择的多边主义"，我们的多边主义坚持开放包容，不搞封闭排他；坚持平等协商，不搞唯我独尊。

9. 努力掌握马克思主义思想和工作方法

党的二十大报告指出，坚持和发展马克思主义，必须同中国具体实际相结合。坚持以马克思主义为指导，是要运用其科学的世界观和方法论解决中国的问题，而不是要背诵和重复其具体结论和词句，更不能把马克思主义当成一成不变的教条。我们必须坚持解放思想、实事求是、与时俱进、求真务实，一切从实际出发，着眼解决新时代改革开放和社会主义现代化建设的实际问题，不断回答中国之问、世界之问、人民之问、时代之问，作出符合中国实际和时代要求的正确回答，得出符合客观规律的科学认识，形成与时俱进的理论成果，更好指导中国实践。

坚持和发展马克思主义，必须同中华优秀传统文化相结合。只有植根本国、本民族历史文化沃土，马克思主义真理之树才能根深叶茂。中华优秀传统文化源远流长、博大精深，是中华文明的智慧结晶，其中蕴含的天下为公、民为邦本、为政以德、革故鼎新、任人唯贤、天人合一、自强不息、厚德载物、讲信修睦、亲仁善邻等，是中国人民在长期生产生活中积累的宇宙观、天下观、社会观、道德观的重要体现，同科学社会主义价值观主张具有高度契合性。我们必须坚定历史自信、文化自信，坚持古为今用、推陈出新，把马克思主义思想精髓同中华优秀传统文化精华贯通起来、同人民群众日用而不觉的共同价值观念融通起来，不断赋予科学理论鲜明的中国特色，不断夯实马克思主义中国化时代化的历史基础和群众基础，让马克思主义在中国牢牢扎根。

在外贸单证实际业务中，运用马克思主义，结合国家发展的实际，结合外贸企业的实际，结合外贸实际业务的需要，坚持理论联系实际，坚持具体问题具体分析，在处理单证时，坚持解放思想、实事求是、与时俱进、求真务实，一切从实际出发，遵守契约精神，依法开展对外贸易；坚持诚实守信，遵纪守法，维护国家的国际形象；坚持高度的风险防范意识和社会责任感，将马克思主义与实际业务相结合，不断夯实马克思主义的中国化、时代化。

第二节　外贸单证实务课程思政融入点

结合每章外贸单证实务的内容流程及具体单证，提炼出以下每章节可融合的思政要素。

表 12-2　思政要素

章节	思政要素
第一章 外贸单证概述	（1）了解中国制造； （2）坚持"四个自信"，尊重他国文化和贸易习惯； （3）融合开放、贸易强国； （4）RECP 协议； （5）中亚峰会
第二章 国际贸易惯例 UCP600	（1）诚信、自律的工作作风与爱国的责任和担当； （2）强调工匠精神、团结协作、诚信务实、敬业精神和奉献精神等职业素质； （3）坚持"四个自信"，尊重他国文化和贸易习惯； （4）法律意识和规则意识，在规则允许的范围内诚信经营，树立大局意识和国际视野，利用专业知识开拓市场、开展国际市场营销和国际贸易
第三章 合同的商定	（1）贸易谈判，介绍中华民族文明礼仪、敬业和友善等社会主义核心价值观； （2）睦邻友好国策，人类命运共同体倡议； （3）扩大开放、合作共赢的基本国策； （4）在对外贸易实践中，结合国家、法律、文化等因素，给出中国方案
第四章 信用证操作预处理	（1）准确核算，保持严谨细致的工作作风，保证国家利益高于一切； （2）求同存异、合作共赢的方针政策； （3）良好的社会职业道德、商业伦理、商业秘密等意识
第五章 出口结汇单据	（1）契约意识，依法开展对外贸易； （2）诚实守信，遵纪守法，维护国家的国际形象； （3）高度的风险防范意识和社会责任感
第六章 出口通关单据	（1）贸易大国向贸易强国转变； （2）理论联系实际，具体问题具体分析，了解各个国家采取不同贸易方式的国际环境； （3）善用法律武器，维护国家主权、国家利益
第七章 出口收汇核销与退税	（1）具备良好的商业伦理和社会职业道德及知识产权保护、个人隐私保护等意识； （2）善用法律武器，维护国家主权、国家利益
第八章 进口单据	（1）从"中国制造到中国创造"，激发民族自豪感； （2）增强风险意识，国际环境风险：百年未有之大变局； （3）贸易运输等强调"一带一路"； （4）大国重器
第九章 审单操作	（1）契约意识，依法开展对外贸易； （2）保持严谨细致的工作作风，保证国家利益高于一切； （3）强调工匠精神、团结协作、诚信务实、敬业精神和奉献精神等职业素质

第三节　外贸单证业务流程思政要素

以出口业务履行过程中落实货、证（款）、船三者的衔接为例，在不同的环节可以结合业务特点融入思政要素。

表 12-3　思政要素融入例证

流程		步骤		相关单据/表格	思政要素
		T/T	L/C		
①	前期接触	询价		询价单	社会主义核心价值观、人类命运共同体、RCEP 协议、合作共赢、中国智慧、中国方案等
		报价		报价单	
		还盘			
		再报价，如情况特殊，需向上级请示		报价单	
②	成交	做 P/I，需上级审核，交期需与生产部门沟通后确定		形式发票	团结协作、诚信务实、敬业精神和奉献精神等职业素质
		传至客户签字确认		形式发票	
		确认后复印交财务及总经理留底		形式发票	
③	催定金	根据 P/I 的付款条件催订金			高度的风险防范意识和社会责任感、严谨细致的工作作风、契约意识、法治意识，依法开展对外贸易
		催客户汇出定金	催客户开具信用证		
		收到客户银行水单	L/C 副本		
		交财务/进出口公司查款并做合同	传进出口公司查 L/C	查款单和水单或 L/C 副本	
		收到财务收款确认函	进出口公司 L/C 复印件	收款确认函	
④	下单生产	开具生产订单，交业务经理审核		生产订单	契约精神、法治意识
		交财务签字确认		生产订单	
		下单生产通知单		生产订单	
⑤	出货	质检部出验货报告		验货报告	契约精神、法治意识、准确核算，保持严谨细致的工作作风，保证国家利益高于一切
		订舱		订舱确认书 S/O	
		安排商检		通关单	
		准备并填写出货单证一套		报关单证一套	
		由财务签出货单，出货		放行条	
		向生产部发出出货通知书		出货通知书	
		向仓库发出出货单		出货单	
		送货/装柜		出货单	
		安排报关			

续表

流程		步骤		相关单据/表格	思政要素
		T/T	L/C		
⑥	收尾款和放单	船务提交正本文件之复印件	由进出口公司提交正本文件至银行	全套正本文件(B/L、C/I、P/L 等)	国之重器、"一带一路"、契约精神、法治意识、爱岗敬业、严谨细心、团结合作的工作作风
		传真至客户催收尾款	船务需向进出口公司跟进收款状况	全套正本文件(B/L、C/I、P/L 等)	
		收到客户水单	进出口公司传真划账水单		
		交财务查款	交财务查款	查款单和水单	
		收到财务收款确认函/放单确认函(销售经理需签字)	收到财务收款确认函	收款确认函和放单确认函	
		放单	登记收款时间	全套正本文件(B/L、C/I、P/L 等)	
⑦	核销单	跟进核销单返回情况		核销单	爱岗敬业、严谨细心的工作作风

参考文献

[1] 黎孝先,王健. 国际贸易实务[M]. 北京:对外经济贸易大学出版社,2008.
[2] 全国国际商务单证培训认证考试办公室. 国际商务单证实训教程[M]. 北京:中国商务出版社,2009.
[3] 傅龙海. 国际贸易操作实训[M]. 北京:对外经济贸易大学出版社,2010.
[4] 傅龙海. 国际贸易实务[M]. 北京:中国商务出版社,2008.
[5] 中国国际货运代理协会. 国际海上货运代理理论与实务[M]. 北京:对外经济贸易大学出版社,2003.
[6] 顾民. 最新信用证操作指南[M]. 北京:对外经济贸易大学出版社,2000.
[7] 顾民. UCP600实务[M]. 北京:中国商务出版社,2007.
[8] 余世明. 国际商务单证实务[M]. 广州:暨南大学出版社,2010.
[9] 童宏祥. 外贸单证实务[M]. 上海:华东理工大学出版社,2003.
[10] 海关总署报关员资格考试教材编写委员会. 报关员资格全国统一考试教材[M]. 北京:中国海关出版社,2007.
[11] http://sjs.customs.gov.cn 中华人民共和国海关总署商品检验司
[12] http://dzs.customs.gov.cn 中华人民共和国海关总署动植物检疫司
[13] http://www.iccwbo.org 国际商会
[14] https://cn.weforum.org 世界经济论坛
[15] https://www.citibank.com.cn 花旗银行官网